Zu diesem Buch

Zum fünften Jahrestag der Errichtung des antifaschistischen
Schutzwalls kam am 13. August 1966 im Leipziger Osten
ein Kind mit glänzenden Aussichten zur Welt. Seine Schritte
waren auf drei Jahrzehnte hin vorgezeichnet, die erforderlichen
Mitgliedsausweise bereits vorgedruckt. Es wäre auch alles nach
Plan verlaufen, wenn seine Familie nicht so übereifrig sozialistisch und er selber nicht aus Fleisch und Blut gewesen wäre.
Jens Bisky hat die DDR auf ungewöhnliche Weise erlebt – in
der Pionierrepublik am Werbellinsee, in Ostberliner Schwulen-
bars und einer sächsischen Offiziershochschule. Er war FDJ-
Agitator, wurde Unterleutnant und verbrachte die letzten Jahre
der DDR auf Truppenübungsplätzen, in der Kulturredaktion
des Jugendradios DT64 und unter Künstlerfreunden, deren
Film, «Coming Out», am 9. November 1989 Premiere hatte.
Als die Mauer fiel, stellte Bisky überrascht fest, wie gut er auf
den Kapitalismus vorbereitet war. Alles bisher Gelebte schien
falsch, er konnte es gut gebrauchen.

Bisky beschreibt die Lebenswelten seiner ostdeutschen
Provinz. Es ist ein schonungsloser Rückblick, ein ehrlicher
Abschied von einer Jugend nach Plan – glänzend geschrieben
und mit Gespür für die Tragikomik des Lebens im «sozialistischen Vaterland».

Jens Bisky, geboren 1966, ist in Leipzig und Ostberlin aufgewachsen. Nach dem Abitur besuchte er die Offiziershochschule und wurde Unterleutnant der NVA. Zur Wendezeit
arbeitete er beim Jugendsender DT64, anschließend studierte
er Kulturwissenschaften und Germanistik und schrieb für die
«Berliner Zeitung». Heute ist Jens Bisky Feuilletonredakteur
der «Süddeutschen Zeitung».

Jens Bisky

GEBOREN AM 13. AUGUST

Der Sozialismus und ich

Rowohlt Taschenbuch Verlag

Veröffentlicht im Rowohlt Taschenbuch Verlag,
Reinbek bei Hamburg, April 2006
Copyright © 2004 by Rowohlt · Berlin Verlag GmbH, Berlin
Umschlaggestaltung ZERO Werbeagentur, München,
nach einem Entwurf von any.way, Hamburg
Druck und Bindung Druckerei C. H. Beck, Nördlingen
Printed in Germany
ISBN 13: 978 3 499 61947 2
ISBN 10: 3 499 61947 4

Für Norbert und Stephan

«Getting away with it, all messed up,
that's the living.»

James

INHALT

1. EINLEITUNG: IM NORMBEREICH

Kein Ende war in Sicht, als ich im Januar 1986 in der Uniform eines Offiziersschülers von Zittau nach Bad Saarow fuhr, um die Frage klären zu lassen, ob mein Sexualleben die Landesverteidigung gefährde. Das knappe, aber gehaltvolle Gutachten, erstellt an der Nerven-Fachpoliklinik der Militärmedizinischen Akademie, bescheinigte mir gute Gesundheit: «Kein Meningismus, kein Kalottenklopfschmerz, NAP frei, Hirnnerven intakt, keine STP, Reflexstatus regelrecht, Sensibilität und Koordination ungestört, keine Pyramidenbahnzeichen. Psychisch: bewußtseinsklar, voll orientiert, kontaktfähig. Mnestische Funktionen nicht eingeengt, Intelligenz im Normbereich, Stimmung ruhig, Verhalten geordnet, adäquate emotional-affektive Resonanz. Kein Anhalt für formale oder inhaltliche Denkstörungen.»

Viele Sätze aus der Deutschen Demokratischen Republik haben mich eingeschüchtert, aber keiner so gekränkt wie diese Häufung von Floskeln über mein Dasein im Bannkreis der Norm. Ich bin in dem Bewusstsein aufgewachsen, einer Leistungselite anzugehören, durch Einsicht und Können unterschieden vom Durchschnitt der Kleinbürger im Land und deswegen gefordert, Verantwortung zu übernehmen. Nun musste ich mich von mittleren Chargen beurteilen lassen, von denen ich glaubte, dass alles in ihnen erstorben sei. Es mag sein, dass sie später die PDS wählten, deren Vorsitzender mein Vater schon zum zweiten Mal ist. In der DDR haben Typen wie der blasse Mann im weißen Kittel, den ich belog, so gut ich konnte, oder meine Vorgesetzten, die dem Klischee vom Apparatschik vollkommen entsprachen, nie zum Freundeskreis meiner Eltern gezählt.

Unbeholfen notierte Dr. B. die Wahrheit und das Problem, das die Nationale Volksarmee mit mir hatte: «Es konnte bei diesem Pat. eine eindeutige sexuelle Trieb- und Empfindungsrichtung festgestellt werden, es bestanden in der Vergangenheit heterosexuelle wie auch homosexuelle Kontakte.» Für ihn war ich der ungeschickte junge Kader, der sich bei «Vorbereitungen zum homosexuellen Geschlechtsakt» hatte erwischen lassen. Er war für mich Bodensatz des Staatsapparates, dem ich damals selber diente. Wir waren beide verlässliche Stützen der sozialistischen Gesellschaft, und doch hatten wir wenig mehr als Verachtung füreinander übrig.

Ich lebte seit längerem mit drei, vier Lebensentwürfen und wusste situationsgerecht – also auch in Bad Saarow am Scharmützelsee – den passenden hervorzuholen. Da gab es den offiziellen des aufgeweckten, fleißigen «Jugendfreundes mit festem Klassenstandpunkt», wie mir auf allen Zeugnissen bescheinigt wurde. Da gab es meine improvisierte intellektuelle Welt, in der ich mal der Linksradikale, mal der Konservative sein konnte. Und da gab es das Private der Spätpubertät, labile Freundschaften nebst der immer wieder aufregenden Routine flüchtiger Begegnungen.

Ein Jahr bevor Dr. B. mir das Gutachten stellte, war ich der aktivste FDJ-Funktionär der Erweiterten Oberschule «Immanuel Kant» gewesen. Ich hatte mich verpflichtet, den Arbeiter- und Bauernstaat vier Jahre lang als Offizier auf Zeit zu verteidigen. Anschließend würde ich, getragen von der Sympathie für den Befreiungskampf des palästinensischen Volkes, Nahostwissenschaften studieren. Stolz dachte ich an die seltene Zulassung zum begehrten Studienplatz. Man hatte mich nicht abgelehnt, und ich sagte nicht «Nein». Keiner war überrascht, als ich kurz vor den Abiturprüfungen Kandidat der Sozialistischen Einheitspartei Deutschlands wurde. Mit meinem privaten Leben hatte all das nur noch wenig zu tun. Da ging es darum, Freiraum und Freizeit zu gewinnen, vor Freunden zu bestehen, die dem Staat, dem ich durch Herkunft und Überzeugung verbunden blieb, längst den Rücken gekehrt, sich in Nischen eingerichtet oder Ausreiseanträge gestellt hatten.

Als ich im Januar 1986, ohne das Gutachten zu kennen, das ich im verschlossenen Umschlag bei mir trug, nach Zittau zurückfuhr, glaubte ich für einen Augenblick, nun müsse ich mich entscheiden. Gegen meine Absicht waren das Land und ich in eine Balgerei geraten. Private Welt und offizielle Ansprüche vertrugen sich nicht. Glück oder «unsere Sache»? Ich schob die Entscheidung auf, der Dienstplan ordnete den Alltag.

Das Gutachten des Dr. B. blieb folgenlos. Ein halbes Jahr später, im Juli 1986, wurde ich nach stundenlangem Stehen in praller Sonne und feierlich-steifer Zeremonie zum Unterleutnant ernannt. Mein ungedienter Vater holte mich im giftgrünen Trabant 601 ab und schenkte mir eine Uhr, die er wenige Tage zuvor in den USA gekauft hatte. Im Stern-Radiorecorder auf der Rückbank sang Marlene die schönsten Lieder der Truppenbetreuung. Noch bevor wir begannen, die Ernennung, den «Pickel», zu feiern, ging ich an meine mausgraue Tasche, Elefantenportemonnaie genannt, in der Feldausrüstung und Ausgehuniform verstaut waren. Einige Wochen Urlaub lagen vor mir, dann sollte ich als Artillerieoffizier im Mot.-Schützenregiment 2 meine Eignung als «menschlicher, militärischer und politischer Vorgesetzter» unter Beweis stellen. Ich wollte unbelastet antreten, holte also meine Personalakte hervor, riss den Umschlag auf, wühlte nach dem «Gesundheitsbuch» und entfernte zwei Seiten, darunter das Schreiben über meinen Geisteszustand.

Anfang 1989 habe ich es auf einer Party im engsten Freundeskreis mit großem Erfolg vorgelesen. Glücklicherweise war eine Ärztin dabei, die all die rätselhaften Formeln, die «keins» und «regelrechts» erklären konnte. Die anderen lachten herzlich, sahen mich aufmunternd an und glaubten mich in dem, der da begutachtet worden war, nicht wiederzuerkennen. Ich genoss die allgemeine Heiterkeit, vergaß aber die Kränkung nicht. Nach diesem Abend verschwand das Gutachten des Dr. B., die gründlichste Beurteilung, die ich je erhalten habe, endgültig in einer Schreibtischschublade.

Wenn mir heute das Blatt beim Kramen zufällig in die Hände fällt, schwanke ich zwischen befreitem Lachen und dumpfer Wut. Es ist mir ein Rätsel, dass ich dabei war und warum ich nicht spätestens im Januar 1986 den Gehorsam aufgekündigt habe. Wenn ich die wenigen mit Schreibmaschine rasch getippten Sätze lese, erkenne ich mich sofort wieder und bin mir doch selber fremd.

Mein Verhältnis zur DDR hat sich ununterbrochen gewandelt. Im Sommer 1983 habe ich das Land bedingungslos verteidigt. Mich störte allein der Schneckengang, in dem der revolutionäre Weltprozess voranschritt und die sozialistische Gesellschaft sich entwickelte. Ich lebte in einem Geisterreich, in dem das Gebot der Pflichterfüllung galt und an die Heilkraft von Marx-Zitaten geglaubt wurde. Obwohl das Fuchteln mit Hammer und Sichel im Rückblick skurril wirkt, besaß es einen Sinn. Versprochen war, dass der Mensch ganz Mensch werde, Genießer des Schönen, ein Gleicher unter Gleichen. Über dem Geisterreich schien der Mond der Erlösung und tauchte es in verführerisches Licht. Da stand Wladimir Iljitsch Uljanow neben Pablo Picasso, die sowjetische Partisanin Soja Kosmodemjanskaja neben der heiligen

Rosa Luxemburg, Juri Gagarin neben Angela Davis, und sie sahen erfreut auf das Treiben der Jungpioniere, LPG-Bauern und FDJ-Agitatoren.

Im Sommer 1985 erdrückte mich das Geisterreich, aber ich wusste nicht, wie ich ihm hätte entkommen können. In der Hoffnung auf einen besseren Sozialismus, irgendwie, irgendwo, irgendwann, diente ich dem Land treu, als sei nichts geschehen, als hätte ich nicht erfahren, dass ich in ihm nicht leben sollte, wie ich es wollte. Das Ja zur DDR und das Nein zur DDR waren für mich verschwistert. Ich habe nicht daran gedacht, sie zu verlassen, und beruhigte mich in dem Glauben, dass Michail Gorbatschow die bessere Gesellschaft bessern, dem Sozialismus ein freudvolles Antlitz verleihen würde.

Im Sommer 1992 hat mich jede Frage nach der DDR verunsichert. Ich schämte mich, reagierte trotzig und wollte meine kurze Vergangenheit auf keinen Fall erklären oder gar rechtfertigen. Aus der SED/PDS war ich ausgetreten und hatte meine erwachsenen Jahre in der späten DDR als unwiederbringlich verlorene zu den Akten gelegt. Endlich konnte ich in Ruhe studieren. Ein erstes Stipendium war mir soeben bewilligt worden. Meine Freunde hatten ihre Arbeit verloren, wählten links, möblierten ihre Wohnungen neu oder verteilten selbst geschmierte Leberwurststullen vor den ersten McDonald's-Filialen in den neuen Ländern, um auf unaufgeregte Weise das global operierende Großkapital in die Schranken zu weisen.

Im Sommer 1996 fragte mich niemand mehr, wie es mit dem Sozialismus und mir gewesen war. Ich schrieb an einer Dissertation und führte das Leben, das ich mit siebzehn, achtzehn hatte führen wollen. Es gab Wichtigeres als die DDR. Ich hatte inzwischen genug über sie erfahren, um Honeckers Republik für das Land der vollendeten Rücksichtslosigkeit zu halten, das Menschen verschlang und funktionieren ließ, die Beziehungen zwischen ihnen vergiftete, die Gesellschaft zersetzte. Aber die großen Worte passen nicht zur unvergessenen Eintönigkeit des Alltags – so wie eine vergangenheitssüchtige Beschreibung der versunkenen Warenwelt, der Bräuche, Pleiten und der kleinen Siege dem unerträglichen Druck nicht gerecht werden würde, der bis zur letzten Sekunde den Sozialismus auf deutschem Boden beherrschte.

Hier erscheint der Arbeiter- und Bauernstaat im Zerrspiegel meiner Erinnerungen: an das Aufwachsen mit Idealen, Illusionen, Irrtümern und den langsamen Abschied von ihnen. Persönliches und Politisches sind für mich unauflösbar verwoben, wenn ich aufrichtig über mein Fallbeispiel einer Jugend nach Plan berichten will. Wer heute von der DDR erzählt, tut gut daran, sich auf eine Seite zu schlagen, sich zu entscheiden, ob er von der Welt der Apparatschiks oder dem Leben der Ostdeutschen spricht, als Kind, als Täter oder als Opfer, ob er die Kälte der Funktionäre oder die Wärme in den Nischen beschreibt, Repression oder Geborgenheit. So säuberlich kann ich nicht trennen. Auf der Grenze zwischen Apparat und Gesellschaft, zwischen Herrschenden und Beherrschten habe ich dreiundzwanzig Jahre gelebt.

2. WIR PROLETARIER

Ich bin im Kommunismus groß geworden, der 1966 im Leipziger Osten zur Untermiete wohnte. Glücklicherweise lagen die zwei winzigen Zimmer im dritten Stock zum Hinterhof, sodass die Straßenbahn Nr. 22, die vor dem Haus mit landestypischem Quietschen hielt, meinen Schlaf nicht störte. Hätte sie mich geweckt, so hätte mein Geschrei die Fortschritte der Wissenschaft aufgehalten: Hier wurde gearbeitet. Weder Fernseher noch Klospülung unterbrachen den Gedankengang. Das WC befand sich eine halbe Treppe tiefer.

In meiner Vorstellung kann ich vom Gitterbett im elterlichen Schlafzimmer über die Aschenkästen auf dem Hof bis zur Rückseite der «Grünen Schenke» schauen, dem verwunschenen Ort, der sein Geheimnis nie preisgegeben hat. Als ich geboren wurde, lagerten dort Möbel; in einer besseren, längst versunkenen Zeit aber müssen vor den mit Stuck, Gold, Spiegeln und hellgrünen Arabesken schwungvoll verzierten Wänden Vorstadtpaare getanzt haben, Blicke und Küsse tauschend.

Es gab in Leipzig an allen Ecken schäbig gewordene Überbleibsel einer untergegangenen Welt, Mauerreste, verblasste Inschriften, verwitterte Passagen und Toreinfahrten, verfallende Türme in Parks. Was aus der bürgerlichen Epoche der Stadt noch stand, führte meine Phantasie in die Ferne einer unerschlossenen Vergangenheit, diente ihr als Ersatz für die fehlenden Ritterburgen. Die Gegenwart war geschäftig, frisch, frei und auf unangestrengte Weise ernst zugleich.

Meine Eltern, beide Studenten, waren ein schönes Paar: er ein etwas kurz geratener Belmondo, sie eine Lollobrigida, die es ins Sächsische verschlagen hatte, wo sie mit ihren üppig wuchernden tiefschwarzen Haaren und dem dunklen Teint als Exotin auffiel, und das mit Freude.

Welchem Film mein Vater bei der Einrichtung seines Arbeitszimmers gefolgt war, konnte ich nie herausfinden, aber ich zweifle nicht daran, dass er daheim nachstellte, was ein findiger Bühnenbildner in Cinecittà oder andernorts vorgemacht hatte. Auf dem großen Schreibtisch aus Hellerau stand eine graue Reiseschreibmaschine, die Lädierungen beim «e» und beim «y» aufwies. Wie ich heute schlug mein Vater auf die Tastatur, als gelte es, Erz aus dem Berg zu brechen. Er schrieb langsam, aber entschlossen, vergraben in einem Durcheinander aus Manuskripten, Blaupapier, dicken Bündeln des dünnen, durchscheinenden Durchschlagpapiers, umgeben von Zetteln, Textfetzen, herausgeschnittenen Sätzen oder auch längeren Abschnitten, die an irgendeiner Stelle wieder eingeklebt werden sollten. Schreiben schien, wenn mein Vater es tat, eine körperlich herausfordernde Tätigkeit. Jede Manuskriptseite wirkte durch rote, blaue, grüne Unterstreichungen, durch Randnotizen in einer für alle Zeiten unlesbaren Handschrift, durch aufgeklebte oder angeheftete Zusätze wie ein unersetzliches Original. Dennoch erfreute sich keine der Seiten besonderer Schonung, Spuren von Zigarettenasche und Abdrücke des Teeglases zierten die Blätter. Ohne eine halb volle Kanne schwarzen Tees war der Schreibtisch nicht komplett. Aufgerissene Karo-Packungen lagen neben Sicherheitszündhölzern und einem selten genutzten Pfeifenbesteck. Der silbern-schwarze Aschenbecher mit Drehknopf war stets übervoll.

Mein Vater saß keineswegs geduldig an diesem Tisch. Er lief, als hätte man ihn eingesperrt, beständig auf und ab, setzte sich kurz hin, hackte lautstark auf die gehorsamen Tasten. Ich liebte das mechanische Klingeln, das am Ende jeder Zeile ertönte, und das Ratschen des eingespannten Papiers, wenn ihm durch Hebelzug befohlen wurde, eine Zeile weiterzurücken. Die Geräuschfolge erklang zwei-, dreimal, dann sprang Vater auf, als habe ihn all das unzulässigerweise aufgehalten, und schritt wieder zügig durchs Zimmer. Der braune, gemusterte Teppich zeigte, seit ich denken konnte, eine hellere, vielleicht zwei Meter lange Laufspur in der Mitte. Von der Dissertation A zur Dissertation B zum ersten populären Buch wurde die Rennstrecke der Gedanken stetig lichter, dann löste sich das Gewebe auf.

Wann immer man mich fragt, ob ich der Sohn meines Vaters sei, sehe ich ihn so vor mir: wie er, eine Zigarette in der Hand, mit nachdenklichem Blick zwischen Schreibtisch und Bücherregal hin- und hergeht. Er war fünfundzwanzig, als ich zur Welt kam, und er war ein Habenichts, der an die Wissenschaft glaubte.

Auch meine Mutter hatte lediglich ein paar Möbel und eine nie ermattende Begeisterungsfähigkeit mit in die Ehe gebracht. Energisch organisierte sie den Alltag, um Zeit für jene Traumwelten der Ferne und Vergangenheit zu gewinnen, in die sie am liebsten eintauchte. Von der ersten Stunde an nahm sie mich dorthin mit. Ihr sanfter Blick, der immer Antwort suchte, und ihre ruhige, tiefe Stimme gaben mir das Gefühl, dass die sechs und elf Quadratmeter großen Zimmer im Leipziger Osten und der karge Spielplatz um die Ecke nicht alles waren, bestenfalls Ausgangspunkt einer abenteuerlichen Reise.

In dem aberwitzigen Glauben, dass ein guter Vers etwas ist, auf das man sich verlassen kann, hat meine Mutter mich aufwachsen lassen. Sie kannte Dutzende Volkslieder und Reime, mit denen sie mich allabendlich ins Bett schickte.

Bald kamen Geschichten hinzu. Neben Märchen erzählte sie, was in keinem Kinderprogramm geboten wurde. Achill und Hektor, Zeus und Aphrodite, Romeo und Julia, den Zauberlehrling und Mephisto, Lear und Faust lernte ich kennen wie Dornröschen, den Froschkönig und die sieben Zwerge. In den ersten Jahren besaßen wir keinen Fernseher, und auch später, bis ich zwölf wurde, habe ich nur ab und an Ausgewähltes sehen, aber alles lesen dürfen. Als dumm galt, wer etwas nicht wissen wollte, sich weigerte, in die Bücher zu schauen, in denen Antworten auf alle Fragen standen.

Mutter hatte sieben Geschwister. Ihre Familie war 1945 aus dem Sudetenland vertrieben worden, in Bad Frankenhausen in Thüringen gestrandet, schließlich nach Halle gezogen, wo Oma eine Schule für Kindergärtnerinnen leitete. Oma lebte bis an ihr Ende republiktreu und mit der sozialistisch glasierten Weltsicht des Zupfgeigenhansel. Pilzesammeln, Singen, Wandern – von dieser Seite erzog mich die deutsche Jugendbewegung so unkompliziert wie geheimnislos. «Was du kannst, kann dir keiner nehmen», war Omas Wahlspruch, seit sie durch die Vertreibung alles verloren hatte. Ich habe sie und ihre Kinder, die überall in der Republik verstreuten Kleinfamilien, oft besucht, bin mit ihr mehrfach nach Prag gefahren, wo sie einst eine Stellung als Dienstmädchen innehatte, und habe an ihrer Seite auch das Sudetenland bereist, alte, grau verputzte Häuser in Reichenberg und Rumburg bestaunen müssen. Sie bedeuteten mir nichts, die Vertreibung hieß Umsiedlung und galt als verdiente Folge des Faschismus.

Oma hatte immer etwas vor. Das ununterbrochen Aktive, Engagierte, treudeutsch Ernste, das ihr eigen war, hat mich nie recht ergriffen. Es fehlte der Wunsch, ich zu sagen, für sich zu sein. Camping und Ferien im Verein haben schon von klein auf meinen Widerwillen geweckt.

Diese Reserve teilte ich mit meinem Vater, der zwar ab und an versuchte, Fußball zu spielen, aber für Bewegung um der Bewegung willen ebenso verdorben schien wie für das Dasein im Kollektiv. Seine Jugend hatte ihn zum stolzen Einzelgänger werden lassen, der er auch später blieb. Er war in Hinterpommern zur Welt gekommen, hatte die Grausamkeiten der Flucht als Vierjähriger mit ansehen müssen, die Familie über ein paar Tage gerettet, als er unterwegs ein verschimmeltes Brot fand, und in Schleswig-Holstein, wo die Biskys aus Pommern schließlich blieben, rasch begriffen, dass sie hier bestenfalls geduldet wurden.

Die Abenteuergeschichten meiner Jugend waren Geschichten aus der Landarbeiter- und Dorfarmuts-Welt meines Vaters: Erzählungen, wie er bei reichen Bauern zur Ernte half, wie er als einer der Ärmsten doch auf das Gymnasium ging, sich als Filmvorführer etwas Taschengeld verdiente und dann 1959 mit einem Rucksack bei Boltenhagen über die Grenze floh, seitdem Bürger der DDR. Er hatte die Orte seiner Kindheit verlassen wollen; eines Tages war ihm das «Kommunistische Manifest» in die Hand gedrückt worden, und er ging, wie er erzählte, in die DDR, weil er sie für das Land hielt, das den einfachen Leuten das bessere Leben bot, weil das Vermögen der Eltern hier nicht über die Chancen der Kinder entschied.

Ich habe in meinen Schulen selten Kinder von Fabrikarbeitern getroffen, aber ich hatte einen Proletarier zum Vater, woraus eine eiserne Regel folgte: Nichts war mehr verpönt als Dünkel und Faulheit. Vater verachtete Hochnäsigkeit gegenüber denen, die mit ihrer Hände Arbeit ihren Lebensunterhalt verdienen. Und Arbeiten war die wichtigste Tugend. Das musste man können, lernen, lieben. Arbeit galt in der Familie als erotisches und transzendentes Ereignis zugleich. Wenn man sich selbst nicht schonte, keine «kleinbürgerliche

Internatszicke», verwöhnt, bedenkenreich, schwatzhaft war, dann konnte man es zu etwas bringen und Erster werden, Bester durch Leistung. Heute würde ich das die amerikanische Seite meines Vaters nennen – «getting things done» war ihm sympathischer, als über Schwierigkeiten zu reden, das Hemdsärmelige angenehmer als das Feinsinnige. Sich selbst nicht so wichtig zu nehmen, um etwas zu bewirken, zu erreichen: Das schien der Kern der Leistungsethik meiner Eltern.

Sie waren Habenichtse und also dazu verdammt aufzusteigen. Für beide war die DDR ein Abenteuer und eine Möglichkeit, Karriere zu machen. Ihre Lebensläufe mochten in den achtziger Jahren dem «sozialistischen Bilderbuch» entsprechen, aber sie kannten das Land der Umgestaltung noch, des Stündlich-sich-neu-Erfindens. Sie gehörten zur letzten Generation im Arbeiter- und Bauernstaat, die wirkliche Aufstiegsmöglichkeiten besaß, und sie waren nicht geneigt, diese ungenutzt zu lassen. Ich wurde in einer Aufsteigerfamilie groß.

Abenteuerlust, Bücherglaube, der Kult um individuelle Tüchtigkeit und die tätige Hand: Das klingt ein wenig nach 19. Jahrhundert. Aus dieser improvisierten, aber dennoch fest gefügten Wertewelt, aus den Kulissen proletarischen Bewusstseins heraus, hatten sich Vater und Mutter auf die neuesten Themen geworfen, auf das, was damals chic war: Soziologie, Psychologie, Film, Fernsehen, populäre Kultur. Ihr Lebensgefühl kann sich nicht sehr von dem unterschieden haben, das in den Aufbau-Filmen der fünfziger Jahre herrschte: «Los geht's!» Heute scheint mir, dass ihr Elan, der Pioniergeist, den sie ausstrahlten, aus dem Wunsch herrührte, die enge Welt der Herkunft, des Dorfes und der Kleinstadt, hinter sich zu lassen, die Kargheit der Nachkriegsjahre zu überwinden.

Dass mein Vater sich Marxist nannte und der Monopolbourgeoisie auf dem Papier einige Schnippchen schlug, dass er Ideologiekritik trieb, hätte seiner akademischen Karriere in den siebziger Jahren auch an einer westdeutschen Universität kaum geschadet. Er sah das anders. Seine Bundesrepublik war die der fünfziger, erlebt am unteren Ende der sozialen Hierarchie, in einer Ecke Norddeutschlands, die auf widerwärtige Weise braun gewesen sein muss. Er sprach nicht oft davon, und wenn er es tat, dann mit der Heiterkeit eines Davongekommenen.

Während Vater auf dem Teppich auf und ab ging, redete er wohl viel von Ideologie, aber es brauchte zunächst keine spezielle, damit aus meinen Eltern und mir gute DDR-Bürger wurden. Über die Republik hörte ich als Kind vor allem, dass sie gerecht sei, dass sie mit einer finsteren Vergangenheit gebrochen habe und dass ihr die Zukunft gehöre. Ich hatte anzuziehen, zu essen, Spielzeug, es ging von Jahr zu Jahr bergauf, wir lebten üppiger und konsumierten mehr. Ansonsten galt: «Frage nicht, was dein Land für dich tun kann, frage, was du für dein Land tun kannst.» In der DDR, dem Land im dauernden Ausnahmezustand, hatte diese Maxime fatale Folgen. Die Werte meiner Eltern, die ich selbstverständlich übernahm, gerieten mehrfach in Konflikt mit der Wirklichkeit des Sozialismus, bis die Spannungen Ende der achtziger Jahre unerträglich wurden. Dass es Spannungen immer gegeben hatte, dass die anfängliche Aufbruchsstimmung eine private, eine gegen den Gang der Dinge war, habe ich erst Jahre später erfahren.

Kurz nach meinem zweiten Geburtstag verbrachten meine Eltern die Ferien am Plattensee in Ungarn, und ich kann es ihnen nicht verdenken, dass sie mich Nervensäge – langsam laufend, rasch quasselnd – bei meiner geliebten Ersatzoma in Leipzig zurückließen. Während sie taten, was alle im Urlaub tun, marschierten die Armeen des Warschauer

Pakts in die Tschechoslowakei ein und beendeten den «Prager Frühling». Meine Eltern hatten große Sympathien für den «Sozialismus mit menschlichem Antlitz» und verabscheuten physische Gewalt. Nun waren sie schockiert. Ende August 1968 fuhr kein Zug durch die ČSSR zurück. In überfüllten Waggons wurden die Urlauber über die Sowjetunion umgeleitet und kamen erst Tage später zu Hause an. Unruhe, Ungewissheit und Gedränge müssen groß gewesen sein. Ein Mann – nur einer? – geriet unter die Räder eines Zuges.

In diesem Monat mag jene Schizophrenie entstanden sein, die sich, als ich älter war, auch bei mir bemerkbar machen sollte. Statt den eigenen Erfahrungen und Empfindungen zu vertrauen, wurde in die Zauberkiste des Wissens gegriffen, in größeren Zusammenhängen gedacht, wurden historische Notwendigkeiten beschworen. Dass die Amerikaner damals in Vietnam Krieg führten, Studenten in ganz Europa Marx lasen und sozialistische Losungen skandierten, bestätigte das Bild einer zweigeteilten Welt, das Bild vom Kampf zwischen progressiven und reaktionären Kräften. Wir Proletarier glaubten, auch wenn es Rückschläge gab, auf der Seite des unaufhaltsamen Fortschritts zu stehen. Doch all das habe ich erst viele Jahre später begriffen.

1968 verbrachte ich die Woche unter der Obhut von Ursel und Anne, Erzieherinnen in der Wochenkrippe der Karl-Marx-Universität. Zwei Dokumente meiner frühen Eingewöhnung sind überliefert. Da ist zunächst ein Blatt mit dem Titel «Angaben über die Entwicklung und Erziehung des Kindes innerhalb der Einrichtung». Es verzeichnet unter «Erziehungseinflüsse»: «Mutter: Studentin, Vater: Student» und endet mit der Spalte «Wie das Kind auf Grund der vorhandenen Leistungen zu fördern ist». Zusätzlich gibt es ein kleines Buch, in das die Erzieherinnen Mitteilungen an die

Eltern eintrugen. «Verhalten auf Gebot und Verbot: nicht nachhaltig beeindruckt, gekränkt», heißt es da. «Jens ist manchmal sehr ungezogen zu anderen Kindern, er haut sie. Bitte üben Sie mit ihm unterscheiden von groß u klein. Ursel» – «Bitte üben Sie mit Jens das Aufheben der gefüllten Tasse mit einer Hand, die andere Hand soll neben dem Teller flach auf dem Tisch liegen. Anne» – «Am Mittwoch ist Jens aus dem Bett gefallen – daher die Beule am Kopf. Sonst gab es keine weiteren Besonderheiten. Bitte üben Sie mit Jens das Unterscheiden von ‹viel› und ‹wenig›. Ein schönes Wochenende wünscht Anne.»

Buch und Blatt künden vom unerschütterlichen Glauben an die Allmacht der Pädagogik. Es waren die Jahre der Kybernetik, und ich bin nach neuesten wissenschaftlichen Grundsätzen behandelt worden. Gebot und Vorbild, Aufmunterung und Hilfe, Kontrolle und Übung führten zum erwünschten systemkonformen Verhalten.

Im Alter von drei Jahren wechselte ich ins Nachbargebäude, den Universitätskindergarten. Die Welt hieß Schaukel, Sandkasten, Dreirad und Hadiatou, deren Zuneigung ich im Handstreich gewann und bis ins Alter von sechs Jahren behielt. Ihr Vater war aus Guinea-Bissau in unser Land gekommen, sie war wild und schien mir unvergleichlich schön. Später machte sie im DEFA-Kinderfilm Karriere und ging dann mit ihrer Mutter in den Westen, die Erste von vielen, die plötzlich und ohne Aussicht auf ein Wiedersehen verschwanden.

Weiter erinnere ich mich an nichts als an das leichte Kratzen der Synthetikstrümpfe, die ich gegen meinen Willen, den ich in Jähzornanfällen kundtat, allmorgendlich anziehen musste, und an die Ungeduld, mit der ich auf die Einschulung wartete, um endlich lesen zu lernen.

Kurz nach den Weltjugendfestspielen und dem Tod Walter Ulbrichts im Jahr 1973 war es so weit. Mein erstes Schuljahr begann wie die folgenden sechs damit, dass ich auf die Nase fiel. Der erste Unterrichtstag war immer und im ganzen Land der 1. September, Weltfriedenstag, Tag des deutschen Überfalls auf Polen. Mit einem Schulappell ging es los. Aus überforderten Lautsprechern dröhnten Lieder über den Hof: «Geh voran, Pionier / Deine Heimat ruft nach dir / Unsre Zeit eilt mit schnellen Schritten.» Lehrer und Schüler nahmen klassenweise Aufstellung, die meisten mit blauem, die Älteren mit rotem Halstuch. Dann sprach der Direktor, sprach kämpferisch und kurz, damit die Klassen bald wieder in die Zimmer trippeln konnten.

Für mich ging es nicht schnell genug. Das Blut zog sich aus dem Hirn in die Beine zurück, wo es dringender benötigt wurde. Nach einhelligem Bericht der Augenzeugen bekam mein Gesicht einen Grünstich, mir wurde schwindlig, schwarz vor Augen, und ich schlug der Länge nach hin, Mund und Nase im staubigen Kies. Helfende Hände zogen mich hoch und führten mich ins Sekretariat, wo ich an jedem 1. September ein paar Tropfen schlucken musste, deren Geruch sie als Medizin auswies. Dann folgten besorgte Fragen. Nein, die Eltern solle man nicht informieren, die hätten zu arbeiten, und auch ich müsse ja nun zum Unterricht.

Das Schulgebäude war ein herrlicher wilhelminischer Bau, weitläufig, trutzig, im Halbrund um einen eingezäunten Platz errichtet. Mit seiner großen Turnhalle und der Aula war er im selben Jahr vollendet worden wie das Völkerschlachtdenkmal, in dessen unmittelbarer Nähe wir damals wohnten: ein Bau, bereit, den Jahrhunderten zu widerstehen.

Etwas Wilhelminisches zeichnete auch, solange ich in Leipzig war, den Unterricht aus: streng in der Form, reformiert, modernistisch im Inhalt, ein Hang zum Großen kam hinzu. Wir erhoben uns, wenn die Stunde begann, und begrüßten die Lehrerinnen im Chor. Bald gab es den wöchentlich wechselnden Klassendienst, der das in seine Hände nahm und den Pioniergruß zelebrierte: «Für Frieden und Sozialismus seid bereit!» – «Immer bereit!». Dazu hoben sich fünf Finger der flachen Hand über den Kopf, als säße dort das Käppi, das zur vollständigen Pionieruniform gehörte. Die Völker der fünf Kontinente stehen über dem Ich – das war die Botschaft des Grußes.

Der Einzelne sollte sich der Mehrheit unterordnen, die Regeln, darunter vernünftige wie übertrieben strenge, befolgen. Wer etwas sagen wollte, hatte sich zu melden, aufzustehen, in ganzen Sätzen zu sprechen. Wer auf die Toilette musste, sollte fragen, ob es erlaubt sei. Das Schulgebäude durfte nur in der Hofpause verlassen werden. Dann wurden die Kleinen aus den unteren Klassen im Kreis herumgeführt. Wer der Hofaufsicht auffiel, weil er ausscherte, schrie, rannte, bekam ebenso einen Tadel wie der, der in den Stunden schwatzte.

So belanglos das klingt, so wenig ist die DDR zu verstehen, wenn die kleinen, albernen Regeln übersehen werden. Sie erzogen zur Einordnung und boten dem Einzelnen zugleich die Möglichkeit, sich durch Befolgen oder Zuwiderhandeln auszudrücken, seine Position im Gesamtbetrieb zu bestimmen. Die Lehrer hatten Gelegenheit, die Regeln zu verfeinern oder auszusetzen. Da gab es welche, die Wert auf aufrechte Haltung des stehenden Schülers legten – «Stell dich mal anständig hin!» –, und solche, denen das gleichgültig war. Da gab es Schüler, die an ebendiesen Vorschriften früh schon scheiterten und lieber gar nichts sagten, als sich wegen ihrer hängenden Schultern und dem schlackernden Körper, der nicht stillhalten wollte, zurechtweisen zu lassen. Und wenn sie es doch versuchten, geschah es oft genug, dass das unerbittliche «Und nun noch einmal in ganzen Sätzen!» ihren Auftritt ins Reich des Vergeblichen verbannte.

Zu dieser Kultur der Disziplinierung gehörte ein umfangreiches System von Lob und Tadel. An der 28. Polytechnischen Oberschule, wo man mir das Lesen beibrachte, wurde alles im «Muttiheft», einer kleinen Kladde in DIN A5, festgehalten, grüne Striche für Verfehlungen, rote Striche für buchenswert Anständiges und zu besonderen Anlässen ein «Bienchen». Das Klassenbuch, in dem alle Zensuren – mal mit, mal ohne Mitteilung an den Zensierten – aufgezeichnet wurden, war für Schüleraugen eigentlich tabu. Aber wir lasen ständig darin und erfuhren so auch Adresse, Beruf und Familienstand der Eltern. Eine Spalte verzeichnete die Klassen- und Schichtzugehörigkeit: «An» für Angestellte, «A» für Arbeiterklasse, «I» für Intelligenz, mit «B» gleich Bauern hatte ich als geborenes Großstadtkind nichts zu tun. Die Sammlung von Auskünften über das familiäre Umfeld besaß den Charakter des Selbstverständlichen, obwohl die Erhebung mit besonderen Absichten verbunden war. Das soziale Leben, einschließlich Familie und Zweierbeziehung, galt als Objekt der Umgestaltung, ingenieurtechnischer Formung. Unter Honecker wurde davon weniger deutlich gesprochen als zuvor, aber das Ziel blieb.

Leistung und Folgsamkeit waren die höchsten Werte, und vielfach galt Folgsamkeit als besonders lobenswerte Leistung. An der Wandzeitung hinter uns hing – kindgerecht – ein aus farbigem Velourspapier ausgeschnittener Zug mit Lokomotive, einigen offenen Waggons und einem Schlusswagen mit roter Laterne. So sah die Bestentafel der 1b aus. Aus einem Klassenfoto waren die Köpfe der Mitreisenden sorgsam ausgeschnitten worden. Die Horterzieherin, eine ältere Dame, die nach Schulschluss die Kinder der Werktätigen zum Essen führte, beim Erledigen der Hausaufgaben beaufsichtigte und später mit Anleitungen zu Sport und Spiel nicht geizte, platzierte in allwöchentlich wechselnder Reihenfolge unsere Köpfe in diesem Zug. Ich war auf einen Platz im ersten Wagen, manchmal auch in der Lok abonniert. Ich war es, als wir am 7. Oktober 1973 den Geburtstag der Republik feierten, ich war es, als wir am 13. Dezember 1973, dem Geburtstag der Pionierorganisation, Jungpioniere wurden und einen himmelblauen Pionierausweis mit Emblem, Passbild und allerlei Geboten erhielten.

Dann begann das neue Jahr, und das Schulkollektiv besuchte eine Märchenaufführung im Kindertheater. Auf dem Rückweg kamen Mädchen aus der Parallelklasse abhanden. Ich lag längst im Bett, als eine besorgte Mutter bei uns daheim klingelte und aufgeregt fragte, wo ihre Tochter sei. Im gestreiften Schlafanzug vor der Bücherwand der Eltern stehend, konnte ich lediglich berichten, dass die Mädchen weitergefahren seien. Wohin? Ich wisse es nicht. Sicher bis zur Endhaltestelle der Straßenbahnlinie.

Am nächsten Tag ereilte mich ein Donnerwetter. Eine Erzieherin war an der Seite der verlorenen Kinder gewesen und hatte sie auf zeitraubenden Umwegen nach Hause geleitet, nichts war geschehen. Warum ich so entsetzlich gelogen hätte? Ich war mir keiner Schuld bewusst, musste aber dennoch zusehen, wie vor den Augen der Klasse mein Bild, die verträumte Larve mit den viel zu langen Haaren, aus dem ersten Wagen in den letzten umgesteckt wurde, wo ich zur Strafe Wochen zubrachte. Auf meine wütend gestammelte Erklärung, ich habe es doch nicht anders gewusst, wurde mir bedeutet, dann hätte ich schweigen sollen.

Dergleichen Kindereien, auch das kindliche Gefühl der Kränkung, sind mir noch mehrfach begegnet. Das niederschmetternd Dumme aber und der Grund, warum ich die

Nichtigkeit bis heute nicht vergessen habe, ist wohl, dass man dies nur mit denen machen konnte, die auf Bestentafeln, Züge, Wandzeitungen etwas gaben. Wie habe ich Albert und Bernd, mit denen ich die Nachmittage totschlug, beneidet, dass sie sich darum grundsätzlich nicht kümmerten.

Ich ließ die beiden und die seit diesem Tag zur Hexe gewordene Horterzieherin zurück, als ich mit Beginn des dritten Schuljahres in eine «Klasse mit erweitertem Russischunterricht», eine «R-Klasse», umgeschult wurde. Die Sprache der Freunde und der Weltrevolution stand für alle DDR-Kinder ab der fünften Klasse auf dem Lehrplan. Ich sollte sie bereits ab der dritten und besonders gründlich lernen. Enthusiastisch studierte ich das neue Alphabet.

Für ordentliche Unterweisung sorgten ein alter hagerer Mann, der Russisch seit seiner Kriegsgefangenschaft beherrschte, und eine Russin, aus Tula, südlich von Moskau kommend. In Sekundenschnelle bedeckte sie die Tafel mit Vokabeln und griff, während wir abschrieben, zum Taschenspiegel, zog ihre Lippen dunkelrot nach und legte Rouge auf. So etwas tat keine ostdeutsche Lehrerin. Ich lernte schnell, fast mühelos, gewann auch Russisch-Olympiaden und musste dennoch nach neun Jahren enttäuscht feststellen, dass ich einen Artikel aus der «Prawda» lesen, einen einfachen literarischen Text jedoch nur mit Mühe verstehen konnte. Die Vokabeln und Themen entstammten der Welt der Produktion, des Tourismus und des Klassenkampfes. Ich konnte über die Gidroelektrostanzia, das Wasserkraftwerk, oder die Sehenswürdigkeiten Moskaus einen Vortrag halten, aber nur stammeln oder formelhaft antworten, wenn es um Schönheit, Musik, Empfindungen ging, die Welt, in der ich lebte. Wir lernten ein Russisch für Funktionäre. Man stelle sich vor, dass Kinder zuerst mit Geschäftsenglisch konfrontiert werden, und man bekommt einen ungefähren Eindruck von der Fadheit, dem Offiziösen, Abweisenden, das den Russischunterricht in der DDR scheitern ließ.

In vielen Fächern war es ähnlich. Unter Indoktrination habe ich mir erinnerungsselig immer Friedens- und Freundschaftsparolen für Kindermund vorgestellt, bis mir ein Hefter aus der dritten Klasse wieder in die Hände fiel: Heimatkunde, das seltsamste unter allen ostdeutschen Unterrichtsfächern, ein Gemischtwarenladen des Wissenswerten. Wir notierten, neun Jahre alt, auf einem Blatt die «Großtaten der SU». Es waren drei. Erstens: «Ständiger Kampf um den Weltfrieden. Die Sowjetarmee ist die stärkste Militärmacht der Welt. Sie ist aber nicht nur durch ihre Waffen so stark. Es sind vor allem die Menschen, die ihr diese Kraft verleihen.» Zweitens: «Bewässerung der Wüsten: Zu den größten Leistungen, die die Werktätigen der SU vollbrachten, gehört der Bau des 800 km langen Karakumkanals.» Drittens: «Erforschung des Weltalls. Der 1. Mensch im Weltall war Juri Gagarin. Sein Flug am 12. April 1961 dauerte 108 Minuten.»

Das klingt harmlos und ist doch nicht viel anders, als wenn heute in den Schulheften der Drittklässler über das Dritte Reich stehen würde: «Ständiger Kampf gegen die Arbeitslosigkeit», «Bau der Autobahnen», «Erforschung des Atoms». Alles nicht falsch, aber so verschoben, dass es die Wahrheit nicht traf.

In anderen Heimatkundestunden ging es um Frühblüher, Baumarten, Berufe der Eltern, das Telefonieren am Münzfernsprecher. In der ersten Heimatkundearbeit des dritten Schuljahres habe ich, guter Schüler, der ich war, gewusst, dass Getreide zur Familie der Gräser gehört, dass es Laub- und Nadelbäume gibt, dass Wurzel, Stamm, Ast, Zweig, Blatt, Krone Teile eines Baumes sind. Unter achtens schrieb ich in derselben Leistungskontrolle: «Als Vertreter des Volkes, daß sie sich um die Entressen des Volkes kümmern.» Wie mochte die Frage wohl gelautet haben? Ich kannte die «Entressen»-Vertreter. Unter den Namen der Getreidesorten Roggen, Hafer, Gerste stehen die von «Erich Honecker» und «Willi Stoph», als seien die beiden ein Naturphänomen, allein durch ihre Existenz schon gerechtfertigt.

So wuchs ich in den Sozialismus hinein, mit angeborener Neugier, von den Eltern gewecktem Wissensdrang, mit Leistungslust und der Gewohnheit, Regeln im Regelfall zu befolgen. Auch mit der Erwartung, dass mir Aufregendes bevorstehe. Unter dem Gesetz der Einpassung wurde ich groß, aber doch mit dem Gefühl, Einzigartiges zu erleben, in einer besonders schwungvollen, energiegeladenen Familie geboren worden zu sein. Neben der reglementierten, gleichförmigen Schule stand die Frische des Privaten.

3. MIT DEM WOLGA
DURCH
STÖTTERITZ

John Lennon, dem zu besserer Einsicht wohl der Klassenstandpunkt fehlte, fand die siebziger Jahre beschissen. Aber er ist nie im Leipziger Osten gewesen, um seinen Irrtum korrigieren zu können. Mir wurden, und im Rückblick fällt all das in eine Stunde, die wesentlichen Wünsche erfüllt. Es kamen ein Bruder, ein eigenes Zimmer, ein Fernseher, Schwertfische und Guppys, ein Auto, eine Großmutter, ein Telefon, und manchmal stand überraschend ein knallroter Käfer aus Frankfurt am Main vor der Tür.

Es begann damit, dass im Oktober 1970 mein blauäugiger Bruder Norbert zu uns stieß. Ihm waren die Beschwernisse des proletarischen Lebens in der Studentenbude nicht zuzumuten. Also nahm Mutter, die sich nicht von jedem über den Mund fahren ließ, das gern brüllende Bündel und suchte die Damen des Wohnungsamtes so lange heim, bis sie der Familie aus der sozialistischen Intelligenz ein neues Quartier zuwiesen. Da unsere Weltsicht gefestigt war, fanden sie nichts dabei, uns in einem Haus unterzubringen, das nicht von allen Werktätigen gleichermaßen, sondern von einer einzelnen Frau besessen wurde, der Witwe Luipoldt.

Das Haus machte viel Anspruch. Es lag in der Wasserturmstraße, die fast bis ans Völkerschlachtdenkmal führte, und behauptete mit wuchtigen, von Weinlaub umrankten Bruchsteinen eine privilegierte Position in jener Straße, die die lange Reihe vierstöckiger Häuser von den Villen mit Vorgarten trennte. Im schönsten, türmchen- und erkerreichsten der Einfamilienhäuser residierte der Kindergarten meines Bruders.

Witwe Luipoldt, deren Mann Gürtelschnallenfabrikant gewesen sein soll, erhielt monatlich 55 Mark der DDR von uns, wir zerwohnten für diesen Preis fünf Zimmer im Hochparterre mit Küche, Bad und Balkon. Von Norberts Eckzimmer aus konnte man die Wiese sehen, hinter der dann eine kleine Neubausiedlung begann, die nicht weiter auffiel. Noch beherrschte das Alte, Übriggebliebene das Bild der Stadt. Mein schmales Zimmer bot Aussicht auf eine kleine eingezäunte Grünfläche mit Staudengewächsen, den Garten der Hausbesitzerin. Zu ihrem Leidwesen konnte sie nicht verhindern, dass wir – oft sechs, sieben Jungs – auf dem Hof um die Teppichstange tobten; schrie sie von oben herab, kehrte für kurze Zeit Stille ein.

Das Haus machte zwar Anspruch, aber Komfort bot es keinen. In der Küche fehlte, nachdem wir den alten gekachelten Herd hatten abtransportieren lassen, eine Heizung. Vater saß dort wenige Tage nach dem Einzug zwischen einem Haufen Sand, einem Haufen Zement, einem Eimer Wasser, die noch unbenutzte Maurerkelle in der Hand, und versuchte, die Wand zu verputzen. Auf die Frage, ob er so etwas schon einmal getan habe, schüttelte er nur den Kopf. Aber, hieß es selbstbewusst, er habe im Kino gesehen, wie man das mache. Das Bad war in die Treppennische eingebaut worden, die Öfen fraßen eimerweise Briketts und waren, was immer man tat, in der Frühe erloschen und kalt. Heißluftgebläse russischer Fabrikation sorgten zwar für rasche Wärme, aber auch für dauerndes Summen und lautes Knacken. Ein ganzes Jahr lang fanden wir alle vierzehn Tage einen großen Eisblock vor der Tür. Die kühlschranklosen Vorgänger hatten die Lieferung abonniert, und wenn der Eismann den kalten weißen Block einmal abgeladen hatte, war er nicht zu bewegen, ihn wieder mitzunehmen.

Halbjährlich kamen Kohlen- und Kartoffelhändler, um

den Keller zu füllen, und auch sonst brummte das Kleingewerbe in unserer Gegend. An der nächsten Straßenecke führte Frau Blume ihren Laden für alles Notwendige: Käse, Wurst, Brot, Kaffee und Waschpulver. Sie wohnte wenige Häuser entfernt und ließ uns Kunden auch kurz nach Ladenschluss noch ein. Fünfzig Meter weiter lag der Zigarettenladen, in dem sie mich bald schon kannten und mir gegen jedes Gesetz Karo und Juwel für die rauchenden Eltern aushändigten. Um die Ecke gab es den Bäcker, der zum Preis von 7 Pfennigen die besten Fettbrötchen der Stadt anbot. Man musste freilich, zumal am Sonnabend, schon vor 7 Uhr in der Schlange stehen. Wer später kam, ging leer aus und konnte im kalten Morgenwind darüber nachsinnen, warum er wieder hinter zwei Großeinkäufern gestanden hatte, die – als sei es nichts – riesige Beutel über den Tresen gereicht und «fuffzisch fett, dreißsch normale» verlangt hatten. Immerhin durften wir Kinder in einen Korb mit Kuchenrändern greifen. Müllers führten einen Milchladen, der private Friseur hielt sich tapfer, und die private Drogerie, die auch Wettscheine für Tele-Lotto anbot, gehörte einem jungen Mann, der, wann immer es etwas nicht gab, kurzerhand erklärte, der Betrieb sei volkseigen geworden, da sei es erst einmal aus, da könne man eben nichts mehr erwarten. In den frühen Siebzigern wurde, wovon ich damals nichts wusste, rabiat enteignet.

Über uns wohnte eine junge Familie, neben uns ein verschlossenes Paar, das zum Spott wurde, weil «Dipl.-Ing.» am Türschild stand. «Titel braucht man erst, wenn der Name nichts mehr sagt», ließ Vater verlauten, der gerade am Dr. sc., der sozialistischen Habilitation, bastelte. Wer auf Titel Wert legte, war peinlich. Noch peinlicher war es, keinen zu haben.

Die Hausbesitzerin trug bunt bedruckte Stoffe, große Klunker schmückten ihre riesenhaften Ohren. Sie hatte am

Verhalten der Mieter immer etwas auszusetzen, aber kein Machtmittel in der Hand. Das mochte den verkniffenen Zug um ihren Mund erklären. Ihre Wohnung barg Geweihe, einen Papagei, zwei Katzen, Glasperlenvorhänge und düsteres Gründerzeitmobiliar. Sie schien uns wie eine Frau Ahafzi, die unter dem Druck der Zeitläufte aus dem orientalischen ins vulgäre Genre hatte wechseln müssen.

Vor ihrem Haus stand eine gusseiserne Gaslaterne mit drei bläulich glimmenden Flämmchen. Zwanzig, dreißig dieser Laternen erleuchteten die Straße mit einem Licht wie in den Edgar-Wallace-Filmen mit Joachim Fuchsberger. In den Achtzigern, auf die John Lennon gehofft hatte, hat man die Laternen demontiert und in den Westen verkauft. Sollte ich sie eines Tages vor einem der hessischen Wüstenrot-Häuser oder in einer Bungalowsiedlung Nordrhein-Westfalens entdecken, werde ich auf Rückgabe und Entschädigung bestehen.

Unter der Laterne stand der Stolz der Familie: ein blauer Wolga. Kein neues, schnittiges Modell, wie es stilbewusste Funktionäre inzwischen fuhren, sondern eines mit Rundungen und weichen Linien. James Bond hätte darin einen ausgemusterten Agenten oder die traurig blickende Tochter eines Dissidenten vermutet. Unser Wolga hatte zuvor als Dienstwagen einer bescheidenen Behörde gedient. Sein Dach war himmelsgleich gewölbt, der Kofferraum groß genug, um ein halbes Leben hineinzupacken. Er tat seinen Dienst, er funktionierte nicht.

Wenn, was vor allem auf den zwei volle Tage beanspruchenden Urlaubsfahrten nach Ungarn ab und an geschah, der Anlasser nicht mehr wollte, holte man einfach eine Kurbel heraus, stellte sich – Trabis, Wartburgs, Škodas mit verächtlichem Blick musternd – an den Rand der Autobahn, steckte die Kurbel in ein Loch an der Vorderseite und begann

– wie man es aus dem Stummfilm kannte –, wild und wilder herumzudrehen. Bald sprang der Motor an. Im Winter musste allabendlich die Batterie ausgebaut und in warme Räume getragen werden. Wenn man liebevoll mit diesem Wagen umging, dann fuhr er auch mit Wodka. Er hat Zementsäcke und Bierkästen transportiert, Fernseher und Waschmaschinen und gewiss zehn Bruttoregistertonnen Verwandtschaft. Wer immer mitfahren wollte, fand hier Platz genug.

Auch Oma, Vaters Mutter, die den Wagen misstrauisch beäugte und in ihm eher einen Traktor als einen PKW sah, ließ sich irgendwann davon überzeugen, dass er wenigstens geräumig sei. Oma kam aus dem Westen und trat mit Beginn der siebziger Jahre in meine Welt. Sie kochte damals bei der Bundeswehr und hatte praktischen Menschenverstand genug, all das Geschwätz des Kalten Krieges zu ignorieren. Sie wollte nie über Politik reden. Nur auf Willy Brandt ließ sie nichts kommen, da konnte sie eigenartig werden.

Mein Vater war, nachdem man ihn einmal in Schleswig-Holstein verhaftet und im Gefängnis festgehalten hatte, nicht mehr zu seiner Familie gefahren. Brandt hatte Oma die unerwartete, aber lang erwünschte Möglichkeit gegeben, ihren Sohn und ihre Enkel dennoch regelmäßig zu sehen. Sie zahlte von ihren geringen Einkünften ohne Murren den hohen Eintrittspreis und kam jedes Jahr zu uns, die Höchstzahl der Westbürgern zugestandenen Tage im Sozialismus ausschöpfend. Am ganzen Körper vor Lachen bebend, erzählte sie immer wieder, wie ein Vorgesetzter sie zu sich gerufen und wegen der Zonen-Besuche zur Rede gestellt hatte. «Glauben Sie denn, dass die mir Gift mitgeben, damit ich es den Soldaten ins Essen schütte?»

«Wer bei euch nichts wird», hieß einer ihrer Sprüche, «der schafft es bei uns schon gar nicht.» Selten sprach sie von den

Grenzkontrollen, und wenn, dann in dem Tonfall, in dem man über Dummejungenstreiche redet. Aber als ich sie nach der Wende besuchte, da sagte sie nur: «Na, Jens, gut, dass das man alles vorbei ist.» Sie war doch schlauer als wir alle zusammen.

Der Wolga verlor beträchtlich an Reiz, wenn Ute auftauchte, eine Jugendfreundin des Vaters und inzwischen Genossin der DKP. Im roten Käfer brachte sie bunte Bälle und Schallplatten ins Land, darunter auch die Pressungen aus dem parteieigenen Pläne-Verlag: LPs von Dieter Süverkrüp und Franz Josef Degenhardt. Die beste war die Geschichte vom Auto Blubberbum, ein Kindermusical über eine Autofabrik im Kapitalismus. Der Fahrer Adolar weicht spielenden Kindern aus, hat einen Unfall und wird daher vom bösen Boss, der ein Schloss, mehrere Fabriken und eben das flug- und schwimmfähige Auto Blubberbum besitzt, entlassen. Die Arbeiter streiken, bis Adolar wieder eingestellt und das Auto zum Werksfahrzeug erklärt wird. Die Ausbeutung geht dennoch weiter: «Fließband mußt du mal aufs Klo / Oder warum rennst du so? / Mensch Fließband!»

Wir haben, zwischen Kachelofen, Che-Guevara-Porträt und Goethe-Ausgabe sitzend, die Platte an die hundert Mal gehört, sie dann auch verborgt, und eines Sommernachmittags zogen unter meiner und Norberts Führung drei Jungs und zwei Mädchen so im Alter zwischen sieben und elf entschlossen durch die Wasserturmstraße und riefen wie die bundesrepublikanische Arbeiterklasse auf der Pläne-LP: «Wir streiken weiter! Wir streiken weiter!» Noch wusste niemand in Leipzig-Südost, was Solidarność ist.

Die Lieder wurden auch im Wolga, der eine gute Akustik besaß, gesungen, und das hat ihm wahrscheinlich den Rest gegeben. Je weniger Leute Eisblöcke statt Kühlschränke nutzten, je mehr in Neubauten zogen, je stärker die Kaufhallen und PGHs (Produktionsgenossenschaften des Handwerks) das lokale Gewerbe übernahmen, je näher die Sanftmut der Achtziger rückte, desto weniger war die Bastelwirtschaft in der Lage, so robuste, proletarische Maschinen wie unseren Wolga mit Ersatzteilen zu versorgen.

Immer öfter stand Vater mit Zornesfalten auf der Stirn vor der geöffneten Motorklappe. Mitte der siebziger Jahre hatten wir in der Schildbürgerstadt Schildau, dicht bei Torgau gelegen, ein heruntergekommenes altes Haus gekauft. Dorthin fuhr kein Zug, und mit dem Bus dauerte es ewig. Ohne Auto ging es nicht, aber mit dem Wolga ging es auch nicht mehr lange. Da hielten uns eines Tages auf der Autobahn mit Hupen und Blinken, Winken und Rufen zwei Offiziere der Roten Armee an und sagten in freundlichem, wenngleich energischem Ton, der keinen Widerspruch duldete, dass sie den Wolga kaufen wollten. Irgendetwas Brauchbares mussten sie schließlich mitbringen nach ihrem Dienst in Deutschland, der bald zu Ende gehen sollte. Um schnell weiterzukommen, gab Vater ihnen unsere Adresse, und noch in derselben Woche standen die hartnäckigen Freunde in Uniform vor der Tür, nickten beifällig, als ich sie auf Russisch begrüßte, holten ein Papier hervor und setzten einen Vertrag auf. Für 3700 Mark ging der blaue Wolga in seine Heimat zurück. Rechnet man den Beutel mit Abzeichen, Snatschki, und Hologrammkalendern hinzu, den die Kinder bekamen, war das kein schlechtes Geschäft.

Zum Ersatz kaufte Vater gegen Aufpreis einen giftgrünen Trabant Kombi, stotternd, laut, eng, mit schlechter Akustik. Der Wolga hatte Geschichten hervorgebracht, der Trabi machte Ärger. Erst mit dem Umstieg vom Viertakter auf den landeseigenen Zweitaktmotor begann das Leben im Rhythmus der DDR zu verlaufen.

Schlage ich mein Zeugnisheft auf, das die 28. Polytechnische Oberschule mit einem bis heute leuchtenden Plasteschutzumschlag in Pink versah, lese ich verwundert, aber keinesfalls überrascht über den Schüler der zweiten Klasse: «Im Kollektiv ist Jens beliebt, weil er führend, korrekt und hilfsbereit ist. Er führt seine Funktion im Jungpionierrat gewissenhaft und einsatzfreudig aus. An Pionierveranstaltungen nahm er rege teil. Jens trainiert regelmäßig und freudig in einer Sportgruppe.»

Gibt es das Dienstbotencharakterisierungswort «rege» eigentlich im Westdeutschen? Wozu führt die rege und regelmäßige Teilnahme an Pionierveranstaltungen? Harmlos und niedlich kann ich heute die Pioniere nicht mehr finden. Wie viele Kritiker der Elche war ich früher selber einer, aber das ändert wenig daran, dass kein ehemaliger Raucher so allergisch auf Zigarettenqualm reagieren kann wie ich, der ich Jungpionierratsvorsitzender und Freundschaftsratsvorsitzender gewesen bin, auf die Erwähnung der Pionierorganisation. In ihr ist Unschuld vernutzt worden. Wer mit vierzehn Jahren ein Blauhemd anzieht, ist nicht mehr völlig hilflos. Aber wenn man dir mit sieben ein Halstuch umbindet und sagt, nun lieb mal deine Eltern, die Lehrer, die Sowjetunion, den Frieden, die DDR, das Lernen und den Sozialismus?

Mir haben die Hemden der Pionierorganisation blendend gestanden. Ich hatte dunkles Haar, ein bleiches Gesicht, tief liegende Augen, und die einzige Gefahr war, dass Flecken auf das weiße Hemd gerieten. Bevor so ein Pioniernachmittag begann, musste der Klassenraum umgeräumt und die Sitzordnung dem höheren Zweck angepasst werden. Die frontale Reihung der Bänke wich einer Aufstellung für Selbsterfahrungsgruppen. Man setzte sich im Kreis oder im Viereck einander gegenüber, sodass ein jeder ins Gesicht eines jeden schauen konnte. Die Klassenlehrerin war immer dabei. Pionierarbeit galt zwar als außerschulische Aktivität, aber es war doch eine Fortsetzung des Unterrichts mit den Mitteln des Nachmittags.

Ältere können sich daran erinnern, dass Polizisten oder Staatssicherheitsleute in ihrer Klasse erschienen sind und Freunde auf Jahre verschwanden, weil sie der Jungen Gemeinde angehörten. So etwas ist in meiner DDR nicht vorgekommen. Brutale Repression habe ich in meiner Schulzeit so wenig erlebt wie offene Aufsässigkeit. Alle waren immer Mitglied überall. Nur in der ersten Klasse gab es eine, deren Eltern, wie gemunkelt wurde, Zeugen Jehovas gewesen sein sollen. Claudia wurde nicht Mitglied bei den Pionieren, aber Claudia durfte auch keine Blutwurst essen. Das schien uns allen ein trauriges Schicksal. An Ausflügen, Sportfesten, Theaterbesuchen nahm sie dennoch teil, ohne Halstuch und Mitgliedsausweis.

Der wichtigste von allen Pioniernachmittagen war der zu Beginn des Schuljahres, der Tag der Wahl. Jede Klasse bildete eine Pioniergruppe und wählte in freier, offener Abstimmung aus ihrer Mitte eine Leitung. Dazu machten, meist nach Einflüsterung durch den zuständigen Pädagogen, die Klassenkameraden «begründete Vorschläge». «Ich schlage Holger vor, weil er immer fleißig und hilfsbereit ist.» – «Ich schlage Ulrike vor. Sie war im letzten Jahr sehr aktiv und hat auch gute Zensuren.» Jeder hörte dabei den unausgesprochenen Schlussvers mit: «... und wenn Ulrike das übernimmt, muss ich nicht.» Es wechselten die Namen der Leitungsorgane, es wechselten die Farben der Halstücher, es gab Organe der Klasse, der Schule und des Kreises – aber die Funktionen blieben: Vorsitzender, Stellvertreter, Kassierer, Schriftführer, Wandzeitungsredakteur.

Mit einer Wandzeitung hat meine Pionierkarriere begonnen. Zehn Tage nachdem ich zum ersten Mal ein Schulgebäude von innen gesehen hatte, am 11. September 1973, putschte Pinochet in Santiago de Chile. Allende war für mich der Mann mit der Milch: Er hatte dafür gesorgt, dass die chilenischen Kinder täglich einen halben Liter bekamen. Nun war er in den Tod getrieben worden von einem General mit dunkler Brille und amerikanischem Geld. In der Schule wurde zur Solidarität mit den chilenischen Kindern aufgerufen. «Keiner ist zu klein / Ein Helfer für kämpfende Freunde zu sein» hieß meine erste selbst geklebte Schlagzeile, auch wenn ich sie damals noch nicht lesen konnte.

Noch wichtiger war unser Beitrag im dritten Schuljahr, als die sowjetischen Kosmonauten Waleri Bykowski und Wladimir Aksjonow nach Leipzig kamen und die Druckerei besuchten, in der Lenin seine Untergrundzeitschrift «Iskra», Funken, hergestellt hatte. Wir standen in weißen Hemden, mit zu großen blauen Tüchern um den Hals und skandierten, wie einen Tag lang geprobt: «Waleri Bykowski, Wladimir Aksjonow – Ura! Ura! Ura!». Das dreifache Hurra auf Russisch förderte die Entwicklung zum Pionierkollektiv außerordentlich.

Wenn nicht so durchschlagende politische Aktionen durchgeführt wurden, ging es um Sport und Kultur. Ich habe in der Gruppe für rhythmische Gymnastik am Haus der Deutsch-Sowjetischen Freundschaft die Klanghölzer geschlagen, in einer Schwimmgruppe den Kopfsprung nicht gelernt, in einer Leichtathletiktrainingsgruppe drei Nachmittage in der Woche meinen Trainer zur Verzweiflung gebracht, an gut einem Dutzend Crossläufen teilgenommen, die an Wochenenden zu Ehren von Antifaschisten veranstaltet wurden. Ich ging zu Russisch- und Mathematik-Olympiaden samt Vorbereitungskursen, gehörte zum Freundeskreis des Kinder- und Jugendtheaters «Junge Welt», und im Schulchor habe ich gesungen, bis der früh einsetzende Stimmbruch mich dieser Verpflichtung enthob. Fortan wirkte ich durch das Wort. Ich wurde Rezitator. Mit den Urkunden, die ich für mein wortkünstlerisches Schaffen erhielt, könnte ich, hätte ich sie aufgehoben, heute mühelos mein Büro tapezieren.

Eine Veranstaltung in der DDR kam selten ohne Kultur aus. Kultur hieß: ein Lied, gesungen von zwei, drei Mädchen oder dem Schulchor, ein Instrumentalstück und ein Gedicht, mit Betonung vorgetragen vom Rezitator. Wer ein Instrument beherrschte, genoss das höchste Ansehen. Musik war ideologiefrei und verlangte besondere Fertigkeiten. Zum Singen benötigte man wenigstens die Andeutung einer Stimme, also eine staatsferne Gabe. Allein der Rezitator schien nichts aufbringen zu müssen außer Fleiß, der immer dicht am Stumpfsinn scheint, und – zwecks Betonung – Engagement, das oft eine Form des Stumpfsinns ist. Ich habe das damals anders gesehen, aber doch die Feinheiten der Werteskala genau registriert. Sie war gebaut wie viele Skalen der Wertschätzung in der DDR. Je rascher etwas unter Ideologieverdacht geriet, desto geringer wurde es geschätzt. Je mehr Können etwas verlangte, desto größer war das Ansehen.

Meine Eltern hatten darauf geachtet, dass ich nicht ins Sächsische fiel, und ich mochte Verse. Also sagte ich Gedichte auf, wenn ein Jahrestag in der Schulaula gefeiert wurde, wenn Wahlen abgehalten wurden und in einem Klassenzimmer die Urnen standen, wenn Kreis und Bezirk zum Rezitationswettstreit aufriefen. Die Wettbewerbe liefen ab wie eine Prüfung. Drei Schulbänke mit kunststoffüberzogenen Beinen standen vor der Tafel. Das war die Stützfläche für die Ellenbogen der Kommission, die vor sich eine Liste und eine Mappe mit Urkunden liegen hatte. Auf hellen Holzstühlen mit ebenfalls kunststoffüberzogenen Beinen saßen die Teilnehmer und konnten nur dann gewinnen, wenn sie taten, als gäbe es den Raum, die Kommission und ihre Mitstreiter nicht. Es sah zu sehr nach Gedichteaufsagen im Deutschunterricht aus. Das hier sollte doch etwas anderes sein. In Deutsch kam es auf das Behalten, auf das Hochdeutsch-Sprechen an und darauf, beim inhaltlich wichtigen Wort die Stimme zu heben.

«Ein Staat, geboren aus des Volkes Not / Und von dem Volk zu seinem Schutz gegründet» – das dämliche Preisgedicht Johannes R. Bechers, das ich nie aufgesagt habe – hätte demzufolge bei «Staat», «Not», «Volk» und «Schutz» betont werden müssen. Das leierte dann herrlich, aber Leiern missfiel jeder der Rezitationswettstreitskommissionen. Schließlich saßen auch Schauspieler aus dem Leipziger Kabarett oder dem Kindertheater im Präsidium, und sie wollten, dass wir schön rezitierten. Man musste sie vergessen, um nicht wie ein Prüfling vor ihnen zu stehen, aber man musste sie anschauen, während man sie vergaß, sonst sprach man «über die Köpfe des Publikums» hinweg.

Oft erklang Wilhelm Busch: «Ganz unverhofft auf einem Hügel / Sind sich begegnet Fuchs und Igel.» Das war leicht zu rezitieren, man musste nur die «ü»- und «i»-Laute auseinander halten, die Busch über die Zeilen verstreut hatte. Der «Bewaffnete Frieden» kam immer gut an. Was anderes konnte der Max-und-Moritz-Dichter im Sinn gehabt haben, als vorausschauend die NVA zu preisen? «… und trotzt getrost der ganzen Welt / bewaffnet, doch als Friedensheld». Ich sprach stattdessen «Bedecke deinen Himmel, Zeus» oder Brechts «Legende von der Entstehung des Buches Taoteking», was aus dem Mund eines Elfjährigen unendlich altklug geklungen haben muss. Wie die Kommissionen ihr Urteil fällten, blieb mir ein Rätsel. Zu einem Programm kam es jedenfalls immer.

Auf der Bühne des Feierabendheims «Martin Andersen-Nexö» standen zwanzig Pioniere, auf Kopfnicken trat hervor, wer dran war: die Blockflötenspielerin oder der Rezitator. Unten saßen Rentner und fanden uns putzig. Ich schritt nach vorn, holte Luft, verschluckte meine Aufregung und begann: «Des Menschen erstes Wort war A», Pause, Pause, Pause, «und hieß fast alles, was er sah.» Morgenstern hatte ich in einem Kinderbuch von Franz Fühmann entdeckt, mir gefiel's. Beim letzten Wort angekommen, neigte ich den Kopf, der Saal klatschte, während ich wieder nach hinten in die Gruppe der zwanzig ging. Danach kam eine ältere Dame zu mir und sagte in tiefstem Sächsisch: «Das hast du ja scheen aufgesagt und auch nischt verhaspelt, aber das ist doch Unsinn.» Ich konnte zwar immer noch nichts Richtiges, war dem Ideologieverdacht jedoch halb entkommen.

Das hat mich nicht davor bewahrt, die höchsten Weihen der Pioniere zu erhalten und die Organisation rein zu erleben, eine Welt kennen zu lernen, in der es nur Pioniere und Pionierleiter gab. Im Herbst 1979 wurde ich wichtig und bekam Gelegenheit, Verse vor Margot Honecker zu sprechen.

Die Schule hatte mich zum Lehrgang in die Pionierrepublik «Wilhelm Pieck» am Werbellinsee delegiert. Dem Wortsinn nach vertrat ich alle Pioniere der Schule, die zusammen eine «Freundschaft» bildeten. Die Praxis war zentralistisch. Die Schule erhielt vom Kreis eine Quote, die Schulleitung wählte aus und fragte mich. Ich wollte unbedingt an den

Werbellinsee, ein paar Wochen raus aus der gewohnten Umgebung. Das 3,2 Quadratkilometer große Lager im Grünen war 1952 vom ersten und einzigen Präsidenten der DDR gegründet worden. Wir hatten dort Unterricht und vor allem Gelegenheit, den dreißigsten Geburtstag der Republik ausgiebig zu feiern. Es hätten leidenschaftliche Tage werden sollen.

Ich besitze noch mein «Räte-ABC» von damals. In das blaue Buch war jeden Abend einzutragen, was wir erlebt und gelernt hatten. Der längste Text steht auf Seite fünf und trägt die Überschrift «Wie ich bin – wie will ich werden»: «Zur Zeit bin ich FSRV (heißt: Freundschaftsratsvorsitzender) an meiner Schule und bemühe mich meine Aufgabe so gut wie möglich zu erfüllen. Doch manchmal mache ich noch zuviel alleine. Diesen Vorwurf haben sie mir schon in der 2. Klasse gemacht, aber bis heute habe ich mich darin nicht geändert. Auch quatsche ich noch viel, zu viel und ich nehme mir vor, das zu ändern. Mit meinem Zeugniss bin ich so weit zufrieden, nur in Sport möchte ich auf eine 1 kommen. Manchmal bin ich auch etwas zu grob, vor allem wenn ich in Wut gerate. Hier muß ich lernen mich noch besser zu beherrschen. Meine Hobbys sind Geschichte, Literatur und Film. Auch lese ich gerne und höre oft Musik. Gitarre spiele ich auch, aber dazu habe ich keine Lust mehr. Das passiert mir überhaupt öfter, daß ich etwas anfange und überhaupt keine Lust anschließend mehr habe.» Daran hat sich auch am Werbellinsee wenig geändert.

Das Buch weist überwiegend leere Seiten auf. Das Wichtige steht nicht drin. Gelernt habe ich in diesem Herbst vor allem Küssen, und zwar von der Pionierleiterin Sylvia, die schon zwanzig und mit einem Offizier verlobt war. Sie mochte mich. Als sie mir eines Abends zur Unterrichtung einen Zungenkuss gab, protestierten die vier Mitbewohner meines

Zimmers und erhielten – gleiches Recht für alle – nun ebenfalls an jedem Abend einen.

Auch sonst herrschte einiges Durcheinander unter uns Dreizehnjährigen aus den Bezirken Erfurt, Leipzig und Rostock. Die «wilde Sieglinde» überwachte es. Sie war im Lager für ein paar Wochen unsere Klassenlehrerin und die Einzige, die nachts durch die Zimmer schlich, um zu kontrollieren, wer wo schlief. Sie konnte nicht wissen, dass ihretwegen ein Wettbewerb unter den Jungs im Hause lief: Wenn sie kam, und sie kam verlässlich, dann galt nur der etwas, der sich in einem fremden Bett versteckte und nicht darunter.

Eines Nachts, selbstverständlich unter klarem Sternenhimmel, machten wir uns auf zu einem zweistündigen Schweigemarsch. Das Ziel war ein Gedenkstein für Antifaschisten. Oder waren es für die Befreiung vom Hitlerfaschismus gefallene Rotarmisten? Ich weiß es nicht mehr. Aber an das Gefühl, in der Dunkelheit schweigend nebeneinander zu wandern, um zu zeigen, dass die Toten nicht umsonst gestorben sind, kann ich mich noch erinnern. Man wurde gemeinschaftsselig, ein wenig traurig, doch nicht zu sehr, und wusste sich, ohne etwas dafür tun zu müssen, auf der besseren Seite.

Überhaupt appellierte man an unseren Idealismus, das Lagerleben sprach Leidenschaften an. «Räte-ABC» klang ein wenig nach großer sozialistischer Oktoberrevolution, hektisch abgesandten Funksprüchen, Schüssen von der «Aurora», Bauernstiefeln in den Palais des Adels. Von der «Freundschaft», den Pionieren meiner Schule, hatte ich «einen Auftrag» erhalten: «Erforsche, wie die Arbeit des FSR (Freundschaftsrates) verbessert werden kann.» Forschung, dramatische Szenen der Geschichte, Nacht und Feuer – was ich mochte, wurde geboten. Warum aber sind meine wenigen Erlebnisberichte im blauen Buch dann so prosaisch ge-

halten, so sehr nach Vorschrift geschrieben, jeden persönlichen Ausdruck vermeidend?

«Am Abend des ersten Tages fand im Kinosaal ein Massensingen statt. Jeder Pionier erhielt ein Heft mit Liedertexten.
Nach einer kurzen Einführung begannen wir mit dem Lied
‹Wer singt schon heute die Lieder von Morgen›. Am besten
gefiel uns die 4. Strophe. Wir lernten noch das Lagerlied und
‹Gute Fahrt› kennen. Mit guter Laune verabschiedeten wir
uns. Jetzt wo jeden Abend über die Lautsprecher Massensingen ist, beteiligen sich alle begeistert. Die neuen Lieder werden uns immer begleiten.»

«Am Freitag führten wir das Fest der Ordnung und
Sauberkeit durch. Auf dem Eröffnungsappell erhielt jede Bri-
gade ihren Auftrag. Anschließend erfolgte ein Sonderrund-
gang der Ordnungskommission. Auf einem Appell wurde alles ausgewertet. Wer seine Aufgaben ordentlich erfüllt hatte,
konnte nun Freizeit machen.»

«Am Vorabend des 30. Geburtstages unserer Republik
fuhren wir mit 23 Bussen zum historischen Fackelzug der
FDJ nach Berlin. Zu Beginn hielten wir uns mit Kreisspielen
warm. Dann marschierten wir los, stellten uns auf und sangen Kampflieder. Mit stürmischem Beifall und mit begeister-
ten Hochrufen begrüßten wir die Ehrengäste: Leonid Bresch-
new, Erich Honecker und viele andere. Beim Gelöbnis der
FDJ versprach Egon Krenz alles zur Stärkung der DDR zu
tun. Dann marschierten wir zu den Bussen.» So abgebrüht
noch in der Erregung, ohne Zeichen innerer Beteiligung habe ich den Höhepunkt des sozialistischen Festkalenders erlebt.

Nicht viel mehr verrät das Buch über den Augenblick, als
ich Verse vor Margot Honecker sprach, auf der Freilichtbühne stand, zwei Mädchen und ein Junge neben mir. Vier Zeilen sollte ich sagen, Strophe drei. Ich habe sie vergessen. Das

Programm diente der Rechenschaftslegung der Pioniere vor der Republik. Die Politprominenz im Publikum hatte keine Chance, einen Eindruck zu hinterlassen. Ich war sauer, dass ich nur vier notdürftig gereimte Verslein sprechen durfte. Wir mussten fünfmal proben. Für vier Zeilen! Und ich kannte bessere. Wenn die Volksbildungsministerin nachher mit uns diskutieren würde, sollten wir, so die Belehrung, auf keinen Fall nach Versorgungsengpässen fragen. Ich habe mich damals aufgeregt, wurde sichtbar unleidlich. Sylvia, die wie jeden Abend zum Gute-Nacht-Zungenkuss kam, legte mir bloß ihren Arm um die Schulter: «Dir gefällt dein Text nicht? Das ist nun mal das Programm. Das wird zentral geplant.»

Auf diese Weise brachte der Riesenaufwand der Pionierrepublik nichts außer ein paar Küssen und Erlebnissen, die schon am Abend, wenn ich ins Buch schrieb, zu Formeln erstarrt waren. Der Pfadfinder, der zum ersten Mal aus dem Funken die Flamme schlägt, hat getan, was tausendfach getan worden ist, und doch eröffnet das kleine Ereignis ihm eine neue Seite an sich, ist für ihn und nur für ihn bedeutsam. Er erfindet das Feuer. Die Pionierorganisation löschte es. Wir Pionierrepublikaner lernten Putzen, Marschieren, Massensingen, Fragenvergessen, probten vorgeschriebene Rollen. Das war das Schäbige. Kindliche Leidenschaften wurden angeheizt, aber die Maschine lief ohne sie. Jeder hatte sich einzureihen. Es war klar, dass es auf den Einzelnen nicht ankam. Er war austauschbar.

Die Familie Honecker & Co. nahm auch an der Eröffnung des Pionierpalastes in der Berliner Wuhlheide teil. Noch in den Bussen, die uns zum Klatschen, Jubeln, Staunen fuhren, wurden wir belehrt, dass wir möglichst dicht bei den führenden Genossen stehen sollten. Schließlich sei das Westfernsehen da, und wenn wir Abstand hielten, würden die was von Trennung zwischen Volk und Führung faseln. Dem Leipziger Alltag entrückt und mit gut durchbluteten Lippen aus der Pionierrepublik zurückgekehrt, habe ich das nach Aufforderung im Unterricht erzählt. An diesem Nachmittag schüttelte mein Schulfreund Kai widerwillig den Kopf und sagte, neben mir auf der Couch liegend, starren Blicks an die Decke schauend: «Du bist doch nicht so doof, das nehm ich dir übel, dass du was gegen das Westfernsehen gesagt hast. Das wollen die doch so.»

Kai lebte in einer geordneten Welt, sauber, unverrückbar, leicht zu überschauen. Zwar freute sich auch meine Mutter, wenn ich im Flur die Schuhe auszog und sie ordentlich neben die Gasuhr stellte, aber wenn ich es nicht tat, erntete ich schlimmstenfalls einen strengen Blick. Trat ich dagegen bei Kai mit meinen Turnschuhen auf den Läufer im Flur, um rasch in seinem Zimmer zu verschwinden, verdrehte er jedes Mal die Augen und sagte mit fremder, langjährige Zuchthausstrafen verkündender Stimme: «Ausziehen! Meine Alten sind so.»

Er besaß eine ansehnliche Sammlung von Mätschies, Matchboxautos, die Verwandten in Köln genossen höchste Autorität, er spielte Handball und Tischtennis, und seine Eltern sollten nie wissen, dass ihn Schulfreunde besuchten. Die Pornos, die er im Nachttisch des Vaters entdeckt hatte, mit nach draußen zu nehmen, traute er sich nicht. So ging ich, ein kurzes Nicken nach Schulschluss genügte, ab und an mit zu ihm. Die schwarzweißen Bilder wurden unser Lehrmittel. Er wollte dann wissen, was los sei, ob das normal sei. Glücklicherweise hatte ich ein Buch gelesen, ein Geschenk meiner jugendbewegten Großmutter: «Denkst du schon an Liebe?», Informationen über Anatomie, Verhütung, Gefühle, Krankheiten. «Das machen viele so in unserem Alter, so steht das da drin.»

Als Pionier tat Kai so viel, wie nötig war, um nicht anzuecken, das hieß hingehen, Halstuch umbinden, still sein.

Leute, die sich der Maschinerie offen entzogen, waren selten. Als der Eintritt in die Gesellschaft für Deutsch-Sowjetische Freundschaft (DSF) auf dem Plan stand, sagte einer meiner Klassenkameraden kess: «Da geh ich nicht rein, die Russen haben meinen Großvater umgebracht.» Die Antwort der Lehrerin war unmissverständlich: «Du willst doch eine ordentliche Lehrstelle bekommen. Da wird geschaut, ob du in der DSF bist.» Selbstverständlich vergaß er seinen Großvater und trat ein. Es kostete nur zehn Pfennig im Monat.

Er und Kai und andere vermittelten mir das Gefühl, dass ich zur radikalen Minderheit derer gehörte, die in der Schule nicht anders redeten als zu Hause, die sagten, was sie dachten, und nichts gegen ihre Überzeugung, um des Vorteils oder der Bequemlichkeit willen taten. Daher glaubte ich lange Zeit, dass die Frage, ob ich mich angepasst habe, eine Frage, die mir westdeutsche Freunde oft und mit allem Verständnis gestellt haben, an meinen Erfahrungen vorbeigehe. Überzeugte Sozialisten waren eine Minderheit in der DDR, aber sie regierten und waren nicht beliebt. Viele ließen im Umgang mit ihnen Vorsicht walten.

Robert, ein Schulfreund, mit dem ich häufig Fahrradtouren ins Umland unternahm, lebte in einem für mich unvorstellbaren Luxus. Um ihn war immer Gewese, und er strahlte das Wissen aus, dass er alles bekommen würde, was er wollte. Die Eltern besaßen ein eigenes Haus mit Swimmingpool, großer Garage, vielen Büchern. Eines Tages kam Robert nicht mehr zur Schule. Die Familie habe, so sagte man, von Bulgarien aus versucht, nach Griechenland abzuhauen, die Fronten zu wechseln. Ihr Fluchtfahrzeug, ein Wohnwagen, habe einen doppelten Boden, ein Geheimfach, besessen, Roberts Vater sei ein Spion des BND gewesen. Nun waren Robert und sein Bruder in einem Heim, ihre Eltern saßen im Gefängnis.

Ich kannte den Vater, er hatte mir geholfen, ein Exponat für die «Messe der Meister von Morgen», das DDR-Äquivalent zu «Jugend forscht», zu fabrizieren. Roberts Mutter hatte uns einmal gegen unseren Protest zum Pioniernachmittag ins Theater geschickt. Jetzt sollten sie Verräter sein. Ich hatte nie etwas davon bemerkt, als ob auch die Seelen ein Geheimfach besäßen. Robert gehe es gut, sagte man. Ich wusste nicht, was ich tun sollte, eingeklemmt zwischen Freundschaft und Kaltem Krieg. Die Lehrerin wollte nicht weiter darüber sprechen, in der Klasse hieß es, die kommen bald rüber, im Austausch.

Meine Situation war paradox. Ich wollte ehrlichen Herzens den Sozialismus und war damit ein Außenseiter unter meinen Klassenkameraden. Allerdings stand die Staatsmacht immer stützend hinter mir. Ich schwamm gegen den Strom im Alltag und fand ebendeshalb die Zustimmung der Autoritäten. Als Kind hat mich das verwirrt, ich fühlte mich unwohl in meiner Rolle. Aber wem zuliebe sollte ich mein bedenkenloses «Ja» zur DDR verleugnen? Die Klassenlehrerin setzte nicht auf Einsicht, sondern auf Unterwerfung. Mich hielt sie offenkundig für einen willkommenen Idioten und zögerte nicht, mir Werbematerial der NVA-Marine vorzulegen, verbunden mit dem egoistischen Ratschlag, ich solle doch Berufsoffizier werden. Sie wollte ihre Quote erfüllen.

Meine Eltern haben die Lehrer, die ich ablehnte, nie verteidigt, aber immer darauf bestanden, dass ich meine Aufgaben gut erledigte. Ich könne mir die Leute, mit denen ich zu tun hätte, nun einmal nicht aussuchen. Das Richtige sei immer gegen Widerstände durchgesetzt worden. Meine Helden hießen damals Giordano Bruno und Galileo Galilei, von deren Opfern für die Wahrheit ein Jugendbuch erzählte. Viel mehr als alle Geschichten über Revolution und antifaschistischen Widerstand haben mich solche Biographien gefesselt. Marx gehörte für mich in diese Reihe. Im Kinderbuch «Mohr und die Raben von London» kämpfte er gegen Kinderarbeit, Prügel, schändliche Ausbeutung, lebte persönlich in Armut und verfolgte doch unbeirrt seine Ziele. So, dachte ich, als ich dreizehn, vierzehn Jahre war, müsse man leben: innen klar, nach außen fest, perfekt, nicht zu erschüttern.

Zu Hause herrschte eine besondere Atmosphäre. Ich konnte die Nachrichtenlage am Gesichtsausdruck meiner Eltern ablesen, als trügen sie eine Sonde im Gehirn, die sie permanent mit aktuell-politischen Botenstoffen versorgte. 1972 lachten sie froh, als die Sportler des kleinen Landes in München gewannen, gewannen und nicht aufhörten zu gewinnen. Eines Nachmittags war es damit vorbei, Mutter sah betroffen drein. Etwas Entsetzliches sei geschehen, Sportler seien erschossen worden. «Scheiße» lautete Vaters Kommentar, den Krankheit und Tod immer wortkarg werden ließen.

Allendes Tod sorgte für Wut, das Ende des Vietnamkrieges für Freude und ein «Sei mal still, jetzt kommen Nachrichten!». Die Entführung der «Landshut» nach Mogadischu beschäftigte meine Eltern tagelang, und den Kachelofen im Rücken, die Schüssel Kartoffelbrei auf dem Tisch, wurde 1977 auch das besprochen. Terrorismus war falsch. Das war der Weg, den Lenins Bruder gegangen war, der Zaren-Attentäter. Wir gingen den richtigen, keinen Unschuldigen vernichtenden Weg von Wladimir Iljitsch.

Auf diesem Weg genoss ich viele Freiheiten, durfte ich – anders als Kai – mitbringen, wen ich wollte, und mir hinterher anhören, was auch die Lehrer immer sagten: «Deine Mutter ist aber schön.» Ich erhielt leicht die Erlaubnis, bei Freunden zu übernachten, und durfte notfalls auch die Schuhe anlassen. Streng im Grundsätzlichen, lässig im Alltäglichen, so wurde ich erzogen.

Materielles war nichtig, als wären wir Millionäre. Oma hatte zu Vaters Geburtstag im Intershop eine Dreiliterflasche «Dujardin» gekauft. Die Flasche stand nicht lange auf der Terrasse, wo wir feiern wollten. Die Kabel der Lautsprecher, die ich herumtrug, verfingen sich, es knallte, klirrte, der Westschnaps war perdu. Es fiel kein böses Wort, nur das Lästern begann, nachdem der Schrubber die drei Liter und die Scherben hinweggefegt hatte. Es sei selbst im Sozialismus nicht möglich, sagte Vater, die Terrasse jeden Tag mit «Dujardin» zu wischen.

Als ich im Zeichenunterricht meine Eltern bei der Arbeit malen sollte, wünschte ich, sie wären Apotheker oder Gärtner oder wenigstens KFZ-Schlosser gewesen. Es war nicht leicht, einen sinnlichen Begriff von dem zu bekommen, was sie taten. In Vaters Büro im Zentralinstitut für Jugendforschung, wo er als eine Art Mediensoziologe beschäftigt war, lagen Papiere herum, riesengroße grün-weiße Rechnerausdrucke, sonst gab es Bücher, Schreibmaschinen, Telefon. Das hatten wir auch zu Hause. Mutter saß im Rat des Bezirkes, Abteilung Kultur, schrieb, diskutierte, organisierte, reiste. Ich hatte nur eine ungefähre Vorstellung davon, wie die Arbeit meiner Eltern genau aussah. Sicher schien allein, dass sie aufregend und wichtig war. Schließlich fuhr Vater quer durch Europa, schickte Postkarten von Zypern, aus Italien, Paris. War er zu Hause, gingen wir oft ins Fußballstadion von Lok Leipzig. Mutter hatte mit Künstlern zu tun, sie nahm mich mit in Theater- und Opernpremieren. Wir trafen Schriftsteller, Komponisten, Maler, Filmleute, die zu uns nach Hause kamen oder die wir besuchten. Erich Loest schenkte Norbert und mir seine Übersetzung der «Lederstrumpf»-Erzählungen. Ohne Abenteuergeschichten schlief ich nicht ein.

Meine Eltern hatten nichts dagegen, dass ich mich in Filme mogelte, in denen der Jugendschutz mich nicht sehen wollte. Sie hatten ihre Studentenzeit im selben Kino verbracht, in das ich nun ging, im «Casino» hinter der Uni, von Altersgrenzen oder Einschränkungen hielten sie wenig und amüsierten sich, wie ich die Stadt entdeckte. Sie verstanden nicht recht, dass ich immer wieder «King Kong und die weiße Frau» sehen wollte und mit meinem Schulfreund Jörg, der eines Tages die KFZ-Werkstatt seines Vaters übernehmen würde und immer pünktlich zu Hause sein musste, alle Gruselfilme sah, die liefen. Aber sie sagten nichts dagegen. Nichts schien mir aufregender als der Schrecken im Antlitz der Blondine, die, auf einsamer Insel gejagt, die Hand des Grafen auf ihrer Schulter spürt, der Schädel für seine Schrumpfkopfsammlung braucht.

Eines Tages wurde es völlig normal bei uns. Mutter kam in mein winziges, überfülltes Zimmer, sah ichweißnichtwas, ichweißnichtwohin, stolperte über den Sportbeutel, der in der Ecke lag, riss alle Schubfächer auf und rief: «Wie sieht es denn hier aus?» Es herrschte Chaos. Sie kippte alles in die Mitte, schrie mich an, ich solle aufräumen, und zwar schleunigst. Was war das? Das könne man mir doch auch in Ruhe sagen, ich sei nicht begriffsstutzig. Reden, fuhr sie mich an, helfe offenkundig nicht. «Bring das in Ordnung!» Ich kannte den Ton nicht, verstand sie nicht.

Es tue ihr Leid, sagte sie am nächsten Abend, und ich wusste, dass es wahr war. Ich ahnte nicht, warum sie plötzlich so vehement auf Ordnung in meinem Zimmer achtete und dass sie allen Grund hatte, aufzuräumen. Vergleichbare Erziehungsanfälle wiederholten sich nicht, aber auch ihre Unruhe wollte nicht schwinden. Wurden wir Proletarier jetzt unverständlich? Der ganze Spuk musste verfliegen, bis ich verstand, warum mein Zimmer so überraschend zum Schauplatz der albernen Szene geworden war, warum meine Sportsachen eines Tages neben Füllern und Mosaikheften in der Mitte des Zimmers auf dem Fußboden gelegen hatten, woher die Nervosität kam.

Mutter arbeitete als Sektorenleiterin Kunstpolitik. Seit der Ausbürgerung Wolf Biermanns im Herbst 1976 ging eine klare Trennlinie durch das Land, viele Künstler verließen es. Meine Mutter war nicht für Biermann gewesen und nicht für das Ausweisen, sie hatte die Stimmen ihrer Genossen gehört und den Trotz der Künstler gesehen. Sie wusste, dass Ausweisen «nazi» war und dass Biermann gegen die DDR «hetzte», wie es hieß. Die vergleichbar liberale Ära der frühen siebziger Jahre war zu Ende. Die SED forderte Ergebenheitsbekundungen.

Meine Mutter war nicht abgeklärt. Sie wollte nicht, dass alle in den Westen getrieben wurden. Zwischen Bekenntnis zum Sozialismus und Respekt vor den Künstlern hin und her gerissen, fand sie keine Lösung. Deshalb hatte sie in meinem Zimmer die Nerven verloren, in meinem Zimmer die Wut ausgetobt, die dem Land galt. Es ist nie wieder vorgekommen. Aber die Konflikte blieben.

Ich suchte weiter das Abenteuer und sah nicht, was in meiner unmittelbaren Nähe geschah. Die Hand des Grafen lag längst auf der Schulter.

Nach der Wende erzählte mir meine Mutter, dass sie Ende der siebziger Jahre eine Verpflichtungserklärung des Ministeriums für Staatssicherheit unterschrieben habe. 1992 stand es in BILD. Sie war IM und schrieb Berichte, auch über Leute, die dem abenteuerlustigen Teenie Jens damals die Hand gegeben haben. Das ist ihre Geschichte, aber sie schiebt sich vor meine Erinnerungen an die Leipziger Zeit.

Ich denke an die «Lederstrumpf»-Erzählungen mit dem Gruß von Erich Loest. In den Akten liegen ihre Berichte über ihn, nicht aus seiner Wohnung, doch über dienstliche Treffen und Begegnungen mit ihm. Dass so etwas geschehen könne, lag jenseits meiner kindlichen Vorstellungskraft. Kundschafter war für mich in jenen Tagen ein Abenteuerberuf, Spitzel gab es unter den Nazis, an das Schreiben von Berichten habe ich so wenig gedacht wie an das Ausreisen.

Ich war nicht dabei. Ich habe oft versucht, mir die Szenen für meinen eigenen Horrorfilm auszumalen, aber es kommt nicht mehr dabei heraus als elender Fernsehkitsch: Mutter sitzt am Schreibtisch, Genossen im Trenchcoat wissen, wie man einen sicheren Weg geht … Loest vertraut und lächelt, schüttelt die Hand und weiß nicht, wer noch mit am Tisch sitzt … Man kommt dem Geschehen wohl am nächsten, wenn man alle Ausmalungen fortlässt. Ich schaue in die «Lederstrumpf»-Erzählungen und schäme mich. Ich sehe meine Mutter, die sich, was sie damals tat, bis heute nicht verzeiht. Und was noch in Leipzig geschah, liegt hinter diesen beiden Bildern: dem freundlichen Mann, der mir Bücher schenkt, und der schönen Frau, die Berichte schreibt.

Im Jahr 1980 war die Wohnung im Haus der Witwe Luipoldt vollends zerwohnt, und wir zogen in eine Fünfzimmerwohnung in Leipzig-Grünau, eine jener übergroßen Neubausiedlungen, die das Wohnungsbauprogramm hervorbrachte. Kaum waren wir da angekommen, erhielt Vater in der Hauptstadt, an der Akademie der Gesellschaftswissenschaften beim Zentralkomitee der SED, eine neue Stelle und nach einigem Hin und Her auch eine Wohnung, vier Zimmer in Berlin-Marzahn, noch so einer Vorzeigesiedlung mit Standardbebauung.

In Leipzig hatte es zur Errichtung vieler Blocks, aber nicht zur Befestigung der Straßen und Wege gereicht. Ein Jahr lang gingen wir durch Schlamm und Pfützen. Als wir umziehen wollten, ergaben sich daraus Probleme. Meine West-Oma und ich saßen zwischen Kisten und Brettern und verfolgten am Bildschirm, wie Prinz Charles und Prinzessin Diana einander ewige Treue schworen. Vater versuchte indes vor der Tür die Fahrer und Möbelpacker des volkseigenen Umzugsdienstes zur Erfüllung ihres Auftrags zu überreden. Nein, bei diesen Wegen könnten sie nicht tätig werden. Irgendwann griff er zur Brieftasche: Der Nomenklaturkader des Zentralkomitees wollte von einem Prestigeobjekt seiner Partei zum nächsten ziehen und musste, damit das gelang, der herrschenden Klasse eine paar Scheine in die Hand drücken.

Am späten Abend dieses Tages – Charles und Diana mögen noch getanzt haben – stand mein Bett im dreizehnten Geschoss eines Marzahner Hochhauses. Von nun an konnte ich tun und lassen, was ich wollte. Ich war fünfzehn, um mich sah es sehr sozialistisch aus – und in der Ferne schimmerte Berlin.

5. ANKUNFT IM PLATTENBAU

Jemand musste uns übel gesinnt sein. Kaum waren die achtzig Bücherkisten ausgepackt, die Waschmaschine und der Kühlschrank aufgestellt, Presspappenwand an Presspappenwand geschraubt worden, auf dass ein Kleiderschrank daraus werde, konnte jeder sehen, dass etwas mit dieser Wohnung nicht stimmte. Oma, die zu jedem Umzug aus Schleswig-Holstein kam, um zu helfen, zupfte vor der breiten Fensterwand des Wohnzimmers verlegen an den Stores und schaute mich aufmunternd an: «Hier kannst du den Leuten ja ordentlich auf den Kopf spucken.» Ihr fehlte die Gabe, schlechte Laune zu zelebrieren. Sie schüttelte sich, als wolle sie eine Last abwerfen, schritt in die Küche, um den Tisch zu decken, und begann, ihre Holsteiner Geschichten zu erzählen, was üblicherweise in allgemeinem Gelächter endete.

Diesmal half nichts. Hier standen unsere Möbel, aber es war nicht unsere Wohnung. Hier würden wir zwei, drei Stunden später in die Betten kriechen, aber es sah nicht so aus, als könne man dauerhaft in den vier Zimmern im dreizehnten Stock leben. Selbstverständlich war alles sauber, beinahe adrett, die Möbel das Neueste aus der volkseigenen Produktion, gleichwohl fehlte etwas. Jedes Zimmer erinnerte auf eigene Weise an einen Weihnachtsbaum im Januar: Noch nadelt er nicht, und die Kugeln spiegeln in Silber, Gold und Alurot das feine Fallen des Lamettas, doch der Glanz ist unwiederbringlich verloren.

Vielleicht lag es daran, dass die Reliquien aus der revolutionären Epoche der Familiengeschichte ihren Eigensinn bewahrt hatten. Die zwei mal ein Meter große Pappe, auf der energische tiefschwarze Pinselstriche das Gesicht Che Guevaras angedeutet hatten, war im Karo- und Juwel-Rauch vergilbt, mit dem Braunkohlenstaub der Leipziger Luft überzogen. Das Bild schien mit der Wand des Arbeitszimmers im Leipziger Osten verwachsen, und als es abgenommen werden sollte, zerfiel es, zwar nicht zu Staub, wie es für den Fortgang der Geschichte passend gewesen wäre, aber doch in drei Einzelteile. Die Postkarte aus Portugal, die berühmte mit der Kinderhand, die eine Nelke in den Gewehrlauf steckt, blieb verschollen unter den Kisten mit Schreibmaschinen-, Durchschlag- und Blaupapier. Das blau-weiße Halstuch der kubanischen Pioniere, ein Mitbringsel vom Werbellinsee, das einige Jahre über meinem Bett gehangen hatte, war bei neunzig Grad gewaschen worden und verschrumpelt.

Aber es gab ja noch eine schokoladentafelgroße Scheibe aus beschichtetem Rubinglas, ein Bruchstück des Roten Sterns vom Spasski-Turm, dem wichtigsten, am häufigsten gezeigten der Türme des Moskauer Kreml. Ein Freund aus der Hauptstadt der Sowjetunion hatte es ergattern können, als kurz vor der Olympiade 1980 die roten Sterne restauriert werden mussten. Er schenkte Norbert, der immer bedürftig zu schauen verstand, die unschätzbar wertvolle Glasscheibe. Sie musste zu Lenins Tod, über Stalins Aufstieg und während der Siegesparade im Mai 1945 gestrahlt haben, sie war ein magisches Glas, in dem sich die Energien der Geschichte bündelten. Als die vierzigste volkseigene Pappkiste in den Eingang des Hochhauses getragen wurde, gab ihr Boden nach. Schneller als Füller und Stofftier sauste die rubinrote Sowjetscherbe nach unten und zerschellte. Den Möbelpackern blieb nichts als ein Achselzucken und die Frage nach der Kehrschaufel. Ohne Zweifel hatte uns der Geist der Revolution selbst etwas mitteilen wollen. Wir Leichtfertigen hielten es für ein schlichtes Missgeschick.

Der Grundriss unserer Wohnung verband auf schwer zu übertreffende Weise Weitläufigkeit mit Enge. Der erste, der breite Flur, den rechts eine Ausbeulung namens Hobbyraum ergänzte, führte zur schmalen Küche. Sie besaß einen Austritt, den Hinweis also auf die Möglichkeit eines Balkons, wenige Zentimeter zum Stehen im Freien vor einer Wellblechabgrenzung. Links vom Flur lag das Wohnzimmer, ein knapp dreißig Quadratmeter großer Raum, an dessen rechter Wand eine Öffnung in den zweiten, schmaleren Flur führte. Hier fand man rechter Hand das Bad und einen Raum für die Waschmaschine, linker Hand das Zimmer für Norbert und mich. An der Spitze des Flurs grüßte die Tür ins Arbeitszimmer, das aber wiederum, diesmal nach links, in einen weiteren Raum, das Schlafzimmer der Eltern, sich öffnete.

In Leipzig, in der ofenbeheizten Wohnung, die Witwe Luipoldt uns hatte vermieten müssen, war meinen Eltern, vom Geist der Zeit beflügelt, eine einmalig avantgardistische Einrichtung gelungen. Vor dem Wohnzimmerfenster hatte ein bordeauxroter Filzteppich gelegen, die Ecke zum Niederlassen und Entspannen markierend. Darauf stand ein langer Couchtisch, eine Platte mit dunkelbraunem Furnier auf schwarzem Metallgestänge. Die schönsten Sessel der Welt umringten das gegen Cognacflecken, Zigarettenasche und sonstige Lebensspuren durch Lack geschützte Ungetüm. Sie hatten die Form einer Sitzschüssel, waren mattgrün und ruhten auf drei angeschraubten schwarzen Beinen, an deren Ende mit Kugelgelenk versehene Parkettschoner silbern blitzten. Eine Stehlampe mit orange bespanntem kreisrundem Schirm spendete reichlich Atmosphäre. Hier hatte der Fortschrittsglaube ein Szenenbild gefunden, aus Metall und farbigen Chemiefasern komponiert. Niemand wäre überrascht gewesen, hinter der orange-grün-rot-schwarz träumenden Familientischecke Lochkartenrechner aus dem VEB Robotron zu entdecken.

Das war kalt, aber konsequent, ein wenig wie Kino gewesen. Der Wohnung in Berlin-Marzahn hingegen sah man an, dass inzwischen das Fernsehen regierte, mit Kompromissen und Imitaten. Die neuen Möbel passten nicht recht zur Lebensart der Familie. Die Furniere waren matt, nicht mehr lackiert. An die Stelle der metallenen Beine und Ständer waren Holznachahmungen getreten, die neuen Sessel bestanden aus riesigen übereinander gelegten, plüschbezogenen Quadern. Immer rutschte irgendwo etwas. Ein freier Geist hätte beim Anblick der Möbel sofort gewusst, dass sich der Fortschritt doch aufhalten ließ. Arbeiter und Bauern waren zur Gemütlichkeit angehalten. Auf dem grauen Kasten, der neben dem Fernseher stand und dafür sorgte, dass die häufigen Spannungsschwankungen das empfindliche Gerät aus Stassfurt nicht verunsicherten, hatte eine Ministatue Don Quichottes ihren Platz gefunden. Darüber hingen Grafiken von Bernhard Heisig, Werner Tübke und von Volker Stelzmann eine Friedhofsszene, die ohne Diskussion hängen blieb, nachdem Stelzmann in den Westen gegangen war.

Mir fiel damals ein martialischer Vers Wladimir Majakowskis in die Hände: «Die Revolution ist zu Ende / Das häusliche Muhen deckt zu der nahenden Schlachten Geheul / Auf Samowarrohren blasen die Herren Kleinbürger / Salut dem anrollenden Feind.» So sah es aus, wenn ich nach draußen blickte. Ich konnte nicht anders, als hinter den endlosen Fensterreihen ringsum ähnliche Wohnungen zu vermuten, die zwar ausreichend Staufläche, aber keine Möglichkeit zum Rückzug boten. Und wenn man nicht für sich sein kann, dann macht man es sich in Gruppe gemütlich.

Das Haus nach der Norm, errichtet wie Hunderte seiner

Art im ganzen Land, wies dennoch Besonderheiten auf. Das sieben Meter lange Wohnzimmer schien ständig nach vorn, in Richtung Berlin zu rutschen. Die Platte war irgendwie schief, und als Norbert im Sommer 1983 die Hähne, während das Wasser einmal abgestellt war, auf- statt zudrehte, liefen die Fluten nicht allein im Inneren vom dreizehnten bis in den zweiten Stock hinab, sondern bildeten auch Kaskaden außen an der Fassade. Einmal fiel vom achtzehnten Geschoss eine Betonplatte herab und zerschlug parkende Autos. Das war das Aufregendste, was in Marzahn geschah. Wer unsere Nachbarn waren, habe ich nie recht erfahren, man sagte «Guten Tag» und «Hallo» und war froh, vom fremden Leben nicht mehr hören zu müssen, als man durch die Wände ohnehin vernahm.

Ich mochte Berlin nicht, die gestaltlose Stadt der Emporkömmlinge. Rings um uns gab es Plattenbauten der Wohnungsbauserie 70, Hochhäuser, Elf- und Sechsgeschosser, dazwischen Schrebergärten, Verkehrstrassen mit Schienen und noch mehr Plattenbauten. Vor dem Haus hielt die Straßenbahn Nr. 18. Man konnte gut vierzig Minuten in ihr sitzen, Richtung Zentrum fahren: den Mittelpunkt des neuen Stadtviertels rechts liegen lassend, vorbei am Betriebsgelände des VEB Kraftwerksanlagenbau durch das Lichtenberger Industriegelände und wieder vorbei an Plattenbauten, dem neuen Sport-und-Erholungs-Zentrum, hin zum Leninplatz, der seit dem Abriss des Denkmals noch berühmter geworden ist. Kurz hinter dem Alexanderplatz begann dann ein graues Altbauviertel. Aber bis dahin rasselte die Bahn durch Straßen, die keine Straßen waren, vorbei an Häusern verschiedenster, aber immer durch Betonplatte und das Gesetz der Menschenlagerhaus-Architektur bestimmter Gestalt.

Ich fand das wenig verheißend, zumal im engsten Umfeld

nur unterwegs war, wer etwas zu besorgen hatte: Einkauf in den großen Hallen, Haareschneidenlassen in einem der Dienstleistungswürfel, das geplante Vergnügen der samstäglichen Disco in einem der Jugendclubs – alles in Betonplatten gefasst. Der Rest war Verkehr, Strömen zur Arbeit und zurück.

In Berlin-Marzahn waren wir nur untergekommen, das wirkliche Familienleben verlagerte sich vollends auf das Wochenende, auf die Datsche in Schildau. Sie prunkte mit geerbten, gefundenen, gekauften Möbeln aus der Vorkriegszeit, nichts von Wert, aber alles eigenhändig aufgearbeitet, ergänzt, lackiert. Die ästhetische Antwort auf das Unbehagen an der geplanten Gleichförmigkeit hieß Heimwerkerei. Wie viele andere auch sägten und schmirgelten wir uns, sonst von industriell Gefertigtem umgeben, im Wochenendhaus den Mikrokosmos des Individuellen zusammen, stellten Blumen dazu und zündeten Kerzen an. Diese selbst gemachte Welt unterschied sich kaum von den anderen selbst gemachten Welten im Lande. Es konnte auch schwerlich anders sein. Die privaten Kuschelreiche, die ich damals sah, gehörten denen, die mit uns Tauschbeziehungen pflegten, hier halfen, dort vermittelten, um das individuell Schöne wenigstens anzudeuten. In Marzahn schien mir jeder Verschönerungseifer vergeudet.

Vater musste sich meinen Hohn gefallen lassen, dass er die scheußliche Wohnung genommen hatte. Er sei, warf ich ihm vor, wie einer der drei Affen mit beiden Händen vor den Augen rasch durch die Räume gegangen, habe nur kurz «Schön hell hier!» gesagt und den Mietvertrag unterschrieben. Seine Kollegen wohnten besser. Er wolle, sagte der Proletarier, keine Privilegien. Die Wohnung sei, was uns nach den Gesetzen des Landes zustünde. Wir seien nichts Besseres als die Leute draußen, noch gebe es Tausende Familien ohne fließendes warmes Wasser. Ich solle mich nicht so haben.

Viertel wie Leipzig-Grünau, Berlin-Hellersdorf oder Marzahn wurden erbaut, um mit den beschränkten Mitteln der maroden Wirtschaft das Wohnungsproblem im Lande endgültig zu lösen. Jedem eine, nicht jedem seine Wohnung, lautete das Versprechen: billig, sauber, mit Innentoilette und Warmwasser. Es war ein gigantisches Programm der Uniformierung. Strahlen sollte es vor der dunklen Folie des Wohnungselends im 19. und frühen 20. Jahrhundert und durch Berichte über Mietwucher und Obdachlosigkeit im Westen. Die DDR hat den Vergleich ständig gesucht. Das Gute sollte allein deshalb gut sein, weil es besser war als drüben unter der Herrschaft der Profitgier.

Mir schien die Wohnung dennoch schäbig, und in der Stadt habe ich immer spöttische Blicke kassiert, wenn ich sagte, dass ich in Marzahn wohne. Besonders schäbig erschien mir damals der Schreibtisch mit den Plasteschubladen, an dem ich meine Hausaufgaben machte. Er sah auf kränkende Weise nach Jugendzimmer aus. Im Sommer 2003 habe ich ein ebensolches Stück in einem Mainzer Hotelzimmer entdeckt. Ich glaube nicht, dass das Wissen um gleiches Elend in Westdeutschland, selbst wenn es Geschäftsreisende trifft, mich 1981 getröstet hätte.

Was mir wirklich fehlte, habe ich erst spät begriffen. Zwischen Familie und Schule, zwischen Privatem und Öffentlichem gab es in Marzahn keinen Raum, nichts, was wie ein Marktplatz oder Straßen mit Cafés, Läden, kleinen Treffpunkten an eine bürgerliche Gesellschaft erinnert hätte, wie ich sie in Schwundstufe im Leipziger Osten doch erlebt hatte. Die wenigen Orte zum Verweilen waren regelmäßig überlaufen und daher um ihren Reiz gebracht. «Hier hast du etwas zu erledigen, oder du bleibst zu Hause», sagte das Viertel dem Bewohner.

Hässliche Häuser gibt es überall auf der Welt. Aber in der

DDR liefen die Zerstörung des Städtischen und die politische Zersetzung des Bürgerlichen parallel. An die Stelle des Urbanen traten Neubauviertel, Sinnbilder einer Gesellschaft ohne Gesellschaft. Selbst die Blumen sehen traurig aus, hat der Architekt Konrad Wachsmann gesagt, als er Ostberlin besuchte. Der Satz ist in der DDR gedruckt worden. Ich weiß heute, dass das Fehlen von Freiräumen allgemeine Dumpfheit befördert. Damals, mit fünfzehn, verspürte ich unbegriffenes Unbehagen.

Norbert war während des Umzugs im Ferienlager gewesen. Er kam zurück, sah unsere beiden Schreibtische nebeneinander stehen und legte sich auf «Dagmar», die eben erworbene Doppelbettcouch. Er runzelte vorsorglich die Stirn, stand auf und stellte seinen Schreibtisch vom Fenster weg, Gesicht zur Mustertapete. Wir mussten nun lernen, in einem Zimmer miteinander auszukommen, und es ging, weil wir beide am liebsten ungestört das unsere taten. Mein Bruder trat den Leuten und dem Leben aggressiver entgegen als ich, offener, weniger misstrauisch. Wenn er von seinen ersten Berliner Ausflügen erzählte, äffte er – er war ein Meister in der Kunst des Parodierens – die Typen, die er getroffen hatte, hämisch nach. Mit einem Blick erkannte er die Schwachstelle seines Gegenübers, und in der Hauptstadt schienen ihm anfangs nur «Bekloppte» über den Weg zu laufen. Nach vier Jahren mit einer Doppelbettcouch konnten wir geschlossenen Auges den Bruder durchschauen, die Augenblicksstimmung des anderen erfassen. Das Versprechen steht, dass wir für unser gemeinsames Zimmer im Altersheim wieder eine «Dagmar» erwerben werden. Hoffentlich lassen uns die Antiquitätenhändler nicht im Stich.

In der unwohnlichen Wohnung wurde ich unwillkürlich zum Pionier kommender Gefühligkeit und klebte ein Poster der Palästinensischen Befreiungsorganisation an die Wand.

Aus dem weiß-grünen Rahmen blickte ein arabischer Junge mit weit aufgerissenen Augen in die Ferne, als erwarte er dort ein Lächeln. Um den schmalen Hals und die schwarzen Haare hatte er sanft ein Palästinensertuch geschlungen. Die Tücher sah man im Ostberliner Straßenbild häufig. Ich habe nie eines besessen, es wäre mir zu mädchenhaft gewesen.

Als ich am 1. September 1981 die Erweiterte Oberschule «Immanuel Kant» betrat, trug ich über dem Blauhemd das herrliche Stück, das Oma mir im Intershop gekauft hatte, meine Levisjacke. Diese hat mich auf meiner vier Jahre dauernden Flucht aus Marzahn in die Hyperaktivität ständig begleitet.

Wenn ich morgens gegen sieben das Haus verließ, kam Norbert mit mir bis zur Straßenbahnhaltestelle, um nach Mitte zu fahren, wo hinter den Prachtbauten der Karl-Marx-, früher Stalin-Allee, eine Neubauschule mit Russisch-Klasse auf ihn wartete. Vater setzte sich in den Trabant und fuhr in Richtung Gendarmenmarkt, der damals noch Platz der Akademie hieß. Meist nahm er Mutter mit, die in die Friedrichstraße musste und dort als Angestellte des Schriftstellerverbandes «junge Autoren» betreute. Ich hatte den kürzesten Weg und meine Jeansjacke. Sie wurde, bevor sie mir im letzten Schuljahr den Vorwurf der Arroganz eintrug, mein Markenzeichen.

Inmitten der traditionslosen Welt zwischen Marzahn und Lichtenberg machte die Erweiterte Oberschule «Immanuel Kant» etwas her. Die stolze Bildungsanstalt residierte in einem riesigen Gebäudekomplex, dem größten Schulbau, den die Weimarer Republik zustande gebracht hatte. Er war Ende der zwanziger, Anfang der dreißiger Jahre von Max Taut errichtet worden. Die Aula hatte den Krieg nicht überlebt, aber das Ernsthafte, von dem die Werksteinfassade kündete, war geblieben.

Ich kam als Eindringling aus Sachsen in das lang gestreckte Schulgebäude am Nöldnerplatz, das sich über fünfhundert Meter in sanfter Wölbung um eine Folge von Höfen bog. Ich war nicht willkommen, und ich war beeindruckt. Losungskram wie überall hatte ich erwartet. Aber das Haus protzte mit Merksprüchen und Zitaten. Über der

Eingangstür im Inneren wies Friedrich Engels den Weg ins Vergangene: «Wir deutschen Sozialisten sind stolz darauf, dass wir abstammen nicht nur von Saint-Simon, Fourier und Owen, sondern auch von Kant, Fichte und Hegel.» Im Klassenraum, einem Fachkabinett für Staatsbürgerkunde, war eine Zeitleiste zur Geschichte der Arbeiterbewegung auf die Wand gemalt worden. Braun auf Gelb stand da auch das marxistische Parallelstück zur Paukerweisheit, dass man für das Leben lerne: «Die Philosophen haben die Welt nur verschieden interpretiert, es kömmt drauf an, sie zu verändern.»

Auf dem Schulhof leuchtete in Weiß eine kurze Botschaft von vollendeter Rätselhaftigkeit: «S! Ich liebe dich. P.» Nie habe ich erfahren, wer P. war, ob S. ihn erhörte, welche Geschichte sich hinter der wilden Inschrift verbarg. Sie stand lange schon an der Ziegelwand, sie blieb dort stehen, wurde zum Erkennungszeichen der Kant-Schüler, und nie hat es den Versuch gegeben, das beseelte Geschreibsel zu entfernen.

Vielleicht stammte die Zeile auch vom Direktor selbst, einem Herrn Pretzel, der zum ersten Schuljahreseröffnungsappell damit überraschte, dass er frei sprach, ohne Zettel in der Hand vor den paar hundert Blauhemden stand und dennoch nicht ins Stottern geriet. Die DDR war ein Land des Ablesens. Der einfältige Witz, wonach Ulbricht auf einer Kundgebung beim Verlesen der Losung «Die DDR – sie lebe hoch, hoch, hoch!» zwischen dem zweiten und dem dritten Jubelruf die Seiten im Redemanuskript umgeblättert habe, besaß hohe Wahrscheinlichkeit. Pretzel dagegen führte keine Mappe mit sich, und er sprach öfter von der Anstalt, der er vorstand, als vom Land, dessen Nachwuchs er heranzog. Es wäre ihm zuzutrauen gewesen, dass er eines Tages mit Abkürzungen «Schule! Ich liebe dich. Pretzel» an die Mauer hatte schreiben

lassen, um den Zöglingen seiner Anstalt Gruppenbewusst-
sein einzuflößen.

Selbstverständlich war das eine DDR-Schule, die sich begeistert der Aufzucht allseits gebildeter, sozialistischer Per-
sönlichkeiten verschrieben hatte, aber sie tat es mit Stolz und
dem Willen, dass der Name «Kant-Schüler» ein Gütesiegel
werden und bleiben solle. Sie verstand sich als Fels in einem
Meer aus Mittelmaß und Dilettantentum ringsum.

Es schien die Anstalt zu sein, die zu mir passte. In der Mitte des achten Schuljahres war es keineswegs sicher gewesen,
dass ich einen der wenigen Plätze an einer Erweiterten Oberschule erhalten würde. Die Zulassung erfolgte wie meist in
der DDR nach Willkür und Regel zugleich. Gute Leistungen, «gesellschaftliche Aktivitäten», ein gern gesehenes Be-
rufsziel wurden verlangt, aber es blieb ein Rätsel, was letztlich den Ausschlag gab, wenn die Möglichkeit, Abitur zu
machen, gewährt wurde. Keiner in Leipzig wusste genau,
wie viele Schüler man würde delegieren dürfen. Eine Hand
voll Mädchen hatte weitaus bessere Zensuren als ich, ich
kam aus der Schicht der Intelligenz, war also weniger förde-
rungswürdig als jene, die ein «A» oder «B» im Klassenbuch
aufweisen konnten. Auch wollte ich weder Berufsoffizier
noch Lehrer werden, Studienwünsche, die wie Freifahrschei-
ne wirkten.

Überraschend hatte das Ministerium für Volksbildung beschlossen, die Jahre auf der Erweiterten Oberschule von den
bisher üblichen vier auf zwei zu verkürzen, also erst nach Ab-
schluss der verbindlichen zehn Jahre die Schüler in Lehrlinge
und Gymnasiasten aufzuteilen. War es geschehen, um die
Klassen neun und zehn an den Polytechnischen Schulen auf-
zuwerten oder um den Jungs, die später erst wussten, was sie
wollten, eine Chance zu geben? Wollte man ein Gemein-
schaftsgefühl unter den Gymnasiasten verhindern, die soziale

Gleichförmigkeit der DDR weiter vorantreiben? Was immer der Grund gewesen sein mag, meinen bildungsbeflissenen Eltern passte die Entscheidung nicht.

Eine Ausnahmeregelung wies den Weg: Spezialschulen nahmen noch immer mit Beginn der neunten Klasse auf. Es gab solche für Musik, Mathe, alte und neue Sprachen. Die Wahl fiel auf Polnisch. Ich bewarb mich in Leipzig und wurde zugelassen. Unser Umzug überlastete dann allerdings die Schulbehörde. Mein Name stand, wie ich bald erfahren sollte, im Klassenbuch der 9a an der EOS «Georgi Dimitroff» in Leipzig. In Berlin wurde ich nachgetragen und erntete, als unter der Rubrik Studienwunsch mein Ziel «Nahostwissenschaften» angegeben wurde, allgemeines Stirnrunzeln. «Was ist denn das? Was wollen Sie denn dann machen? Das ist doch nicht sehr realistisch!»

Ein harter Realismus beherrschte die Kant-Schule. Die Dinge waren, wie sie waren. Die Welt zog ihre Bahn, die Verhältnisse mochten hier und da verbesserungsbedürftig scheinen, waren aber grundsätzlich in Ordnung. Warum alles richtig und unausweichlich war, würden wir hier lernen. Über der Tür hätte doch besser «Lasst allen Leichtsinn fahren!» gestanden.

Die Aufgabe, uns Traumtänzer in fest gefügte Schülerpersönlichkeiten umzuformen, übernahm Dr. Mannsfeld, ein Mann der ersten Stunde. Er war Neulehrer gewesen, hatte Marxismus studiert und am Parteiinstitut für Marxismus-Leninismus promoviert. War eine Kriegsverletzung oder ein Unfall die Ursache? Auf jeden Fall trug er eine gut sichtbare Metallplatte im Schädel und war ansonsten ein Mann von stahlharten Überzeugungen und Prinzipien. Er war unser Klassenlehrer, gab Geschichte und Staatsbürgerkunde. Wir nannten ihn «Dogma». Dabei gehörte er zu den wenigen Lehrern, die auch nach dreißig Jahren noch mit

Hingabe und Sympathie für die Zöglinge unterrichteten. Gerade unter den Älteren hielten einige es anders. Ein Physiklehrer etwa ließ vier Jahre lang von der Höhe seines breiten Sprelacarttisches – dieser stand tatsächlich auf einer Art Podest, um die Übersicht zu erleichtern – Verachtung auf uns regnen. Nicht selten kommentierte er eine Antwort in schneidendem Ton: «Ich habe Sie nicht gefragt, ob es draußen schneit.» Oder: «Wissen Sie, was Sie da eben gesagt haben: ‹Die Tomate ist grün, weil sie rot ist.›» Ein Russischlehrer war, um die Frustrationen des Pädagogendaseins zu kompensieren, ins Schmierig-Eitle gefallen und gab den Beau. Er sprach in salbungsvollem Ton, modulierend, als genieße er jeden Laut, der seiner Kehle entfuhr, redete viel über sich, charmierte mit allen Mädchen, trug aufdringlich schicke Anzüge mit Halstuch und fuhr das teuerste Auto.

Doc Mannsfeld, Dogma, kam im blauen Kittel, als sei er Maschinenbauingenieur, besaß einen Zeigestock aus der Sowjetunion und benutzte über Jahre hinweg unverändert dieselben Fragen, Leistungstests und Folien. Er war weder eitel noch verachtend, er war, was schlimmere Folgen hatte, ein Hundertprozentiger. Alles, was an ihm missfiel, schien ein direkter Ausfluss seines wissenschaftlich-kommunistischen Glaubens. Dogma fehlte ein Gran Zartgefühl oder Leidenschaft, etwas Humor, ein abseitiger Zug, Beweglichkeit. Er war eben bloß hundertprozentig überzeugt und verschmolz mit seinen Tafelbildern, die wir so eifrig wie amüsiert in die Hefter übertrugen. Die kapitalistische Welt war blau zu markieren, rot die unsere, Gegensätze wurden mit einem nach beiden Seiten spitzen Pfeil bezeichnet. Handelte es sich um Widersprüche, war ein Bogen über den Pfeil zu schlagen, um die Einheit der Gegensätze anzudeuten, die einen vollgültigen Widerspruch vom schlichten Gegensatz unterscheidet.

Akl, PK, PM, PV, HAu, ESG, Wipo, Sopo* – die Liste der von Dogma benutzten Abkürzungen war lang.

Freunde gründlicher Geschichtszahlenkenntnis hätten ihre Freude an ihm gehabt. Er schritt durch die Klasse, fixierte mit beinahe leerem Blick Steffen oder Jenny, Martin oder mich und rief: «Erfurter Parteitag?» Wehe, wenn nicht rasch die Zahl «1891» erklang. «Aufbau der Grundlagen der sozialistischen Gesellschaft abgeschlossen?» War es 1960 oder 1964? «Zweite Parteikonferenz?» – «Kritik des Gothaer Programms?» – «Konferenz von Bandung?» – «Der Imperialismus ist – Steffen?»

«Sterbend.»

«Oliver!»

«Verfaulend.»

«Jens!»

«Das höchste und letzte Stadium des Kapitalismus.»

«Der Imperialismus wäre längst untergegangen, wenn die Monopolbourgeoisie nicht den Ausweg des Faschismus gewählt hätte, der nach Dimitroff –?»

«Die offene und brutale Diktatur der am meisten aggressiven, am meisten reaktionären Kräfte des Finanzkapitals ist.»

Sieg, setzen!

Auf diese Weise war alles zu bewältigen. Das Deutsche Kaiserreich? Ein Marx-Zitat. Das grausame Wunder der Großen Sozialistischen Oktoberrevolution? Eine Abfolge aus Definitionen und Stichwörtern: revolutionäre Situation, Aprilthesen, Doppelherrschaft, Sturm auf das Winterpalais, Erstes Dekret. Unvermittelt sprang Dogma auf, stellte sich straff vor die erste Bank und ratterte los: «Maschinengeweh-

* Arbeiterklasse, Produktivkräfte, Produktionsmittel, Produktionsverhältnisse, Hauptaufgabe, entwickelte sozialistische Gesellschaft, Wirtschaftspolitik, Sozialpolitik

re, Barrikadenkampf in Deutschland 1918.» Oder er hob die großen Hände wie ein Megaphon vor seinen Mund und rief, dass man es bis zum nahen S-Bahnhof hätte hören können: «Generaaalstreeik!» Wir waren beim Kapp-Putsch angelangt.

Ich habe alles verlernen müssen, um ein wenig von Geschichte zu verstehen, und doch bin ich dem alten Mann, vom dem wir nie wussten, ob es etwas gab, das ihm Freude machte, nicht böse. Er hat viel Unsinn erzählt, aber das mit System. Rasch mitschreiben, ein paar Bücher konsultieren, einen Vortrag halten, terroristische Schriften wie Lenins «Staat und Revolution» exzerpieren – das konnte man bei ihm lernen. Das ging möglicherweise nur so gut, weil der Stoff vollkommen belanglos und von höchster Wichtigkeit zugleich war.

Nach der Wende hieß es, Dogma habe der Partei enttäuscht den Rücken gekehrt, fühle sich betrogen. Er glich eigentlich einer Gogol-Figur, einem der Schreiber in einer riesigen Behörde, tagaus, tagein Nichtiges kopierend, ohne Aussicht auf mehr als die Wiederholung des Immergleichen.

In meiner ersten Berliner Schulwoche hatte Dogma mitgeteilt, dass zum Tag der Opfer des Faschismus und Militarismus fünf Schüler aus der Klasse zu der zentralen Kundgebung gehen sollten. Es meldeten sich sofort Freiwillige. Ich war überrascht. Sollte an der Legende vom «roten Berlin» etwas dran sein? Niemals hätten sich in meinen Leipziger Schulen Freiwillige fürs Rumstehen und Marschieren gemeldet. Dergleichen wurde als Zeichen großer Dummheit angesehen. Dort, wo ich jetzt war, galt es als Einsatz im Karrierespiel.

Rote, Überzeugte, Hundertprozentige mussten in Leipzig damit rechnen, dass ihre Intelligenz bezweifelt wurde. In Berlin waren sie das, was heute uncool heißt, aber Rotsein war opportun, möglicherweise ein Ausweis besonderen Geschicks. Es wurde unterstellt, dass jeder schon seine Gründe habe, dies oder das zu sagen und zu tun, dass er es tat, um dafür etwas zu erhalten. So lauteten die Spielregeln, und es galt hier als dumm, sie nicht zu befolgen.

In diesen Dingen schien jede Schule in Berlin anders. Norbert, erzogen wie ich, war in seiner Klasse isoliert. An Polytechnischen Oberschulen entzogen sich die meisten der Zumutung politischer Dressur durch stillen Widerstand, die Weigerung zu antworten, betonte Langsamkeit, ausgestelltes Desinteresse, durch vereinzelte Aufmüpfigkeit.

Die Kant-Schule war etwas Besonderes. Im zweiten Jahr auf der Penne beschloss die Klasse, das Demonstrieren bleiben zu lassen und stattdessen einen Schweigemarsch von Oranienburg zur Gedenkstätte des KZ Sachsenhausen zu unternehmen. Man lief mit den Schulfreunden an einem Septembertag durch die Herbstlandschaft, stand irgendwann, während die Gedanken sonst wo schweiften, vor dem Mahnmal und ging wieder nach Hause. Das war eine echte Kant-Schul-Lösung: pflichtbewusst, aber durch Übererfüllung weniger formelhaft, erstarrt.

Als Dogma mich zum ersten «persönlichen Gespräch» in den Vorbereitungsraum der Staatsbürgerkundelehrer rief, erwartete ich Fragen nach Wehrdienst, Studienwunsch, Bemerkungen über Klassenarbeiten, Leistungstests, Hausaufgaben und Mitarbeit. Um meine Zensuren musste ich mir keine Sorgen machen, es lief, seit ich vom Ernst der Anstalt gekostet hatte, ziemlich gut. Dass ich beim Dreitausendmeterlauf meine Kräfte lieber schonte und im Handgranatenweitwurf von jedem Fünftklässler hätte übertroffen werden können, fand ich nicht so dramatisch. Eine weiche Stelle hat jeder.

Dogma lud regelmäßig zum «persönlichen Gespräch», einer Einrichtung, die ich damals noch nicht genau kannte. Auch die Komik der Bezeichnung ist mir nicht sofort aufgegangen. Wenn zwei an einem Tisch sitzen, konnte es sich selbstverständlich nicht um ein Gespräch handeln, es musste mehr sein. «Persönlich» hieß so viel wie: die Kaderentwicklung betreffend, hieß in entspannter Atmosphäre – «wir ziehen doch alle an einem Strang» –, hieß abgeschottet von der Gruppen-, Klassen-, Schulöffentlichkeit. Es wird ein bolschewistischer Brauch gewesen sein. Der politische Leiter erschien in der Rolle des sorgenden Vaters.

Eben weil es «persönlich» war, hatte es etwas Peinigendes für beide Seiten. «Dass der Frieden …», «die Imperialisten …», «die Erfüllung der Hauptaufgabe …» – dies alles sprach sich leichter, wenn mehrere zuhörten, der Phrasenaustausch nach Plan und in stehenden Formen verlief. Auge in Auge überkam den überzeugtesten Kommunisten Beklemmung, eine gleichsam natürliche Scheu, auf die jüngste Beratung Erich Honeckers mit den ersten Kreissekretären hinzuweisen. Die Worte klangen nicht, es war, als brauchten sie ein Mikrofon, um plausibel zu wirken.

So saßen wir einander gegenüber, meine politischen Kenntnisse wurden gelobt – Abfall vom elterlichen Küchentisch. Ja, Nahostwissenschaften, das sei ein schwer zu bekommender Studienplatz, zuvor müsse eine Eignungsprüfung absolviert werden, der Bedarf sei nicht so groß. Dann würde man ja wohl auch eines Tages nach Syrien oder in den Jemen fahren, für solche Aufgaben werde nicht jeder genommen. Da prüfe man genau.

Dogma hatte das ruhige Fahrwasser des Plauderns noch nicht erreicht. Er redete sich heran. Es würden doch alle Jungs der Klasse drei Jahre zur Armee gehen, meine sportlichen Leistungen müsste ich noch verbessern, wolle ich nicht wie ein nasser Sack am Seil hängen und über die Sturmbahn keuchen. Mühe, und das meinte ich damals gewiss ernst, Mühe würde ich mir schon geben, demnächst noch mehr.

Fünf, sechs Minuten waren vergangen. Wir hatten stur aneinander vorbeigeblickt. Er blätterte in seinem Notizbuch, schlug Seiten im Klassenbuch um. Ich sei doch mit Steffen befreundet, dem solle ich in Russisch helfen, da habe er Schwierigkeiten. Wenn in der zehnten Klasse Polnisch dazukäme, müsse Russisch sitzen. Ja, Steffen und ich würden gemeinsam Hausaufgaben machen. «Aber nicht bloß abschreiben lassen. Das hilft ihm nicht.» Ich schwieg, gleich müsste es zu Ende sein.

Ich erinnerte mich an Katrin und Kathrin und Caroline, die ziemlich verstört aus dem Zimmer zurückgekehrt waren, ein feuchtes Blitzen in den Augen. Die Chancen waren knapp, uns nur zur Probe gewährt. Wer schlechte Leistungen brachte, würde am Ende der zehnten Klasse abgehen müssen. Wer sich nicht zusammenriss, hatte keine Aussicht auf einen Studienplatz. «Nur die Besten!»

Tja, da gebe es Mädchen, die unbedingt Slawistik studieren wollten, was seien denn das für Flausen, sprach Dogma in die Stille. Lebenslang allein in einem Verlag über Papieren sitzen? Dolmetscher würden ja auch nur in begrenzter Zahl benötigt. Lehrer sollten die doch werden, immer unter Menschen, das passe viel besser zu ihrer lebenslustigen Natur. Was wir Jungs taugten, fuhr er fort, würde man bald im Wehrlager sehen. Und überhaupt, ob ich nicht FDJ-Sekretär der Klasse werden wolle.

Bis dahin waren alle Ämter an mir vorübergegangen. Zum ersten Mal seit Schulbeginn hatte ich keine Funktion. Die frei gewählten Leitungsorgane hatte Mannsfeld nach Aktenlage besetzt. Meine Papiere lagen nicht rechtzeitig vor. Mit der vor wenigen Wochen gewählten Sekretärin schien er unzufrieden. Sie war wahrscheinlich auch nicht abgeneigt, das Amt zur Verfügung zu stellen. Plötzlich sahen wir einander offen ins Gesicht. Ich weiß nicht mehr, was ich damals dachte. Der Schüler, der nicht nach Ausflüchten suchte, sondern bedenkenlos «Ja» sagte, ist mir heute vollkommen fremd. Trieb mich Geltungsdrang? Fühlte ich mich geschmeichelt? Langweilte ich mich in der Platte und war froh, eine Aufgabe zu bekommen? Wollte ich führen? Handelte ich aus Gewohnheit? Auf jeden Fall gab ich meine Freiheit rasch auf: Na, wenn ich gewählt werden würde, warum nicht. Selbstverständlich bekam ich 27 von 27 Stimmen.

Es dauerte nicht lange, bis weitere Korrekturen fällig wurden und Doktor Mannsfeld einen Mitschüler aus dem FDJ-Leitungskollektiv entfernen wollte. Der Berufsoffiziersbewerber kam in den meisten Fächern nicht recht mit, worunter, wie es hieß, die Vorbildfunktion des Leitungsmitglieds litt. Ein Zeichen sollte gesetzt werden. Zu meinem Bild vom Sozialismus passte das schlecht. Wenn er eh schon Schwierigkeiten habe, sei es doch falsch, geradezu schädlich, ihn auch noch zu bestrafen. Wir seien zum Helfen da, nicht zum Ausschließen. Der Gemaßregelte war froh, den Posten loszuwerden. Ich aber blieb stur und stimmte als Einziger gegen den Ausschluss. Dogmas Gesicht färbte sich kurz dunkelrot, noch am selben Tag ging er zur hauptamtlichen Sekretärin der Grundorganisationsleitung, GOL, wie das Leitungsorgan aller FDJler der Schule hieß, und beschwerte sich über seinen unbotmäßigen FDJ-Sekretär. Die GOL-Sekretärin, eine clevere, energische Frau, hielt Dogma für eine Gestalt der Vergangenheit, nahm mich beiseite, hörte sich meine Sicht der Dinge an. Die Sache war vergessen.

Mein Bild vom Sozialismus stimmte wieder. Wer unzufrieden war, hatte nur noch nicht versucht, das Beste daraus zu machen, zu sagen, was ihn störte, ein bisschen Schwung in die Bude zu bringen.

Was regst du dich so auf, fragte Steffen und kehrte auf dem Heimweg zum Tagesordnungspunkt Mädchen zurück. Während eines Geländespiels in den Wäldern vor Berlin hatten wir Freundschaft geschlossen, und wir sind bis zum Ende der Schulzeit immer umeinander gewesen. Es blieb zwischen uns verlässlich wie am ersten Tag im Herbstwald, nachdem wir einer Klassenkameradin über den Baumstamm geholfen, die Fließgeschwindigkeit eines Baches berechnet und uns trotz Kompass verlaufen hatten. Steffen redete immer, lachte, war nicht zu stoppen, und nur in den Atempausen bekam ich Gelegenheit, eine kurze Bemerkung einzuwerfen.

Auch Steffen trug eine Jeansjacke, dazu Tramperschuhe und Lederbändchen am Handgelenk. Er war einen Kopf größer als ich und wohnte in einem Neubaublock, für Berliner Verhältnisse nicht allzu weit von mir entfernt. Bald gehörte er zur Familie. Wenn er mich am Nachmittag nicht besuchte, rief er an. Die Telefone der Eltern hatten wir enteignet.

Steffen gewöhnte mir AC/DC ab, deren Platten damals an jedem Wochenende auf RIAS gespielt wurden. Ich nahm sie auf Orwo-Kassetten auf. Steffen schwärmte für Nena, ich schloss mich an. Wir schrieben zusammen die längeren Arbeiten für Geschichte und betrieben den in aller Welt üblichen Schülertauschhandel. Ich half ihm in Russisch, er zeichnete für mich oder nahm mich wenig später auf seinem Moped mit. Er liebte die Geschwindigkeit und das Gerede über Mädchen.

Wir hatten wenig gemeinsam, wir ergänzten uns ideal. Er war umtriebig, ich gab den Macker. Creme? Ist was für Weiber. Deo benutzt ein Mann nicht. Als es darauf ankam, wirkte ich wenig überzeugend. Am Ende der neunten Klasse fuhren wir für vierzehn Tage ins Wehrlager. Acht Jungs in einem

Zelt, die nächste Bahnstation sieben Kilometer entfernt, viel Wald, ein riesiger See, über der Freilichtbühne flatterte eine Leinwand, aufgespannt für Filmvorführungen in Sommernächten, Fußball, Volleyball, Schwimmen – jahrzehntelang haben Europäer von solchen Szenen geträumt.

Mir wird schlecht, wenn ich daran denke. Es riecht nach feuchten, getragenen Socken, nach Puddingsuppe und billiger Seife, vor dem Essen wird angestanden, auf dem Tisch stoßen die Plasteteller aneinander, einer ist immer dabei, der den Mund nicht halten kann, von morgens bis Mitternacht redet. Wer nach spätestens drei Tagen das menschliche Bedürfnis verspürt, mal eine halbe Stunde allein zu sein, riskiert demonstrative Absonderung. Auch auf dem Klo ist man in Begleitung. Immerzu wird etwas organisiert, werden Ansagen angesagt, Maßnahmen ergriffen.

Am meisten störte der Auftrag: Ich musste Gleichaltrige von der Polytechnischen Oberschule (POS) weißnichtwie kommandieren, ohne andere Autorität als die des Gruppenführers. Sie wussten, dass es für uns Abiturienten entscheidend war, im Lager nicht negativ aufzufallen. In ihrem Leben waren die vierzehn Tage bestenfalls eine unangenehme Episode. Dennoch ließ sich auskommen mit ihnen. Sie taten, was ihnen gesagt wurde, und legten lediglich Wert darauf, es so zu tun, dass man sah, es wurde nicht gern und es wurde nur getan, weil der Ärger nicht lohnte, den es geben würde, wenn man es nicht tat.

Sechs Lagertage lagen noch vor uns, als vor dem Speisesaal eine Horde stand und ich den Befehl zum Einrücken geben sollte. Ich betonte jede Silbe, einer fing an, es nachzumachen, dann drei, vier andere. Wo immer ich nun auftauchte, rief einer gedehnt, überdeutlich, tuntenhaft betont «Stillgestanden! Einrücken!» hinter mir her. Ich war das Spottobjekt, die Lagertucke, und brüllte – aber nicht kalt, wie man muss, sondern gekränkt, wie ich war – «Flachkopf!» zurück. Steffen erklärte die POSler sämtlich zu Proleten, Dummbroten.

Der Rest des Sommers und viele weitere Monate verstrichen mit dem Versuch, an Mädchen ranzukommen. Steffen nahm mich mit in eine Klubgaststätte zur Disco. Ich wusste aus Leipzig, was Suff ist, dass der Kopf nach einer Flasche lauwarmen Wermuts anders schmerzt als nach Apricot Brandy. Er trank keinen Tropfen Alkohol, wir rauchten beide nicht, standen also mit Club-Cola herum, suchten uns wechselseitig Frauen aus und lachten, wenn der andere einen Korb bekam. «Die rennt jedem hinterher», sagte Steffen, als mir eine gleich ihre Adresse aufschrieb. Ich hörte auf ihn, ließ sie ziehen und ging mit ihm zu mir. Vor dem Eingang fragten zwei langhaarige Wesen, ob wir Zigaretten hätten. Steffen blinzelte, ich verstand. Also ab in das Café unseres Hochhauses und eine Schachtel Juwel gekauft, Mutters Marke. Ich beeilte mich nicht mit der Rückkehr. Er würde sie schon festquatschen, wehrlos reden. Ich riss die Packung auf, bot jeder von ihnen eine an. «Und ihr?» Ich hasste das Rauchen, Gestank und Qualm.

Steffen und ich redeten nun mit den Augen. «Erst du», dachte ich. «Mach du mal», dachte er. «Habt ihr Feuer?» Wir waren tolle Aufreißer in Jeansjacke, fast hätte ich loslachen müssen, behielt aber das Ziel vor Augen: «Oben hab ich welches.» Ich musste nicht hinsehen, ich wusste, dass Steffens Augen aufleuchteten. Die Mühe war vergebens. «Na, dann nicht. Danke für die Zigaretten.» Sie verschwanden in Richtung Straßenbahn. «Mensch, warum hast du dir denn keine angezündet?» Steffen sah mich halb vorwurfsvoll, halb enttäuscht an. Wir hatten ein Thema für den Abend. Es wurde nichts, wir passten bestens zueinander.

Auch zur mehrwöchigen Arbeit in einer Nervenklinik meldeten wir uns gemeinsam. Es war eine der vielen Maßnahmen, uns Gymnasiasten mit der Praxis des sozialistischen Arbeitslebens vertraut zu machen. Wir kamen auf eine Station, auf der psychisch unheilbar kranke Kinder gepflegt wurden. Einige von ihnen gingen zur Musiktherapie, die anderen waren medizinisch aufgegeben. Immerhin wurde mit ihnen gespielt, sie waren oft im großen Park der Anstalt unterwegs.

Wenn man Selbständigkeit als Voraussetzung des Erwachsenseins gelten lässt, dann gab es auf dieser Station tatsächlich nur Kinder. Einige waren allerdings schon Mitte dreißig. Wenn ich im weißen Kittel durch die Zimmer ging, gehörte ich zum jüngeren Drittel. Die Schwestern taten wenig, ihre älteren Schützlinge in andere Heime verbringen zu lassen. «Hier hat er es doch noch am besten.» Über die Anstalten für Erwachsene fiel kein gutes Wort. Die Schwestern kannten die Patienten oft von Kindesbeinen an, wollten sie nicht aus der gewohnten Umgebung verweisen. Besonders gern hatten sie einen Riesenjungen mit Wasserkopf, dessen Mutter, von ebenfalls imposanter Figur, ihn jeden Morgen brachte und jeden Abend wieder abholte. Sie fürchtete den Spott der sozialistischen Menschengemeinschaft, das Gedränge und die langen Zeiten des Wartens auf die Straßenbahn, fuhr ihren Sohn also mit dem Taxi nach Hause und wieder ins Heim.

Taxis waren knapp, Taxifahrer so unumschränkte Herrscher wie Kellner und Dachdecker. Immer wieder weigerten sie sich, die Dickerchen, Mutter und Sohn, zu kutschieren. Von ihm, der im Heim ein sanftes, stilles, auf die Mutter wartendes Wesen war, wurde erzählt, er habe einmal in einem Anfall von Wut randaliert, sei ins Toben geraten. Die Wolga-Taxe war leicht beschädigt worden, die beiden galten seitdem als anstrengende Fahrgäste. Nun hatte die Mutter auch in diesem Punkt das Nachsehen, das sie regelmäßig hatte, und musste täglich um ein Taxi kämpfen. Wenn sie den Sohn nicht aufgab, würde sie wohl bis ans Ende ihrer Tage allein erziehend bleiben.

Georg, achtzehn oder neunzehn Jahre alt, der bei Tag und Nacht auf dem Flur, im Park, auf der Straße die Hose runterließ und zu onanieren begann, wurde deswegen von seinen Eltern nicht mehr abgeholt. Sie schämten sich. Philipp, ein zehnjähriger Junge, schön wie ein heiliger Sebastian, aber auf einem Auge blind und wirklich blöd, bekam wenigstens zwei-, dreimal in der Woche Besuch von seinen Geschwistern. Mongoloide und Spastiker waren auf der Station, ein altersloses Mädchen, melusinenhaft schauend, hexenhaft rasch, verschlang, was man nicht in Sicherheit brachte.

Am Ende der Arbeitswochen dankte uns die Oberschwester für das Wischen, Aufpassen, Essenausteilen. Ja, sagte sie, im Sozialismus sei es schon ganz gut, aber das Leistungsprinzip setze sich doch immer mehr durch. Da sei es für ihre Schützlinge und deren Familien nicht leicht. Und nur Leistung, Produktion, Vorwärtsgehen, na, das sei doch nicht alles, was den Sozialismus zur besseren Gesellschaft mache.

Erst in den neunziger Jahren habe ich erfahren, dass die DDR Familien mit behinderten Kindern die Ausreise sehr erleichtert hat. Der Arbeiter- und Bauernstaat wollte die unnützen Esser loswerden.

7. FLUCHT IN DEN MARXISMUS

Meine Eltern wurden auf die Schule sauer, als ich im Sommer 1982 meinen Wunsch verkündete, Proletarier zu werden. Ich hatte die Schnauze voll, wollte am Ende der zehnten Klasse abgehen und arbeiten, am liebsten im Tagebau, in einer Druckerei, am Hochofen. Das Abi könne ich ja später auf der Volkshochschule machen, zum Studieren sei immer noch Zeit. Ich wollte raus, etwas erleben. Weg aus der Schule, wo jeder Zensur existenzielle Bedeutung zugesprochen wurde. Wo Dogma mich dauernd belaberte, das Schülerkollektiv zu formen. Wo sich alles endlos wiederholte und mir unvorstellbar dumm erschien.

In Musik hatten wir die Kriterien des sozialistischen Realismus – Volksverbundenheit, Parteilichkeit, Widerspiegelung der objektiven Gesetzmäßigkeiten der Epoche etc. pp. – auswendig gelernt. Wenn die stimmten, musste ich als großer sozialistischer Dichter gefeiert werden. Ich reimte: «Gille, gille, Gänschen / Norbert hat ein Schwänzchen / Gille, gille, Gans, / Draus wird einmal ein Schwanz.» Norbert war Kind der sozialistischen Intelligenz, mein Vers spiegelte also den Aufbau der ESG, der entwickelten sozialistischen Gesellschaft, wider. Die Dichtung hatte zudem durch die Wahl des Helden den Klassenstandpunkt bewiesen, sie zeigte eine klare Perspektive auf, stand in Übereinstimmung mit den objektiven Gesetzmäßigkeiten unserer wie jeder Epoche. Mein Vers war volkstümlich, eingängig.

So redete ich damals zu Hause. Vater lachte, und Mutter sagte, dass es so einfach nicht sei. Dann begann die Litanei, dass ich jetzt am besten, leichtesten lernen könne, dass es Dummköpfe überall und in Gleichverteilung gebe, dass solche Möglichkeiten nie wieder kämen, dass ein Abitur neben der Arbeit eine große Anstrengung sei. «Vater», erwiderte ich trotzig, «hat es doch auch gepackt.» – «Mach erst mal was zu Ende, in einen Betrieb gehen kannst du auch später noch.» Das überzeugte mich. Als ich dann 1990 die Wahl zwischen Studium und Produktion hatte, war es leichter, Student zu werden, als eine Stelle in der ostdeutschen Industrie zu bekommen. Wankend, beeinflussbar, wie ich als Teenager war, ließ ich mich 1982 von meinem Entschluss abbringen und wurde für Höheres vorgesehen.

Im Herbst kandidierte ich für die Grundorganisationsleitung, die FDJ-Leitung der Schule, in die jede der sechsundzwanzig Klassen einen Vertreter entsandte. Damit war ich Dogmas Herrschaft ein wenig entrückt. Und ich bekam etwas Neues zu tun, war nicht nur Objekt gefasster Beschlüsse, sondern handelte, wenn auch unter Kontrolle, in «eigener Verantwortung». Das Leitungskollektiv bestimmte mich zum Agitator. Ich blieb es bis zum Ende der Schulzeit, den Massen die Weisheit der Regierenden und meinen privaten Marxismus bringend.

Die Freie Deutsche Jugend, deren Hemd im Westen verboten war, hatte die Technik, Einfaches kompliziert zu machen und Selbstverständliches unerträglich, längst perfektioniert, als ich Agitator für mehr als sechshundert Schüler wurde, laut Statut und Gewohnheit verantwortlich für politische Aufklärung und ideologische Schulung.

Beinahe jede Veranstaltung begann mit einem «aktuell-politischen Gespräch». Dafür waren die Agitatoren, Stimmungserreger und Seelenbeweger der Klassen, zuständig. Einmal im Monat hatte ich sie anzuleiten, saß also Dienstagnachmittag eine gute Stunde unter Lehreraufsicht vor sechsundzwanzig Mitschülern und spielte den Gescheiten.

Als traditionsbewusster Revolutionär sah ich mich in einer langen Reihe von Aufrührern und wusste doch, dass nach dem Sieg der «guten Sache» denen, die auf der richtigen Seite standen, vor allem Bravheit abverlangt wurde, ja abverlangt werden musste. Das hatte objektive Gründe und daher seine Richtigkeit, aber es ließ den Gefühlssozialisten wenig mehr als den Traum allgemeiner Umarmung, den festen Glauben daran, dass der Tag bald kommen werde, «da alle Nationen der Erde ihre Grenzen und Armeen und Zollhäuser abschaffen, sich auf beide Wangen küssen und den Erdball, von Paris ausstrahlend, mit Boulevards bedecken würden, wo die menschliche Familie in Gruppen je nach Neigung an kleinen Tischen sitzen und Kaffee trinken und der Sphärenmusik lauschen werde» (Henry James). Wer von diesen Tischen aufstünde, würde je nach Laune gärtnern oder philosophieren.

Die Vorstellungen waren – was ich damals nur nebenbei bemerkte – inzwischen präziser geworden. Irgendwann würden, von Moskau ausgehend, breite Alleen mit Randbebauung im Zuckerbäckerstil die Erde bedecken, und die Menschheit würde sich teilen in Demonstrierende und Zuschauer. Geblieben war der Drang ins Universelle, Kosmische. Was immer irgendwo geschah, so wurde gelehrt, hatte Folgen, erstens für die DDR und zweitens für jeden Einzelnen. Und so wurde es in den Anleitungen der Agitatoren verhandelt: Thema «Präsidentenwahlen in den USA» – Erste Wortmeldung: Ist es nicht gleichgültig, wer gewinnt? In Amerika herrscht die Monopolbourgeoisie. – Bestätigung und Weiterentwicklung der Ansicht des Jugendfreundes: Das ist grundsätzlich richtig. Beobachtet aber werden muss, dass Demokraten und Republikaner auf unterschiedliche Weise Au ßenpolitik betreiben. Das hat Konsequenzen für Handel, Abrüstung, friedliche Koexistenz. – Zweite Wortmeldung: Wer immer auch die Wahlen gewinnen wird, es wird kein Freund der DDR sein. Nur ein starker Sozialismus kann im Kampf bestehen und den Frieden dauerhaft sichern. – Dabei durfte es bleiben: Am wichtigsten war die Stärke des Sozialismus, ergo hatte jeder an seinem Platz sein Bestes zu geben.

Diese Art zu argumentieren ähnelte einer ausgewachsenen Paranoia. Jedes Ereignis sollten wir als an uns persönlich gerichtete Mitteilung verstehen. Die Aufgabe des Agitators war es, die Botschaften des Weltgeschehens zu verteilen und Lektürehilfen zu geben. Die gefragtesten Kunststücke bestanden dann auch in dem Nachweis, dass jeder im Adressbuch des Weltgeschehens stehe, dass es kein Außen, keine unabhängige Position geben könne: «Der Frieden braucht keine Zuschauer, er braucht Kämpfer jeden Tag!»

Ich habe solche Argumentationsketten vorbereitet, nachgeplappert und unter die Leute gebracht. Das DDR-Innenleben aus Planerfüllung und Ernteeinsatz langweilte mich, Außenpolitik war mein Steckenpferd, also erzählte ich möglichst viel über, sagen wir, den Unterschied zwischen Demokraten und Republikanern und setzte die moralische Nutzanwendung als gegeben voraus oder als bekannten Schluss hintendran.

Für große Versammlungen, die FDJ-Aktivtagung zum Auftakt des Schuljahrs oder die GOL-Wahl, wurden die Debatten choreographiert. Bewährte Jugendfreunde erhielten den Auftrag, sich an der oder der Stelle zu melden, um etwas zu sagen: erst einer zum Stand der Abrüstungsverhandlungen, dann eine über imperialistische Propaganda, schließlich ein Berufsoffiziersbewerber («Frieden sichern!») und schlussendlich eine künftige Lehrerin, die davon erzählte, wie nun noch besser gelernt werden könne.

Auf einem DIN-A3-Blatt fand der Versammlungsleiter die Stichworte notiert, Namen dazu und farbige Pfeile, die den gewünschten Gang der Argumentation anzeigten. So konnte er, falls ein Jugendfreund trante und seinen Einsatz zu verpassen drohte, auffordernd in die richtige Richtung schauen. Das Ziehen der großen Linie vom Weltgeschehen zum Einzelnen gelang immer.

Es war eine Versuchung, mit sechzehn Jahren ein Stück, das als klassisch gelten musste, zu inszenieren. Der Reiz wurde durch Kontrolle und Wiederholung geschmälert, aber anfangs hatte ich durchaus Vergnügen beim Verfassen der Regieanweisungen, bedeckte das Blatt mit Strichen und Wellenlinien, damit alles wie am Schnürchen lief.

Die Mehrheit ließ es willen- und wortlos über sich ergehen, eine Grunderregung lag allerdings in der Luft. Es ging um Mittelstreckenraketen, Pershing II und SS 20. Im Dezember 1981 hatte Helmut Schmidt Honecker besucht und doch am Nato-Doppelbeschluss festgehalten. Im West- wie im Ostfernsehen drehte sich beinahe alles um Frieden. Am meisten beeindruckte, wer das atomare Inferno erst farbig, dann düster-schwarz schildern konnte, wer die neusten, höchsten Zahlen der Rüstungsproduktion kannte. Alles Wahnsinn, ringsum Irre, aber wir standen auf der richtigen Seite.

Der eine in der Klasse mit den viel zu langen Armen, Marco, der lief, als suche er nach seinem Schwerpunkt, fing – nicht in Versammlungen, aber im Gespräch mit mir – gern von Afghanistan an, dem Beispiel einer sowjetischen Aggression, und fragte, warum, wenn im Ernstfall ohnehin alles vorbei sei, nun auch noch SS 20 in die DDR gebracht werden müssten. Möglicherweise besuchte er die Friedenspredigten des Pfarrers Eppelmann, der an der Schule als Gottseibeiuns galt, ein Seelenfischer und Menschenverführer in einer Art innerem Feindesland. Wenn Marco mit gesenktem Kopf «Schwerter zu Pflugscharen» sagte, dann sein Kinn hob und mich mit dem «Nun-bist-du-baff»-Blick ansah, dann raspelte ich routiniert herunter, dass das ein sowjetisches Denkmal sei, dass der Spruch in der Bibel zweimal in verschiedener Bedeutung vorkomme, dass der Osten gern abrüsten würde, wenn, ja wenn die andere Seite es ebenfalls täte.

In jedem Februar rannte ich zum «Festival des politischen Liedes». Bruce Cockburn, Mikis Theodorakis, Miriam Makeba traten auf. Eine Judy aus New York sang gegen Ronald Reagan, den auch Marco für einen dummen, aggressiven Hetzer hielt: «Your mind is on vacation / While your mouth is working overtime.» Die Erste Allgemeine Verunsicherung spielte. Frieden wollten all die Musiker, die aus Chile, Südafrika, Vietnam kamen – aus Ländern, in denen der Westen vom Blutvergießen, von Unrecht profitiert hatte.

Zu «Rock für den Frieden» im Palast der Republik war BAP angekündigt. Ich bekam Karten, ging erwartungsvoll hin, und BAP spielte dann doch nicht, weil ihnen ein eigens für den Ost-Auftritt geschriebenes Lied verboten worden war. Die Puhdys sprangen ein. Marco sah mich wieder so herausfordernd an, mit dem «Nun-gib-doch-zu-dass-du-baff-bist»-Blick. Ich hätte BAP gern gehört, ich fand es bescheuert, dass sie nicht spielen durften, aber ich fand es auch seltsam, sich einladen zu lassen und dann ein Lied gegen die Gastgeber singen zu wollen. Eine Strophe mokierte sich über «weiße Tauben auf blauem Grund», ein FDJ-Friedens-Logo. Das Symbol hing auf Dutzenden von Konzerten, die ich besuchte. Was war gegen mich zu sagen, außer dass die Diskussionen mit Marco regelmäßig mit einem «Nun-herrscht-Patt»-Blick endeten?

Marco und ich haben uns trotz des ständigen Streits gut vertragen, Bücher getauscht, sind gemeinsam ins Theater gegangen. Das politische Geschwätz schien wenigstens mir ein intellektuelles Spiel, ein kleiner Kampf um den besseren Einfall. Wenn Marco nicht weiterwusste, strich er sich eine Locke aus der Stirn, presste unwillkürlich die Lippen zusammen, warf den Kopf zurück und blies Luft in den Raum: «Ph!» Fehlten mir die Worte, nahm ich einen Stift oder meinen Schlüsselbund, spielte damit rum und wippte mit den Füßen.

Der sanfte Marco mit seinem «Ph!» war die Gestalt der Zukunft. Die Stimmung wurde gefühliger, «wolkig», hätte ich damals wahrscheinlich gesagt. Schließlich war ich gewohnt, in klaren Trennungen, in «Ja» und «Nein» und höchstens ab und an im dialektischen Dreischritt zu denken. Das funktionierte immer seltener. Im Land ohne Opposition und klärende Öffentlichkeit fand das Unbehagen seinen Ausdruck im individuell Diffusen, durch Sichentziehen. Marco argumentierte nicht scharf, deutete eher an, sprach wie einer von denen, die man heute arrogant «Gutmenschen» nennt. In der DDR hatte er Recht, und ich, unwolkig, bestimmt in Form und Inhalt, irrte. Ernst genommen habe ich ihn, eine Freundin aus dem Westen gebeten, mir Bücher über Umweltschutz, die Zusammenarbeit von Marxisten und Christen zu schicken. Zwei Bände von Pahl-Rugenstein, dem DKP-Verlag, kamen bald an.

Neujahr 1984 lag ich auf den rutschenden Sesseln über Berlin-Marzahn und las George Orwells «1984». Marco hatte es mir geliehen. Aber Neusprech, Doppeldenk und Polizeiterror hatten mit meinem Alltag, wie ich ihn sah, wenig zu tun. Ich war bereits in einem Reich mit eigenen Gesetzen verschwunden. Manche flohen in den Westen, manche zogen sich ins vielgestaltig Private zurück. Dort, wo ich herkam, reiste man in den Marxismus aus, in die Theorie, heute würde ich sagen: die Besserwisserei, die alles Unveränderbare, Unstimmige mit dem Lack der Notwendigkeit überzog.

Am heimischen Küchentisch war Doktor Mannsfeld, Dogma, ein Gegenstand des Spotts. Wenn ich von den Agitationsveranstaltungen sprach, zog Vater die Oberlippe verächtlich hoch – etwa so, wie Billy Idol es zur gleichen Zeit tat. Margot Honecker? Eine Witzfigur. Schabowski und sein «Neues Deutschland»? Ungeschickt, langweilig und dumm. Immer zu ängstlich, die Genossen. An der Treue zur sozialistischen Idee, die in der Wirklichkeit nun einmal nur als DDR zu haben schien, an der bedingungslosen Loyalität gegenüber der Wohngemeinschaft in Wandlitz änderte das wenig.

Was konnte, hieß es zu Hause, der Sozialismus dafür, dass er zum Spielzeug ängstlicher Greise und mittelmäßiger Kader geworden war? Das ließ sich historisch erklären. Die Versorgungswünsche der Arbeiterbewegung, aus der die Greise kamen, waren erfüllt: Brot, Milch und Miete billig, die Arbeit sicher. Nun müsse nur Furchtlosigkeit, heitere Souveränität hinzutreten. Was konnte, so ein Lieblingssatz meines zypernbegeisterten Vaters, der Sozialismus dafür, dass er in kargen Landschaften, im Preußischen, und nicht im sinnenfrohen Mittelmeerraum gesiegt hatte? Zum guten Marxismus gehöre Genussfreude.

Im heißen Herbst 1983 kam mein Bruder Stephan zur Welt, der letzte der Proletarier. Säugling, Beruf, Datsche und die langen Fahrten durch die Stadt ließen meinen Eltern wenig Zeit, die Aufbruchsstimmung meiner Kindheit war endgültig vergangen; geblieben war ein grundsätzliches Vorwärtsdenken. Die DDR galt als Land im Werden. Wenn die Wirtschaft besser laufe, werde es auch großzügigere Reisemöglichkeiten geben. Wenn die Entspannung zwischen Ost und West gelänge, würde die Zensur verschwinden.

Mauertote und Verbote haben meine Eltern nie gerechtfertigt, aber erklärt. Viel wurde auf dumme Funktionäre, Schwätzer und Schmarotzer geschimpft. Es war, als wäre ich Mitglied einer Kirche: Wenn du mit dem Pfarrer unzufrieden bist, dann versuche, ihn zu ändern. Oder werde selber Pfarrer, damit die kommunistische Kirche gefestigt wird. Nicht meckern, besser machen!

Der Gegner hieß Ronald Reagan oder Franz Josef Strauß. In Lehrbüchern fungierte Strauß als Mann des militärisch-industriellen Komplexes, und er behielt die Rolle auch, nachdem er der DDR einen Milliardenkredit vermittelt hatte. Seine Körperlichkeit entsprach der Karikatur vom Kapitalisten, vom wohlgenährten Ausbeuter. Strauß besaß gute Kontakte zu Pinochet und ins Südafrika der Apartheid. In den Wahlkampfdebatten des Jahres 1984 hat er mich dennoch beeindruckt, so wie Schurken im Krimi zu fesseln vermögen. Er war ein starker Charakter, formulierte scharf, treffend. Einen Politiker dieses Formats konnte man, und das habe ich durchaus bemerkt, in der DDR vergeblich suchen. Für Honecker, der keiner Gefühlsregung fähig schien, sprach vor allem seine zwölfjährige Zuchthausstrafe unter Hitler. Außerdem würde ihm demnächst ein neuer Mann folgen müssen. So schienen das ständige Vorwärtsschauen und die Tradition verbunden. Die Geschichte sollte durch unser Tun einen Sinn erhalten, es sollte besser werden, damit die verhafteten Sozialdemokraten, die gefolterten Revolutionäre, die erschossenen Kommunisten, die gefallenen Rotarmisten nicht umsonst gestorben seien.

Der Reiz des Marxismus glich dem eines Puzzlespiels. Wer

wusste, wie es geht, konnte alles «einordnen». Mein jugendlicher Hang zur Stimmigkeit, Konsequenz lebte sich hier aus. Ich folgte ihm auch an dem Punkt, an dem das Politische unmittelbar nach dem Leben griff, in der Stunde, in der es um den Wehrdienst ging. Achtzehn Monate musste jeder gesunde Mann zur Nationalen Volksarmee, von Abiturienten wurde erwartet, dass sie drei Jahre als Unteroffiziere dienten. Das galt als Voraussetzung für die Zulassung zum Studium, aber es gab auch einige, die ohne den längeren Dienst studieren durften. Man wusste es vorher nie genau, es herrschte die Unübersichtlichkeit der Willkür.

In meiner Klasse hatten die meisten angegeben, dass sie sich drei Jahre verpflichten wollten, einer hatte auf die Nachfragen vor versammelter Klasse ausweichend geantwortet. Als wir unsere Studienbewerbungen abschickten, in die das Jahr des gewünschten Studienbeginns einzutragen war, stellte sich heraus, dass drei Jungs nur achtzehn Monate gehen würden. Zuvor aber hatten sie versprochen, dass sie drei Jahre dienen wollten. Der Fall wurde in der FDJ-Versammlung behandelt. Ich sagte, dass ich mich persönlich belogen fühlte, und bereute dies sofort nach der Versammlung. Das war falsch, meinte ich am Abendbrottisch. Ich wollte schließlich nicht, dass einer länger zur NVA ging, als er für richtig hielt. Ehrlichkeit sei immer gut, sagten meine Eltern. Die Atmosphäre in der Klasse entspannte sich bald wieder. Ich galt ohnehin als einer der Überzeugten, sonst ganz in Ordnung. Nach der Wende habe ich zweien der damals Angegriffenen bei einem Wiedersehen erklärt, dass ich gesponnen habe. Marxist oder nicht – ich tat so, als gäbe es Freiheit im Land.

Ich schwankte seit längerem zwischen den Extremen, zwischen Dogmatismus und absoluter Offenheit, griff wahllos nach Büchern, die im elterlichen Regal standen, und zimmerte mir meine Welt zurecht. Schopenhauer und Nietzsche, Vaters Jugendgötter, habe ich gelesen, und er schaute, als hätte ich eine Kinderkrankheit. Genossen der DKP, die in Biesdorf, gleich neben Marzahn, eine Parteischule unterhielt, brachten Neues aus dem Westen mit, wenn nicht die Grenzsoldaten dazwischentraten und konfiszierten. Neil Postmans «Wir amüsieren uns zu Tode» lag auf dem Küchentisch, bevor der Autor populär wurde. Mit Postman war im Osten viel Trost zu finden. Schließlich schrieb er, dass nicht der Totalitarismus, sondern das allgemeine, hemmungslose Amüsement, die Herrschaft des Fernsehens, zur Katastrophe führen würde.

Vater war der Spezialist für «Westmedien». Er hatte einen Bestseller darüber geschrieben: «Geheime Verführer». Mein Exemplar trug die Widmung, dass ich mich nur, so gewünscht, von schönen Frauen verführen lassen solle. Im nächsten Buch, «The show must go on», würde es um «Dallas» und James Bond gehen, und so saßen wir im Plattenbau, lachten über Öl-Multis und britische Agenten und darüber, dass wir deren Spiel durchschauten.

Tausend Dinge wurden besprochen, grundsätzlich verworfen wurde die DDR nicht. Wir Proletarier waren Patrioten. Fieberkrank hatte ich eines Tages nach «Abschied von Gülsary» gegriffen, einem Roman von Tschingis Aitmatow: Ein Hirte begleitet sein Pferd zum Sterben. Mit diesem Buch gewann ich eine erste Vorstellung vom Stalinismus. In einem Deutschaufsatz – «Beschreiben Sie ein Werk der sozialistischen Literatur, das Sie besonders beeindruckt hat» – verglich ich dann Pawel Kortschagin, den Komsomolzen aus «Wie der Stahl gehärtet wurde», mit Aitmatows Helden aus «Der Tag zieht den Jahrhundertweg». Es lief darauf hinaus, dass den Revolutionären heute das Naive fehlt, fehlen müsse, auch wegen der Stalin'schen Verbrechen. Wie gewohnt stand ein «sehr gut» am Ende der langen Erklärungen.

Unter Stalins Verbrechen habe ich mir nicht viel mehr vorgestellt als die Hinrichtung von unschuldigen Kommunisten und die, wie es unübertroffen hieß, «Verletzung der Leninschen Normen des Parteilebens», was in der DDR nur so klingen konnte, als hätte einer Marken falschrum eingeklebt. «Die Genossen haben Fehler gemacht.» Dass dabei zig Millionen umgekommen waren, lernte ich erst später.

In mir gärte es, aber äußerlich blieb alles beim Alten. Kaum hatten die Sowjets ein koreanisches Passagierflugzeug abgeschossen und waren danach in tagelanges Schweigen verfallen, stellte sich der hauptamtliche Parteisekretär der Schule – gedrungen, Schnauzer, berlinernd – hin und erklärte: «Tja, Jugendfreunde» – so wurden FDJler offiziell genannt, aber es schwang im Alltag ein spöttischer Unterton mit, wenn man das Wort benutzte –, «tja, Jugendfreunde, wer einen, ich sag mal, festen Klassenstandpunkt besitzt, der braucht erst mal keine weiteren Informationen. Die Freunde werden schon ihre Gründe haben. Wer den Charakter der Sowjetunion, sag ich jetzt mal, kennt und den des sozialistischen Humanismus, der weiß auch, dass es unvorstellbar ist, dass die sowjetischen Streitkräfte, also ich sag mal, die ja den Frieden sichern und unsere Errungenschaften, sag ich mal, gegen imperialistische Aggressoren verteidigen, also, dass die ein Passagierflugzeug abschießen, das glaube ich nicht.» Sie hatten es aber getan und gaben bald darauf das Leugnen auf.

Als US-Streitkräfte im Oktober 1983 Grenada besetzten, rief ich noch am Abend eine Schulfreundin an, und wir beschlossen, aktiv zu werden. Gemeinsam suchten wir am Telefon nach möglichst empört klingenden Formulierungen, verfassten eine Resolution in scharfem Ton und verabredeten uns, früher in der Schule zu sein und dort Unterschriften zu sammeln. Ich war wütend, und ich kann bis heute nicht glauben, dass auf der kleinen Insel für die USA Bedrohliches geschah. Wie dem auch sei, wir standen morgens im Foyer, Listen lagen aus. Jeder war es gewohnt, dass er zu unterschreiben hatte. Nur war die Unterschriftensammlung dieses Tages weder genehmigt noch geplant oder gar vorgesehen. Der Parteisekretär hatte Schweißperlen auf der Stirn. Nicht zu unterschreiben war unmöglich, die Aktion richtete sich ja gegen die Amis. Aber unterschreiben und an die Botschaft schicken, das ging auch nicht. Dafür war die Zustimmung höherer Organe erforderlich. Er unterschrieb, nahm die Listen sofort mit und sagte, wir sollten auf derlei Alleingänge doch verzichten. Ich bin mir fast sicher, dass die Resolution das Schulgebäude nie verlassen hat.

Wir Empörten waren enttäuscht, und auch sonst mehrten sich Fälle der Engstirnigkeit. An einer Lichtenberger Schule wollten sie den Club «Che Guevara» nennen, aber das ging erst einmal nicht, weil Che zu spontan und ohne Partei und nicht nach Linie gehandelt hatte, ohne Einsicht in die objektiven Gesetzmäßigkeiten gewissermaßen. Konrad Naumann, der Parteichef von Berlin, war selbst für Hartgesottene eine Zumutung. Er stellte sich regelmäßig den «Fragen der Jugend». Reisemöglichkeiten? Kant sei zeit seines Lebens nicht aus Königsberg herausgekommen und doch ein kluger Mann gewesen. Ich fragte nach Umweltschutz und ob das alles die Kirchen machen sollten. Es wehe ein kräftiger Wind in Berlin, die Luft sei doch bestens. Was mit musischer Bildung sei? Na wissen Sie, davon wird auch kein Mensch besser, an den Musikschulen gibt es reichlich Rabauken. Mit Vorliebe wetterte er gegen Künstler, die nicht wollten, wie sie sollten, denen gehöre das Maul verboten. Er war, bis er 1985 abgesetzt wurde, ein Mann der markigen Sprüche: Wenn sein Sohn schwul wäre, würde er sich erschießen.

Die kleine Welt des sozialistischen Gymnasiums begann mich zu langweilen. Ich war dazu erzogen, «meine Sache gut zu machen», und wenn das auch noch dem Frieden diente, warum nicht. Steffen hatte sein Moped, Thorsten wollte um jeden Preis Medizin studieren, Matthias rauchte wie ein Schlot, Rüdiger begann mit Bodybuilding, Marco zog zu seiner Freundin. Die meisten hatten irgendein Ziel oder einen kleinen Fluchtraum im Alltag. Ich wollte Arabisch lernen, Fremdes faszinierte mich: Moscheen, Wüsten, Berber, dunkeläugige Mullahs, verhüllte Befreiungskämpfer. 1983 wurden Tausende in den Flüchtlingslagern von Sabra und Schatila hingemetzelt. Dass Israel und die Amerikaner schuld waren, stand für mich fest. Araber genossen meine natürliche Sympathie, ich kannte kaum welche.

In der für die Bewerbungsunterlagen erforderlichen Begründung des Studienwunsches, geschrieben am 19. September 1984, heißt es: «Ich hoffe, in diesem Studium meine besonderen Interessen entwickeln zu können, um mit dazu beizutragen, die Beziehungen zwischen der DDR und den Völkern des Nahen Ostens enger zu gestalten.» Zielorientierte Prosa oder Überzeugung? Es fehlt in dem Papier jede Auskunft darüber, warum ich ausgerechnet den Nahen Osten zum Ziel erkor. Mit dem, was ich da schrieb, umarmte ich von Ostberlin aus die ganze Welt. Vielleicht mache ich mir etwas vor, aber ich glaube, der Studienwunsch verhüllte auch einen Fluchtreflex, die sozialistische Sehnsucht, mehr zu sehen und zu erfahren als die kleine Welt von Leipzig und die Wüsteneien von Marzahn. Der Nahe Osten – das war ein Westen ohne Westen.

Mein Alltag, der den Wunsch nach Ferne nährte, verlief bedrohlich gleichförmig. Die braunen Plasteknöpfe vor Holzfurnier ließen noch immer Selbstbewusstsein vermissen. Verschämt sahen sie drein, als wären sie doch lieber Messingknäufe, und die aus Presspappe geformten Tischbeine flüsterten ihnen nachts gewiss zu, dass auch sie gern gedrechselt und – vielleicht, bitte sehr – aus Mahagoni sein wollten. In der Ferne schossen neue Punkthochhäuser aus dem Boden. Wie die Landschaft zu Füßen meines wackligen Schreibtischs schien mein kommendes Leben sehr gut geplant und beängstigend überschaubar. Die Eignungsprüfung an der Karl-Marx-Universität in Leipzig – ein Test in Russisch und Englisch nebst Essay über die Rolle der nicht paktgebundenen Staaten in der Welt und Gespräch über die israelisch-arabischen Kriege – hatte ich bestanden und auch das ärztliche Tropentauglichkeitszeugnis erhalten. Unterschrieben war die Verpflichtungserklärung, in den ersten drei Jahren nach Ende des Studiums «ein Arbeitsrechtsverhältnis entsprechend den gesellschaftlichen Erfordernissen aufzunehmen». Und dann?

Für die Generation meiner Eltern waren noch neue Posten geschaffen worden. Damit war Schluss. Das Kommende versprach wenig Aufregung. Ringsum heirateten die Leute so rasch sie konnten, bekamen Kind und Wohnung. Ihr Leben, so schien mir, geriet zur Routine, das bisschen Alltag fraß sie auf. Als ich mich für den Studienplatz bewarb, füllte ich auch die Anmeldung für einen Wartburg aus, begann, mich nach Wohnungen zu erkundigen. Aussichtslos.

Ich sagte dem Gleichheitsglauben der Eltern ade. Um sie zu ärgern, schnitt ich aus dem «Hohlspiegel» des «Spiegel», der manchmal zu Hause herumlag, eine Anzeige aus: «Ihr Sohn soll eines Tages Ihr Lebenswerk fortführen, den Familienbesitz wahren und mehren. Erste private europäische Elite-Hochschule für Unternehmersöhne und künftigen

Führungsnachwuchs. Für eine ganzheitliche Persönlichkeitsformung und Charakterfestigung, gegen eine proletarische Akademikerschwemme.» Nie war ich überzeugter als damals, dass mir zwei Möglichkeiten offen standen: etwas Besonderes zu werden oder vor Langeweile zu sterben. Aber wie? Wie konnte ich dauerhaft dem Sog des Durchschnitts entgehen?

«Einen Kommunisten», las ich bei Sartre, «erkennt man auf den ersten Blick. Ein Gesicht. Ein einziges strenges, ruhiges Gesicht, ein Männergesicht.» Das war doch schon mal was. Ein Mann war in meinen Augen ein perfektes Wesen, schlau, anziehend, beharrlich. Bevor ich im Juni 1985 die Abiturprüfung ablegte, habe ich ganz persönliche Kurse in Schlauheit, Erotik, Arbeit absolviert. Sie hatten alle im Nebel der Kindheit begonnen. Nun schloss ich ab.

Alle wollten sie mir Bücher aufschwatzen, aber nur Dirk, dem man es nicht gleich ansah, konnte etwas Seltenes bieten. Seine verwaschene Jeans fiel zuerst auf. Mai 1985.

Er hatte sich gerade vom Rand des Märchenbrunnens, an dem er lässig lehnte, als wäre er eine der verwitterten Sandsteinfiguren, abgestoßen und war langsam in Richtung Volkspark Friedrichshain gegangen. Es dämmerte, die letzten Familien verließen den Park. Ich kam ein wenig spät, schaute unschlüssig. Hunde bellten, vier Volkspolizisten mit Taschenlampen machten die Runde und sahen mit freudiger Verachtung den dunklen Gestalten, älteren Herren und Jüngelchen, hinterher, die in alle Richtungen auseinander stoben. Nein, diese Bürger wollten sich nicht ausweisen.

Wie mit einem Zauberschlag leerten sich die Parkwege, ein Kerl rief mir im Vorbeihuschen noch «Die Bullen!» zu, dann wurde es still. Jetzt kamen die abgelegenen Orte dran. Breitbeinig, von ungeduldigen Schäferhunden gezogen, schritt die Staatsmacht ins Unterholz, während ich auf die verwaschene Jeans zuging: «Nun ist das Gebüsch besetzt.» – «Na, dann komm doch einfach mit.»

Nach eigener Wohnung sah er eigentlich nicht aus, dafür war das Gesicht unter der Popper-Locke zu jung. «Sieh dich vor, es geht ins Bermudadreieck, da verschwinden die Leute von heute auf morgen … in den Westen.» Weil einer gegangen war, den er oder die Schwester eines Freundes oder so gekannt hatte, war Dirk an die zwei Zimmer in der Lychener

Straße gekommen, finsterster Altbau, Matratze auf dem Boden, ein Tisch, Regale, kein Telefon.

Zum Abschied drückte er mir Victor Klemperers «LTI» in die Hand. Das kannte ich schon. Dieselbe Reclam-Ausgabe stand im elterlichen Bücherregal. «Dann nimm das»: «Stirb und werde» von André Gide. Auch Reclam Ost, aber davon hatte ich noch nie gehört. «Dafür brauchst du Geduld, das wird erst am Schluss schwul.» Er grinste, griff wieder ins Regal und schaute unverschämt triumphierend: «Zur Entspannung.» Der Band sah nach Winnetou-Verschnitt aus. «Rote Männer auf grünen Matten»? – «Vorn stehen die drin, die es gelesen haben.» Auf der Liste all derer, die den uralten Softporno aus Dirks Händen erhalten hatten, war ich Nummer 24. «Hier», er sah mich aufmunternd an, «musst du ja lesen, sonst erstickst du in dem Mief.»

Wenige Tage später brachte ich die Bücher zurück. Dirk war im Gehen und nahm mich mit zu Caroline, einer guten Freundin. Dreimal mussten wir der Geschichte ihres Vormittags lauschen. Sie hatte sich am Helmholtzplatz neben eine Polizistin gesetzt, das «Mäuschen» so offen-herausfordernd angeschaut wie mich jetzt, die Sprühflasche hervorgeholt, mit der sie sonst die Palmenblätter nässte, ihre Arme gehoben und sich die Achseln besprüht, dann in Richtung Uniform gespritzt. Die «Schnalle» war überfordert aufgesprungen. «Ich liebe sie», rief Caroline, «ich will sie haben … Und du», wandte sie sich zu mir, «du bist noch nicht lange in der Szene, was?» Das war gut beobachtet.

Seit den Nachmittagen mit Kai wusste ich, was ich suchte; seit ich mich in Berlin zurechtfand, entdeckt hatte, wo was los war, hatte ich immer mal wieder Sex mit Männern gehabt und mich über die Angst der Älteren amüsiert, die glaubten, ich sei zu jung. Ab achtzehn war in dieser Hinsicht ohnehin alles erlaubt, wenn auch nicht gern gesehen. In meiner offiziellen Welt, bei Tageslicht, hatte ich, obwohl Großstadtkind, nie einen Schwulen getroffen, und ich hatte keine Absicht, so zu werden, wie ich mir Schwule vorstellte. Sie waren wie Tonio Kröger hoffnungslos in dumme Blondis verknallt und redeten herrlich tiefen Unsinn, sie zogen sich auffällig an und näselten, trugen Frauenklamotten oder standen auf Bahnhofsklos. Sie hatten einen Defekt. Ich war gesund und hatte kein Problem. Bis zu dem Tag im März, an dem ich Frank getroffen hatte.

Er war vier Jahre älter als ich, lebte noch bei seiner Mutter, die nichts ahnte, kannte aber Freunde mit Wohnung, die sie ihm am entscheidenden Wochenende überlassen hatten. Dahin waren wir gegangen: «Du bleibst die ganze Nacht, oder du verschwindest sofort.» Ich verließ ihn gegen fünf, summte «Smalltown Boy» von Jimmy Somerville und lief zu Fuß nach Haus. Vorbei an den Plattenbauten, den riesigen überirdisch verlegten Fernwärmerohren, durch menschenleere Straßen, unter Bürgern, die zur Schicht eilten, von Mitte nach Marzahn. Wow! Mir war, als stünden hinter jedem meiner Schritte drei Ausrufezeichen. Jetzt hätte ich den Rekord im Dreitausendmeterlauf brechen können. Das Leben hatte ja gerade erst angefangen.

Ratlos, aufgeregt, fahrig fast stand ich dann vor der «Dagmar». Ich hatte nichts in den Händen. Nachname? Telefonnummer? «Du, Norbert, kannst du mir die Turnschuhe weißen?» 174 Mark hatte ich für das Paar, halbhoch, längst nicht mehr zu haben, bezahlt. Importware aus Griechenland. Norbert tat mir den Gefallen, ohne nach dem Warum und Wozu zu fragen. Er spürte, was los war.

Wo genau war die Wohnung der Freunde gewesen? Ich ging die Straßen ab, kramte angestrengt im Gedächtnis, als wäre das schon die Abiklausur, und klingelte zwei Abende später an der Tür. Ein Herr mittleren Alters, den Morgenmantel über die Schulter geworfen, musterte mich kurz und sagte dann: «Frank? Fotogeschäft, Willi-Bredel-Straße.» Das war nicht weit von der Schönhauser. Auf dem S-Bahnhof kam Frank mir entgegen: «Du hast doch versprochen, die Adresse zu vergessen.»

Er schien mir ungeheuer aufgeregt, und ich brauchte eine Weile, um zu begreifen, warum. Am nächsten Morgen wollte er nach Prag fahren und wusste nicht, ob sie ihn über die Grenze lassen würden. Das verstand ich erst recht nicht. Zu den Tschechen konnte doch jeder, da reichte der Personalausweis, selbst wenn man die Haare trug wie Momo, lächelte wie Marlon Brando und redete, als wisse man, wie die Welt zusammengeschraubt ist, und würde bei Widerspruch zuschlagen. All das hätte Frank nicht beunruhigen müssen, aber er hatte einen Ausreiseantrag gestellt, war vom Fernsehen der DDR deswegen entlassen worden, entwickelte nun Passbilder und Urlaubsfotos und wartete, dass er rausdürfe; er war nicht sicher, wie viele Rechte ihm noch zugestanden wurden. Bald fand er seine Gelassenheit wieder, und unser zweiter wurde ein schönster Abend. Nach seiner Rückkehr aus Prag sahen wir uns häufiger, wenn auch für mein Gefühl zu selten. So war das also: Aus braunen, treuen Augen strahlte der Klassenfeind.

Ich lächelte zurück und dachte nicht daran, dass ich eben erst, gemeinsam mit vier anderen Kant-Schülern, im Rahmen einer Kampagne zur Stärkung der Kampfkraft Kandidat der Sozialistischen Einheitspartei geworden war. Die Aufnahme war nach Statut und ohne Feierlichkeiten erfolgt, der Eintritt für mich eine Selbstverständlichkeit gewesen, ein Akt, der kein langes Nachdenken erforderte. Ich zahlte nun noch mehr Beiträge für Mitgliedschaften, es gab eine Versammlung mehr im Monat. Weiter hatte sich nichts geändert. Ich war nicht mit allem zufrieden, aber doch grundsätzlich einverstanden.

Was er im Westen wolle? Kameramann werden, die Welt sehen. Freunde waren schon drüben. Was Frank von der DDR hielt, war mir rechtschaffen egal, solange er dablieb. Auf seine Weise war auch er Sozialist und hundertfach erwachsener als ich. Er stellte mich neben die Schuhe, und das Land, das ich zu kennen meinte, wurde interessant wie eine Steppenlandschaft im Gewitter.

DDR-Literatur hatte ich selten freiwillig gelesen. Mir fehlte in den kleinen Geschichten von der Kollektivierung oder dem Neubauviertelbauen, über antifaschistisches Heldentum, Bewährung und Alltagsprobleme die Größe, das Abenteuer. Das änderte sich dank Frank, der während des Wartens auf die Ausreise unbedingt ein ostdeutsches Revolutionsstück sehen wollte: «Die wahre Geschichte des Ah Q» von Christoph Hein. Im Programmheft des Deutschen Theaters standen die Schlusssätze aus Heins Novelle «Der fremde Freund»: «Meine Haut ist in Ordnung. Was mir Spaß macht, kann ich mir leisten. Ich bin gesund. Alles was ich erreichen konnte, habe ich erreicht. Ich wüsste nichts, was mir fehlt. Ich habe es geschafft. Mir geht es gut.»

Ich las die Sätze und wusste: So war es. Das war es. Denen, die mir bisher über den Weg gelaufen waren, denen, die ich kannte und jeden Tag sah, ging es auf entsetzliche Weise gut. Wir lebten komfortabel, eingerichtet. Es kam auf nichts an. Das aufgeregte Hin und Her vor der Abiprüfung schien mir plötzlich kindisch, Steffen, Vater, Mutter, FDJ – alles kannte ich lange schon und sah in den Lebensläufen der anderen nichts als risikolose Routine. Ich war fest entschlossen, nichts mehr gelten zu lassen, außer den Abenden mit Frank.

Regelmäßig saßen wir im Palast-Hotel, mit Blick auf den

Dom und den Palast der Republik, und tranken absurd teure Cocktails. Abiturienten meiner Generation bekamen zwar Geld, 110 Mark in der elften, 140 Mark in der zwölften Klasse, aber das reichte höchstens für drei, vier Abende im Monat. Zum ersten Mal war ich klamm.

Irgendwann wollte Frank mich prüfen, sagte nichts als «Komm!», und wir gingen zum Brandenburger Tor und so dicht wie nur irgend möglich an der Mauer entlang. Der Agitator und der Ausreisewillige Hand in Hand vor dem antifaschistischen Schutzwall. Als die Volkspolizei auftauchte, gab Frank mir, was er sonst auf der Straße nicht tat, einen dicken Kuss. Die Vopos spürten unseren Willen zur harmlosen Frechheit.

«Können Sie sich ausweisen?»

Konnten wir.

«Was machen Sie hier?»

«Uns vergnügen», sagte ich. Der Einzige, der sich amüsierte, war Frank, er sah mir zu.

«Sie wohnen in Marzahn? Das ist sehr weit bis hierher.»

«Ich darf doch in unserer Hauptstadt abends hingehen, wohin ich will.»

«Das dürfen Sie, aber kommen Sie der Grenze nicht zu nah.»

«Das hatten wir gar nicht vor. Richtig einladend sieht es ja hier nicht aus.»

Sie verzogen sich, Frank nickte halb anerkennend, schluckte, sagte: «Das war's», und ließ mich stehen. Eine Woche später begriff ich, dass er jedes Interesse an mir verloren hatte. Also ist auch der ein Heuchler, dachte ich.

Dass ich nun dank seines Fluchtwillens von Hein las, was ich kriegen konnte, später Volker Braun und Heiner Müller, gehörte zur Absurdität der Lage und stimmte mich nicht heiterer.

Brav ging ich jeden Morgen zur Schule und traf abends weiterhin Bücherempfehler. Enrico, der schon die Kisten für den Umzug nach Westberlin packte, schüttelte seine linke Hand, als werfe er etwas weg. Ich solle doch mitnehmen, was mir gefalle, Bücher seien bestimmt das Letzte, was er drüben brauche. Wenn das so weiterging, würde ich eine Liebhaberbibliothek einrichten müssen. Johannes, der kühl kalkulierende Zahnarzt – «Auf der ersten Konferenz, zu der die mich lassen, bin ich weg» –, riet präzise: «Hast du eine schwache Stunde, dann lies lieber Thomas oder, von mir aus, Klaus Mann. Hesse ist mir zu pubertär.»

Wenn ich in diesen Tagen nicht Klaus Mann las, sondern durch Berlin-Marzahn ging, sah es aus, als hätte alles seine Ordnung. Ich schob Stephan im Kinderwagen, die Mädchen aus der Klasse fragten oft nach ihm. In der Schule herrschte Abschiedsstimmung, es ging aufs Ende zu. Die Abiturprüfungen begannen, und ich traf Dirk aus der Lychener Straße, der mich ein paar Wochen an die Hand nahm und fast väterlich sagte, man solle immer das tun, was man wolle, der Rest finde sich.

Am Berliner Ensemble spielten sie seit Jahren «Blaue Pferde auf rotem Gras» von Michail Schatrow. Es war ständig ausverkauft, bot Ausreise aus der DDR in die Russische Revolution. Die Rückkehr zum reinen Ursprung sollte der Gegenwart aufhelfen. Es war ein Lenin-Stück, inszeniert als Agit-Prop-Posse mit Sprechchören im Zuschauerraum und Transparenten überall. «Linke Überspitzungen» wurden lächerlich gemacht. Ein paar gut aussehende Idioten brüllten immer «Puschkin! Schufkin!». So albern hatte der Sozialismus angefangen. Schatrows Botschaften waren nicht schwer zu entschlüsseln. Zwei habe ich damals aufgeschrieben: «Niemand in der Welt kann die Kommunisten kompromittieren, wenn sie sich nicht selbst kompromittieren. Niemand in der Welt kann den Sieg der Kommunisten verhindern, wenn nicht die Kommunisten selbst ihn verhindern.» Da war es wieder, das Kirchenmodell. Nicht meckern, besser machen! «Unser Prinzip heißt – den Massen die Wahrheit sagen. Selbst dann, wenn das für uns unvorteilhaft ist.» Na gut, Dirk war offensichtlich keine Masse, er musste also nicht wissen, dass ich in der Partei war. Ich stellte mich ja auch sonst nicht als Genosse vor, doch im Gespräch über alles, was uns wichtig schien, kam der Punkt, an dem ich es hätte sagen müssen. Ich tat es nicht, es war mir unangenehm. Ich dachte, er würde zurückschrecken. Frank hatte nur gefragt, ob das denn sein müsse, aber seine Mutter war auch drin. Der Ruf der Genossen war miserabel: Dummköpfe, die das Parteibuch zur Karriere brauchen, Schwätzer, Säufer, Spießer. Warum sollte ich mit Dirk über ein Klischee streiten, das mit mir nichts zu tun hatte?

Ich habe überhaupt mehr gelesen als geredet in diesem Vierteljahr. Leider hat mir niemand Wolfgang Leonhard empfohlen, «Die Revolution entläßt ihre Kinder», Geschichten aus der Komintern-Schule, die mich vielleicht hätten verstehen lassen, dass die DDR von Anfang an eine Totgeburt war. So fand ich sie nur miefig, war vollauf beschäftigt, mich zurechtzufinden. In mir sah es aus wie auf einer Großbaustelle. Da standen ein paar Platten aus Formeln und Phrasen herum, dort einige Fenster liberal-marxistischer Denkungsart, nach Familientradition sozusagen. Daneben lagen Bruchsteine von Erlebnissen aus der Produktion, mit Freunden, mit Straßenbekanntschaften, mit Volkspolizisten, ein paar Klinker aus Büchern. Das passte schlecht zueinander. Die Alltagsroutine hielt alles zusammen.

Die Prüfungen liefen wie geschmiert, fast nur Lieblingsthemen. Aber nach vier Jahren Ehrgeiz, ganz vorn zu stehen, waren sie mir nun beinahe gleichgültig. Ich machte wie unter einer Maske mit und registrierte, dass in der Klasse kaum noch Zusammenhalt herrschte. Der Druck schwand mit dem Deutschaufsatz, die meisten waren froh, demnächst anderes zu sehen, das Haus mit der Werksteinfassade zu verlassen. Wehmut kam nicht auf. Die Jungs würden bald Uniform tragen, die Mädchen mit dem Studium beginnen. Entsetzlich schien mir, dass alle sich gaben wie immer, als sei nichts geschehen. Das Gefühl von Ungebundenheit, das ich durch Frank kennen gelernt und an das ich mich neben Dirk erinnert hatte, wollte ich nicht wieder verlieren. Das sollte bleiben.

Da Stephan mehr Platz haben sollte, zog die Familie im Juni 1985 nach Oberschöneweide, dicht ans Kabelwerk Oberspree. Auf den Umzugskisten schrieb ich meine letzte öffentliche Rede in der DDR, die Danksagung zur Abifeier. Den Text wollte der Direktor vorher selbstverständlich sehen, und da ich mit einem Einfall Jean Pauls begonnen hatte, bestellte er mich zu sich: «‹Die Erinnerung ist das einzige Paradies, aus dem man uns nicht vertreiben kann.› – Hm. Das klingt so christlich. Kann man das nicht anders sagen?» Ich konnte nicht.

Die Rede gefiel. Mit Kant und Dranvorbeireden und ein paar Phrasen sagte ich, dass man nun sehen müsse, was komme, alles sei ungewiss. Das brachte ich überzeugend rüber. Freudestrahlend kam vor dem Auseinanderlaufen meine Polnisch-Lehrerin zu mir und umarmte mich, und ich erinnerte mich an Momente der Aufrichtigkeit. Zu Polnisch hatte eine Haltung gehört, Skepsis gegenüber der deutschen Geschichte und der Besserwisserei der Gegenwart. Die Polen besaßen Stolz, sie waren immer wieder unterdrückt und von allen allein gelassen worden. Pani, wie wir sie mit der polnischen Anrede für eine Frau nannten, war in Tränen ausgebrochen, als sie erzählte, wie die Professoren der Jagiellonen-Universität von den Deutschen abgeholt wurden. Pan, unser zweiter Lehrer, der den Polnisch-Unterricht in der DDR erfunden und die Lehrbücher geschrieben hatte, verschonte uns mit den antipolnischen Ressentiments, die seit Solidarność geschürt wurden. Uralter Dünkel, auch Nazi-Dreck, wieder hervorgeholt, weil die polnischen Sozialisten, wie viele gern glaubten, eben immer etwas schlampiger und dümmer gewesen sein sollen als die deutschen Kreissekretäre.

Kurz nach dem Abitur, dem Ende ohne Abschlussgefühl, fuhr ich als Dolmetscher im Rahmen des Jugendaustauschs mit gut zweihundert jüngeren Schülern nach Warschau. Sie würden dort in Parks harken, graben, jäten. Ich hatte zu übersetzen. Wir schliefen in einer Schule, und meine Arbeit war nicht schwer. Die polnische Dolmetscherin, Małgorzata, schaffte es, Karten für ein Depeche-Mode-Konzert zu organisieren, für mich ein kleiner Gottesdienst.

Eines Tages griff sie mich und fuhr mit mir zu der Kirche, in der Popiełuszko gepredigt hatte, der oppositionelle Priester, der von der polnischen Geheimpolizei ermordet worden war. Rings um die Kirche hingen Solidarność-Transparente, überall brannten Kerzen. Den Eindruck kann sich heute kaum einer vorstellen. Einen Schock dieser Intensität habe ich nie wieder erlebt. Wenn morgen rings um den Reichstag rot-weiße Transparente hängen und Kerzen brennen würden, alte Frauen und junge Männer die Hände zur Faust geballt davor, würde jeder das für Kunst oder eine unter hundert Demonstrationen halten, misslungen oder gut gemeint. Im Grunde aber harmlos. In Warschau war es ernst. Hier stand, wie in meinen revolutionären Kinderbüchern, Mann gegen Mann. Die Fronten waren eindeutig, nicht so verschwommen wie die Morgen in Marzahn.

Małgorzata setzte immer auf Knappheit, Augenschein. Sie

ging mit mir auf den Schwarzmarkt, zeigte mir, zwei Stunden von Warschau entfernt, verfallene Hütten, Kinder in Lumpen. Ich sah zum ersten Mal Armut. Denen hilft die Kirche, sagten die Bauern im Dorf. Zum Abschied schenkte Małgorzata mir das polnische Deo für den jungen Mann, «Brutal», und versuchte, einen Werbespot zu imitieren: «Mir ist jedes Deo recht, nur Brutal muss es sein!» Wie viele Konterrevolutionäre mit menschlichem Antlitz sollte ich noch treffen?

Sie sagte wenig, und auch ich schwieg meist. Schon Frank gegenüber, der nur rauswollte, kaum gelitten hatte, waren mir meine snobistisch-marxistischen Floskeln sarkastisch, unangebracht erschienen. Was sollte ich Małgorzata sagen? Dass im revolutionären Weltprozess das Ermorden von Priestern schon mal vorkommen kann? Dass ich Piłsudski, der in derselben Kirche verehrt wurde, für einen Faschisten hielt? Was hatte ich mich in Polen überhaupt einzumischen? Das T-Shirt, das ich mir auf dem Schwarzmarkt kaufte, trug die Aufschrift «Choose Life».

Müde kam ich aus Polen zurück und hatte wenigstens kapiert, dass mein Problem nicht allein das Schwulsein war. Das hatte mich nur fremd werden lassen und mit Menschen bekannt gemacht, die in meinem natürlichen Umfeld nicht vorkamen. Das Problem war, dass nichts stimmte. Die revolutionäre Partei fürchtete jeden Windhauch, die Arbeiter leisteten keinen Widerstand, die Intellektuellen hatten Thesen, begriffen aber nichts. Wenn ich einen traf, den ich für schlau und integer und hübsch hielt, konnte ich Gift darauf nehmen, dass er ausreisen wollte.

Dirk nahm mich mit zu einer Party auf einen kleinen Bauernhof im nördlichen Umland Berlins. Wir waren etwa dreißig Leute, Frauen, Männer, Mädchen, Jungs, alle, wie verabredet, mit weißem Hemd und schwarzer Hose. Neue Deutsche Welle lief. «Komm doch mal nach Ostberlin / Man lässt hier nicht jeden hin.» – «Keine Atempause / Geschichte wird gemacht / Es geht voran!» Die Schweine im Stall bekamen Wodka zu trinken. Wer noch konnte, paarte sich. Ich wurde mitgerissen und sah mir zu dabei, als wäre ich nicht mehr ich und wisse mich nicht zu bewegen. Wie es weitergehen sollte, war mir schleierhaft.

Bis zur Einberufung blieben mir noch drei Wochen, ich wollte möglichst viel erleben, begann meine Abende im «Café Peking», das längst «Café Ecke Schönhauser» hieß, mit einem Glas Sekt, wozu mich immer einer einlud, wurde wieder nüchtern auf dem Weg zum «Café Senefelder», wo ich das Glas auf die Tunten erhob, die hier, wenn man Glück hatte, den Ton angaben. Männer im Fummel, die ein wenig traurig waren, aber mehr Mumm besaßen als alle FDJ-Sekretäre zusammen. So ein Abend endete in der «Schoppenstube», die erst 23 Uhr die Tür mit der Guckluke – Vorsicht, Verruchtes! – öffnete.

Eine kleine Schlange von betrunkenen Pärchen, einsamen Männern und Möchtegernmackern aus Westberlin stand immer davor. Hier trank ich, der ich wenig vertrug, Gin Tonic oder Cola Wodka. Hier sprach ich mit den vielen, die mir kein Buch empfehlen wollten. Lehrlinge, die für das Wochenende lebten, für die paar Stunden Tanzen, Trinken, Flirten. Provinzler, die nach Berlin gekommen waren, damit mal was geschah. Ältere Herren, die sich aufgegeben hatten, füllig wurden, nur noch tranken und mit starrem Blick jedem Jungen hinterhersahen, als bräuchten sie täglich eine Abfuhr. Gestalten mit dem taxierenden Blick der Tauschwirtschaft: Das bringe ich mit, das will ich haben. Paare in unauflöslicher Verschlingung. Abgeklärte Kerle, die kamen, sahen, mitnahmen, fortschickten.

Die Szenerie schien mir aufregend und wie ein apokalyptischer Karneval. Ich genoss jeden Abend und konnte mir dennoch nicht vorstellen, mein Leben in Volksparks und Bars zu verbringen, mich im Abseits einzurichten. Für den Sozialismus war ich weiterhin. Gegen historische Gesetzmäßigkeiten rennen nur Dummköpfe an, aber ich begriff, dass sich aus ihnen keine irgendwie geartete Zukunft für mich ergab. Unter Jugendfreunden und Genossen war ich ein Außenseiter, Teil eines geduldeten, misstrauisch beäugten Milieus. Eine Tunte aus dem «Café Senefelder» erzählte mir, dass die Polizei «Rosa Listen» führe. Zur Szene gehörte ich auch nicht ganz. Eine Reserve blieb, als scheute ich mich, einer von ihnen zu werden.

«Soll ich dir die Turnschuhe wieder mal putzen?», fragte Norbert. Es war nicht nötig. Ich ging allabendlich auf Trinktour und grübelte über den Unterschied zwischen Tag und Nacht. Ein paar Wochen Pause hätten gut getan. Da meldete sich mitten aus der «Schoppenstube» eine Stimme in meiner taghellen Welt. Einer, mir völlig unbekannt, verspürte, nachdem er mich gesehen hatte, ein großes Mitteilungsbedürfnis. Bevor ich meinen Eltern sagen wollte, was los ist, erfuhren sie von der gesellschaftlich engagierten und aufmerksamen Kraft, dass ich in «Homobars» verkehre. Was soll man dazu sagen? Mein Leben blieb im Gleis, der Wagen rollte.

Die beiden Herren vom Wehrkreiskommando, die mich am frühen Morgen des 26. August 1985 am Ostberliner Ostbahnhof in einen Zug der Deutschen Reichsbahn setzten, hatten typische Funktionärsgesichter. Der versprochene Ernst des Lebens verbarg sich hinter Karikaturen, als sei er zu scheu, mit Epauletten und Dienstpistole ins Haus zu fallen. Warum die beiden uns künftige Offiziere auf Zeit aus Berlin-Marzahn persönlich verabschiedeten, weiß ich nicht. Andere Stadtbezirke handhaben es anders, so wie überall im reglementierten Land ein wenig Spielraum blieb.

Das Antlitz des Kleineren wurde in der Mitte von einem Schnauzer verwaschener Farbe zusammengehalten. Sein wohlgenährter Körper schien allein von außen bewegt, seine Augen wichen dem Gegenüber aus. Der Größere bot durch Blick und aufmunterndes Heben des Kinns jedem sofort das Kumpelverhältnis an, als rechne er im Falle verweigerter Vertraulichkeit mit Schlägen. Die Aufgabe dieses Morgens musste ihnen willkommen sein. Zwei junge Wehrpflichtige, vor wenigen Wochen noch Abiturienten, waren an den Zug zu bringen, danach stand zuverlässig ein zweites Frühstück auf dem Plan. Sie wünschten uns viel Glück, und man sah, dass es ihnen gleichgültig war. Sie hatten uns geworben und nun abgegeben.

Ich trug nicht viel in meiner Reisetasche, stieg in den leeren Waggon und setzte mich ans Fenster. Der Schicksalsgenosse, den der Zufall der militärischen Notwendigkeit mir beigesellt hatte, sagte seiner Freundin adieu. Es brauchte nicht viel Phantasie, sich auszumalen, woran sie dachten: Schreiben, treu sein, telefonieren, in sechs Wochen würden sie sich wiedersehen. Ob auch ihm, wie ich es von anderen kannte, ein Freund versprochen hatte, auf sie aufzupassen?

Ich ließ nichts Wichtiges in Berlin zurück, außer der Erschöpfung nach einem turbulenten Jahr und einem seltsamen Gefühl der Erwartung. Uniformen hatten selbstverständlich zu meinem Alltag gehört. Militärisches war immer dabei, vom Kinderspielzeug über die Gulaschkanone, die zu Feiertagen auf dem Schulhof stand, bis hin zum Wehrunterricht an der Schule. Ein Hauptmann von imposanter Körpergröße und stets gespannter Haltung hatte Wehrkunde erteilt. Er war ein strenger Charakter und glich dem Lehrer in Paul Verhoevens Film «Starship Troopers». Wie seine spätere Hollywood-Kopie fragte unser Hauptmann der Reserve am liebsten, was einen Soldaten vom Zivilisten unterscheide.

Der Einsatz des Lebens, hieß die kaum überzeugende Antwort. Meine West-Verwandten, die ich in jedem DDR-Fragebogen angeben musste, schützten mich vor der Einberufung an die Grenze, worüber ich froh war. Im Landesinneren ging es um den Aufbau einer Drohkulisse. Ein Krieg schien ausgeschlossen, und wenn es doch dazu käme – das glaubten Bekannte, die den Aufkleber «Schwerter zu Pflugscharen» trugen, das glaubte Marco mit seinem «Ph!», das glaubte ich –, dann würde er für alle Deutschen ein tödliches Ende nach kurzer Zeit bedeuten.

Ich besaß ein paar Meinungen über das Militär, von der Armee hatte ich keine Ahnung. Wenn es mit rechten Dingen zugegangen wäre, hätte ich im Zugabteil die Melodie von «Bad Moon Rising» summen müssen, das Abschiedslied der DDR-Wehrpflichtigen: «Abschied von Sex und fetten Weibern / Abschied von Suff und LSD / Abschied von Rock und Jimi Hendrix / Abschied wir müssen zur Armee.» Aber ich kannte das Lied noch nicht, würde es in der Kaserne zum ersten Mal hören und fiel, sobald der Zug begann, Richtung Süden zu zuckeln, in den Halbdämmer des werdenden Soldaten.

Man hatte mir eines Tages gesagt, dass es die Möglichkeit gebe, die drei Jahre auch als Offizier zu dienen. Wennschon, dennschon, dachte ich und sagte zu. Im Wehrkreiskommando, das zum persönlichen Gespräch, zur Werbung, geladen hatte, erfuhr ich dann, dass ein Offizier auf Zeit inzwischen vier Jahre dienen müsse. Ich schluckte kurz und hielt mein Wort. Wie lang ein Jahr werden kann, ahnte ich nicht.

Die Liste der verheißenen Vergünstigungen konnte sich sehen lassen: Man würde mir die Fahrerlaubnis bezahlen und während der vier Jahre höheren Sold, als Student würde ich 400 Mark im Monat bekommen, 215 Mark betrug das Grundstipendium damals. Ich würde, so das Gerede ringsum, alle Blödigkeit verlieren, erfahren, reif, als Mann die Armee verlassen.

Im Frühsommer 1985 gab es dennoch Augenblicke, in denen ich gern alles geändert hätte. Aber wenn ich jetzt «Nein» sagte, so glaubte ich, würde ich vor dem Nichts stehen. Mein Studienplatz war sicher ab dem September 1989. Würde ich nun die Verpflichtung zum längeren Dienst widerrufen, hätte die Karl-Marx-Universität mir die Zulassung entziehen können. Und wenn nicht, was sollte ich in den Jahren bis dahin tun? Ein «Nein», ein Rückzieher, wäre ein demonstrativer Akt gewesen und eine Abkehr von dem, was ich bis dahin gedacht und gesagt hatte.

Seit 1987 habe ich, wenn einer fragte, warum ich so lange die Uniform trug, die Standardantwort «aus Dummheit und Feigheit» bereit gehabt, eine Antwort, die ihre Funktion erfüllte und die meisten von weiteren Fragen abhielt. Meine Lage war gewiss speziell, aber im Grunde doch recht DDRtypisch. Zu Staat und Partei pflegte ich ein familiäres, persönliches Verhältnis und eines des Glaubens, kein politisches. Die Folgen waren danach. Wer den Sozialismus am Familientisch Platz nehmen ließ, vertrieb sich selbst davon, behandelte die eigene Person wie ein Funktionär, sah auf das eigene Leben mit technokratischem Blick. Statt Freiheit zu fordern, zu suchen, schränkte ich die eigene ein. Statt nach außen zu wirken, holte ich die Konflikte ins Innere. Ich war lange Zeit ein authentischer Sozialist gewesen. Jetzt tat ich, was für den Sozialismus gut sein sollte, obwohl ich ahnte, dass es für mich schlecht ausgehen würde.

Ich hatte keine Vorstellung, wie es anders gehen sollte, und blieb brav sitzen im Zug. Aufs Militärische war ich gut vorbereitet, ich wusste nicht, was mich erwartete. Zunächst ein dicker Mann in einem Plattenbau.

Am Morgen des folgenden Tages stand ich neben meinen Stubenkameraden auf dem zu herrlichem Glanz gewienerten Boden, sah Batteriekommandeur und Zugführer abtreten, jeden in sein Zimmer, und das Weitere dem Dicken überlassen, der mich am Tag zuvor begrüßt hatte. Er tat das nicht zum ersten Mal, er war schon ein paar Jahre dabei. In jedem August wurden ihm siebzig, achtzig Achtzehnjährige, Neulinge, «Sprutze», «Glatte» geschickt. Es blieben nur elf Monate, sie umzuformen, «den Schlaffis Haltung» beizubringen. Dann waren sie fort, und er würde sie nie wiedersehen.

Er trug den kugelrunden Kopf erhoben und genoss, die Hände vor dem Bauch verschränkt, das Spiel mit der Unsicherheit der Zöglinge. Er wippte, während er sprach, mit den Füßen und kannte nur kurze Sätze, die er intonierte wie Ansagen auf einem Provinzbahnhof. «Ich bin Ihr Hauptfeldwebel. Die Mutter der Batterie. Legen Sie sich nicht mit mir an. Ärger mit mir überleben Sie nicht.»

Das klang großsprecherisch. Neben ihm hatten vor Sekunden noch ein Oberstleutnant und vier Majore gestanden. Dennoch war, was er sagte, keine Übertreibung. Er war der Herr des Alltags, zuständig für Bekleidung und Verpflegung, für Extras und Hilfen, der Herr über das, was wirklich zählt in einer Kaserne. «Sie gehen jetzt zur Einkleidung. Das muss zügig ablaufen. Ich hoffe, Sie kennen Ihre Größen. Oder hat immer Ihre Freundin für Sie eingekauft? Lassen Sie sich nichts andrehen.»

Wenn Winnetou und Old Shatterhand ihre «leichte Bewaffnung» anlegen, dann braucht Karl May gut und gern drei Seiten, um zu beschreiben, was die braven Krieger mitnehmen. Ich hatte Steffen, der alles von May wieder und wieder las, mit dieser Umständlichkeit aus Radebeul oft aufgezogen. Nun erkannte ich meinen Irrtum. Die Verwandlung des Zivilisten in den Militär begann als Umkleideszene.

Unser Personalausweis war eingezogen worden, die Zivilsachen mussten wir in einem Päckchen nach Hause schicken. Jeder bekam einen vierundsechzigseitigen Wehrdienstausweis überreicht, grau und mit einer Blechmarke versehen. Sie bestand aus zwei Hälften mit gleicher Prägung. Neben dem Kürzel «DDR» waren zwei Löcher in das Blech gebohrt, damit die Erkennungsmarke an einer Kette um den Hals geschlungen werden konnte, so wie Abc-Schützen ihren Wohnungsschlüssel tragen. Darunter tanzten zwölf Ziffern: 130866425026. Die Hälften trennte eine Bruchlinie. «Wenn Sie verwundet werden oder fallen», erklärte der Hauptfeldwebel, «wird eine Hälfte abgetrennt und an den Stab geschickt. Ihre Angehörigen erhalten Mitteilung.»

Im Ausweis ist ab Seite 33 unter «Bekleidung und Ausrüstung» verzeichnet, was mir am 27. August 1985 ausgehändigt wurde: eine Schirmmütze, zwei Feldmützen, die Käppis, die fesch die Mitte des Hauptes bedecken würden; eine Win-

termütze, warm und «russisch» aussehend, ein Uniformman-
tel, zwei Uniformjacken, ein Oberhemd silbergrau, ein
Oberhemd weiß, zwei Hemdblusen silbergrau, zwei Binder,
eine Hose lang, dazu zwei Stiefelhosen, die um die Ober-
schenkel beulten und sich an den Unterschenkeln zu einer
engen, blutabdrückenden Röhre verjüngten. Sie verliehen
dem Träger ein Herrenreiteraussehen. Weiterhin gab es einen
Felddienstanzug, einen Schal, einen Regenumhang, einen
Sommermantel, ein Paar Sportschuhe, vier zweiteilige Un-
terwäschegarnituren, einen braunen Trainingsanzug mit
Streifen, von dem ich damals nicht ahnen konnte, dass er im
21. Jahrhundert wie ein Kultstück ostdeutscher Besonder-
heit getragen werden würde, Sporthemd, Sporthose, Pull-
over, Handschuhe, Hosenträger, zwei Paar Socken, ein Paar
Strümpfe, zwei grau-weiße Kragenbinden, einen Kopfschüt-
zer, eine E-Garnitur zur Verpflegung im Ernstfall, eine wat-
tierte Felddienstuniform, einen Webpelzkragen und Vierfin-
gerhandschuhe.

Dazu kamen schwarze Halbschuhe und zwei Paar Stiefel,
das eine genarbt für den Kampf, das andere glatt für die Sie-
gesparaden. An der Stiefelausgabe stand der Hauptfeldwebel,
die «Mutter der Batterie», und schaute grimmig, grantig
brubbelnd auf das Geschehen: «Gib dem mal 'ne halbe
Nummer größer! Dreh'n Se sich mal um, die drücken doch
vorne!» Solche Szenen haben die Autorität des Hauptfeld,
wie er knackig kurz hieß, begründet und gefestigt, waren für
sein Ansehen wichtiger als Gebrüll und Befehlsgewalt. Kein
Mensch kann in dreißig Sekunden wissen, ob Stiefel wirklich
passen. Aber genau das ist kriegsentscheidend, wenn man
zehn Stunden in Stiefeln verbringen muss.

Auf die Einkleidung folgte die Dressur des Körpers. Das
Antreten, Marschieren, Grüßen, Putzen brachten uns Fähnrichschüler bei, denen jede Energie zum Schikanieren fehlte.

Die Gruppe, in der ich marschierte, übernahm ein Schaufenstergestalter aus Leipzig, der für fünfzehn Jahre NVA unterschrieben hatte, um mehr Geld einzustreichen, als durch das Aufhängen von Jugendmode oder Drapieren von Losungen zu verdienen war. Er besaß eine ungewöhnlich sanfte Natur. Wenn etwas nicht lief, wie es sollte, schaute er uns aus seinen schwarzen Augen fast bittend an: «Nun macht doch mal.»

Kam er ins Zimmer, musste der Stubenälteste «Achtung!» rufen, jeder hatte Grundstellung einzunehmen, dann erfolgte die Meldung: «Genosse Fähnrichschüler! Stube 406, mit vier Mann belegt, vier Mann anwesend, bei der Freizeit!» Ihm war das Gewese um seine Person beinahe physisch peinlich. Er brachte uns bei, wie es sein musste, und winkte, sobald er glaubte, wir beherrschten die Sache, jedes Mal ab. Nach vier Jahren NVA wusste ich, dass er als Meister meiner Grundausbildung so etwas gewesen war wie ein Sechser im Lotto.

Dennoch demütigten die endlosen Wiederholungen, das zehnfache Raustreten der gesamten Batterie, weil erst einer sein Käppi vergessen hatte, dann ein anderer zu langsam, dann wieder zwei zu hektisch auf den Flur rannten. Fehler des Einzelnen trafen immer die Gruppe. Fiel eine Stube erst einmal auf, hatte der Hauptfeld sie rasch auf dem Kieker, schaute eine Woche besonders gründlich nach und konnte sich darauf verlassen, dass drei der vier Bewohner ihren ungeschickten Stubengenossen «rannahmen», zur Ordnung riefen. So wurde Privates in Form gepresst, der Druck prägte den Alltag, fraß sich in die Begegnungen und Beziehungen der Kameraden, richtiger: der «Genossen» – wie jeder in der Nationalen Volksarmee genannt wurde.

Nach sechs Wochen Grundausbildung saßen die wichtigsten Handgriffe, und wir schworen den Fahneneid. Unsere «Angehörigen» konnten sehen, wie großartig wir marschierten und wie in fast jedem Zug einer umfiel während des langen Stehens und stillschweigend nach hinten geschleift wurde, damit der Gesamteindruck nicht litt. Danach gab es ein Wiedersehen mit Familie und Freunden, und wir erhielten unseren ersten Ausgang, aber jeder – wie es die Losung des Sozialismus wollte – nach seinen Fähigkeiten. Wer ein Quartier am Standort auftreiben und nachweisen konnte, durfte bis 18 Uhr des Folgetages in Freiheit bleiben. Wem das nicht gelang, der musste bereits 0 Uhr wieder in der Kaserne sein.

Die Hotels der Gegend waren zu diesem Termin längst ausgebucht. Allein der Findigkeit meiner Mutter hatte ich es zu verdanken, dass ich dennoch draußen schlafen durfte. Auch in Zittau gab es schließlich einen Schriftsteller. Willi Meinck beherbergte mich, meine Mutter und Norbert ganz uneigennützig. Eines seiner Bücher, die Geschichte eines sizilianischen Jungen, war Schulstoff gewesen. In meinem Berliner Regal stand seine Nacherzählung des indischen Ramayana. Soeben noch hatte ich dreimal an Offizieren vorbeilaufen müssen, denen meine Handhaltung beim Grüßen vorschriftswidrig erschienen war, hatte, als wäre ich von Putzzwang befallen, gewischt, gebohnert, gefegt, nun saß ich in einer kleinen Villa mit Vorgarten und sprach mit einem Schriftsteller – in meiner spätpubertären Welt ein magisches Wort – über Reisen nach Indien. Die Spannung in der DDR war doch immer wieder ähnlich: Direkt neben der Öde lagen verwunschene Gärten, künstliche Paradiese der Weltkenntnis. Am kommenden Nachmittag hatte die Kaserne mich wieder.

Wir waren nun auf die Deutsche Demokratische Republik, auf Hammer und Zirkel im Ährenkranz, SED und Waffenbrüderschaft mit der Sowjetarmee vereidigt und nahmen, wie es hieß, an einem Lehrgang für Feuerzugführer teil. Unser Feindbild stand fest. Wir haben die technischen Daten der NATO-Panzer und der NATO-Geschütze auswendig lernen müssen, wir hörten, wo welche NATO-Einheiten stehen, wurden in Vorträgen über die strategischen Planungen des Pentagon und der Hardthöhe informiert. Die BRD war ein Feindbild, die Bundeswehr wurde, soweit ich mich erinnern kann, militärisch nicht recht ernst genommen. Vor den Briten und den Amerikanern dagegen hatten alle Respekt.

In der Hauptsache lernten wir rechnen, Artillerieschießen beruht auf schlichter Trigonometrie. Die Zielkoordinaten wurden mal als Gefechtsstand, mal als Panzer, als Leopard II zum Beispiel, «angesprochen». Übungen, die über ein solches, von der Realität eines möglichen Krieges weit entferntes Einzelfeuer hinausgingen, habe ich nicht erlebt. BRD und NATO waren das Übel in den FDJ-Versammlungen an der Schule, und sie waren das Böse während meines Wehrdienstes. Doch das Feindbild besaß etwas Irreales, für keinen in meiner Altersgruppe Verbindliches. Wir schossen auf Bilder, nicht auf Düsseldorf und Frankfurt am Main, aber wir hörten ständig von NATO-Manövern, bei denen das Bombardement von Berlin, Moskau, Zittau oder die Besetzung Ostdeutschlands über die «Oder-Neiße-Linie» hinaus geprobt worden sein soll.

Die Frage, ob ich auf meine Verwandten im Westen jemals schießen würde, schien mir ebenso an den Haaren herbeigezogen wie die Wehrdienstverweigerern im Westen gern gestellte Frage, wie sie ihre Freundin vor Vergewaltigern schützen würden. Ich war neunzehn und ziemlich sicher, dass es nicht zum Ernstfall kommen würde.

Zu Weihnachten erhielt ich in freundlichster Absicht ein Geschenk vom Chef meiner Mutter, den ich nie getroffen habe. Auf der ersten Seite des Romans, der von Wehrmachtssoldaten in Polen handelt, stand die Widmung: «Für Jens, der schön aufpaßt, daß ein paar Leute Bücher schreiben und viele Leute Bücher in Frieden lesen können. Mit Dank und guten Wünschen von Hermann Kant, Dezember 1985». Ich Leutebeschützer und Friedensaufpasser war kaum bis zur Hälfte des «Aufenthalts» vorgedrungen, als ich gerufen wurde, eine neue DDR kennen zu lernen.

10. DAS GUTACHTEN

Kurz vor acht – wir hatten längst «Feierabend» – riss der Unteroffizier vom Dienst, der UvD, unsere Stubentür auf und rief ohne weitere Förmlichkeit hinein: «Bisky, zieh dich an, du sollst zum Politchef!» Auf Grundstellung und Meldungen wurde verzichtet, sobald die Vorgesetzten den Flur verlassen hatten, schließlich stellten wir die Diensthabenden aus unseren eigenen Reihen. Mehr als «Stube beim Abhängen» wäre auch nicht zu melden gewesen. Ich war ebenso überrascht wie meine Zimmergenossen. Den Oberstleutnant, der unser Politchef war, hatte ich bisher nur aus der Ferne während der Appelle gesehen. Üblicherweise gab es zwischen seiner Stabsebene und uns Offiziersschülern der untersten Kategorie keine Kontakte. Was konnte der von mir wollen?

Ich schmiss die Felddienstklamotten, in denen wir abends herumsaßen, in den Spind, zog Hose und Hemd an, polierte kurz die Schuhe, setzte die Schirmmütze auf und ließ mir den Weg zum Block der Führung erklären. Der UvD trug ins Dienstbuch ein, dass und wann ich die Batterie verließ. Zum Glück war es draußen dunkel, sodass kein Offizier an meiner noch immer unbeholfenen Art, die Mütze zu tragen und im Vorübergehen die rechte Hand zum Gruß zu heben, Anstoß nehmen würde.

Zehn Minuten später klopfte ich an die Tür des Politchefs, betrat auf das «Herein!» den Raum, schloss die Tür und nahm Aufstellung, wie ich es gelernt hatte: Hacken zusammen, Fußspitzen etwas auseinander, Rücken durchge-

drückt, Oberkörper leicht nach vorn geneigt, Kinn angeho-
ben, Blick starr geradeaus. Die linke Hand lag, «locker zur
Faust geballt», an der Hosennaht, die rechte, fünf Finger zu
einer Fläche zusammengepresst, hob sich zur Mütze: «Genosse Oberstleutnant, Offiziersschüler Bisky auf Ihren Befehl zur Stelle.»

Er stand auf, ließ beiläufig freundlich ein «Rühren!» fallen,
worauf ich die Mütze abnahm und an die Hosennaht hielt.
Das linke Bein knickte ein. Gerührt sah ich nicht aus, aber
der Vorschrift war Genüge getan. Er war etwa 1,90 groß,
drahtig und zeigte unter schwarzen Haaren ein offenes Gesicht, wie ich es an diesem Ort zuletzt vermutet hätte. Offiziere in höherem Dienstrang blickten meist erloschen in die
Welt, als wären sie nicht anwesend und kämen nur dann in
die Gegenwart zurück, wenn Schüsse hallten oder gebrüllt
wurde. Er dagegen war ganz da und, mit einem Wort: smart.
Ein Mann, in dem man heute auf den ersten Blick einen
Unternehmensberater vermuten würde.

Er brauchte vier Schritte vom Schreibtisch bis zur Tür und
reichte mir überraschend die Hand: «Guten Tag, Genosse
Bisky. Setzen wir uns.» Wie ein Gentleman im Restaurant
zog er den Stuhl an der Stirnseite des Sitzungstisches zurück,
wies mit der Hand darauf und setzte sich rechts neben mich,
als sei Körperkontakt im folgenden Gespräch nicht uner-
wünscht.

Wie es gehe, fragte er ohne Zeichen von Interesse, wie die
Stimmung in der Einheit sei, ob ich mich an den Kasernen-
alltag gewöhnt habe – mittlerweile kannte ich die Einlei-
tungsfloskeln der «persönlichen Gespräche», das «How are
you doing?» der Funktionäre.

«Sie haben eine Begegnung mit der Volkspolizei gehabt?»
Mein Gesicht dürfte in Sekundenschnelle die Farben gewech-
selt haben: aus der Winterbleiche ins Dunkelrot des Ertapp-

ten, dann ins Grüngelb der Angst. Nun wusste ich, worum es ging. Die «Begegnung» lag Wochen zurück, von mir fast vergessen. Auf die Schlamperei der Behörden vertrauend, hatte ich nicht damit gerechnet, dass eine Berliner Volkspolizeidienststelle sich die Mühe machen würde, meine Vorgesetzten zu informieren. «Das hätten Sie melden müssen», fuhr er fort, dann wäre «die Sache» schnell bereinigt worden. Weil ich das vorschriftswidrig – seine braunen Augen sahen mich durchdringend an – nicht getan hätte, sei die Angelegenheit lange von Dienststelle zu Dienststelle gewandert und ruhe seit gestern Abend auf seinem Tisch.

Ich hatte immer geglaubt, dass Politoffiziere für Schulung, Propaganda, meinetwegen auch für die Abwehr konterrevolutionären Geredes zuständig seien, und begriff nicht recht, warum sie sich mit polizeilichen Meldungen befassten. Was ging es ihn an, wie ich meinen Urlaub verbrachte? Der Kommandeur habe ihm die Papiere übergeben.

Er merkte wohl, dass meine Auskunftsfreudigkeit geschwunden war, und wechselte das Thema. Er erzählte von seinen jungen Jahren. Nach einem Lehrgang in der Sowjetunion hatte die Nationale Volksarmee den hoffnungsvollen Kader für einige Monate in die Volksrepublik Jemen entsandt. Ich wolle doch, so gab er mir zu verstehen, dass er meine Akte eingesehen hatte, ich wolle doch Nahostwissenschaften studieren. Ja, fügte er ohne Andeutung eines Lächelns, aber sichtlich um Entkrampfung bemüht hinzu, im Jemen habe er Seltsames erlebt. Man sitze schließlich abends noch beieinander, und unter den arabischen Offizieren sei der Sex zwischen Männern an der Tagesordnung, die Kultur da unten sei sehr anders. Während des Teetrinkens habe er eindeutige Angebote bekommen. Er sah mich an, ließ aber offen, ob er im Jemen zugegriffen, die Waffenbrüder beim Schopf gepackt hatte.

Er schien mir kein Spießer – was konnte er für den Eifer der Volkspolizei? Vertrauen gegen Vertrauen, also schilderte ich kurz, was vorgefallen war. An einem Novemberabend, ich war gleich nach meiner Ankunft in Berlin ins Theater gerannt … Ja, warf er ein, in Berlin lohne sich das, da könne das Gerhart-Hauptmann-Theater Zittau nicht mithalten … Also nach der Aufführung sei ich wieder einmal an den Märchenbrunnen gegangen. Seit Jahrzehnten versammeln sich dort nach Einbruch der Dunkelheit Männer und treffen Männer. Das ist schon unter Wilhelm II. so gewesen. In Zittau, unterbrach er mich, als dauere ihm meine Erzählung zu lange, in Zittau gebe es auch so was, gleich am Bahnhof. Ob ich den Ort kennen würde.

Ich kannte ihn nicht. Im November in Berlin hatte ich kurz mit einem Blondchen gesprochen, das von sich behauptete, siebzehn zu sein und Eric zu heißen. Besonders sympathisch waren wir uns nicht, doch bevor ich «Mach's gut» hatte sagen können, standen vor uns auf einem der breiten Wege zwei Volkspolizisten. Der eine begrüßte Eric: «Na du, wieder hier? Wir hatten ja schon das Vergnügen.» Dann wechselte er ins Sie und verlangte unsere Papiere zur Prüfung.

Mein blauer Personalausweis lag im Safe des Hauptfeldwebels in Zittau, bei mir trug ich den grauen Wehrdienstausweis mit Blechmarke und einen Urlaubsschein. Vorzeigen wollte ich nicht einen Schnipsel davon und fragte, warum man uns hier kontrolliere. Der Volkspark Friedrichshain sei, erklärte der Volkspolizist, ein Kriminalitätsschwerpunkt. Davon hatte ich noch nie gehört.

Eric redete nicht lange herum und presste, halb scheu, halb trotzig «Ich habe meinen Ausweis nicht mit» heraus. Dann müsse er mit auf das Revier: «Da wird sich deine Mutter aber freuen.» Nun war die Reihe an mir. Ich zeigte den Wehrdienstausweis und den Urlaubsschein, der belegte, dass ich nicht fahnenflüchtig, sondern zur Erholung meiner Wehrkraft in der Hauptstadt war. Die Polizisten grinsten, notierten sich meine Personalien, nahmen Eric in die Mitte und verließen den Kriminalitätsschwerpunkt.

Da mich auch am fünften Tag nach dem Vorfall niemand brüllend zu sich rief, vergaß ich die Sache allmählich. Mein Sprachgefühl mag mich getäuscht haben. Ich nahm an, dass an Kriminalitätsschwerpunkten nur schwere Verbrechen geahndet werden. So weit war die Geschichte gediehen, bis der Politchef begonnen hatte, von paarungsbereiten Offizieren arabischer Bruderarmeen zu erzählen.

Er sah mich lächelnd an. Mich interessierte allein der Fortgang. Er stellte, um es im ordentlichen NVA-Deutsch zu sagen, die Maßnahme Lächeln ein und fragte unvermittelt, wie es mir denn beim Duschen ergehe. Das müsse doch schwer für mich sein, so unter lauter jungen Männern. Gern hätte ich ihm eine runtergehauen, hatte aber ausreichend Dirks und Franks reden hören, um ihm bestimmt zu erklären, dass die Unschuld seiner Offiziersschüler von meiner Seite aus nicht gefährdet sei. Sie könnten duschen, ohne überfallen zu werden.

Was ich vorhabe in Zukunft, fragte er. «Studieren, arbeiten, normal leben.» Er schien mir nicht unsympathisch, ich sprach offen mit ihm, so unter Genossen. Dann wolle er, schloss der Politchef nach gut einer Stunde das Gespräch, eine Notiz für den Kommandeur verfassen. «Die Sache», versprach er, sei damit erledigt. Was wir beredet hätten, bleibe unter uns. Sollte einer auf dem Flur mich fragen, was er, der Politchef, von mir habe wissen wollen, solle ich weiter nichts sagen, als dass er sich nach der Stimmung in der Einheit erkundigt habe.

Der Rat war widerlich. In Gegenwart von einem, der über die Stimmung Auskunft gibt, hätte jeder meiner Kameraden seine Zunge gehütet. Zurück auf der Stube, sagte ich, es sei um meine Kandidatenzeit gegangen. Gescheiteres fiel mir nicht ein, es fragte glücklicherweise niemand nach. Sie waren weniger neugierig als empört, dass ich an diesem Abend um das Revierreinigen herumgekommen war.

Zwei Tage später rief mich der Batteriechef zu sich, sah mich an, als sei das Vaterland in Gefahr, und wedelte mit Papieren, die er soeben vom Kommandeur erhalten hatte. Das sei ja ein starkes Ding, in seiner Batterie sei so etwas noch nie vorgekommen. Das habe ich doch, so meine Ausflucht, alles schon dem Politchef erklärt. Nun liege «die Sache» eben in seinen Händen, ich müsse dem Arzt vorgestellt werden. Das sei Vorschrift. Also ging ich in den Med.-Punkt. Leugnen war zwecklos geworden, dem Politchef gegenüber hatte ich bereits einiges zugegeben. Nun versuchte ich ängstlich, ohne Möglichkeit, irgendjemanden um Rat zu fragen, das Gesicht zu wahren. Für mich hieß das: Sex mit Kerlen – ja. Sex im Park mit Eric, dem Denunzianten – nein. Einzelheiten gingen keinen etwas an.

Das «Gesundheitsbuch» teilt über die Untersuchung mit: «14. Januar 1986. Pat. wird von den Vorgesetzten geschickt, da er von der VP im Nov. 1985 in Berlin kurzzeitig in Gewahrsam genommen wurde. Die Begleitperson gab zu Protokoll, daß homosexuelle Kontakte geplant waren. Diese Angaben bestreitet OS Bisky, bestätigt aber homosexuelle Kontakte (zuletzt Oktober 1985) in Berlin. In Zittau (OHS oder Stadtgebiet) verneint er jegliche Kontaktaufnahme zu Homosexuellen. Das stimmt mit den Beobachtungen der Vorgesetzten überein. Vorst. MMA, Neurol.-psych. FP unter der V-Dg. Homosexualität.»

Mit dem «Gesundheitsbuch» in der Hand, ohne den Eintrag zu kennen, ging ich zum Batteriechef, der um äußerste Geheimhaltung bemüht war. Ich solle allen erzählen, dass ich an die Militärmedizinische Akademie nach Bad Saarow müsse, um aufzuklären, was hinter meinen diffusen Magenschmerzen stecke. Es könne doch etwas Ernstes sein. Flau war mir wirklich im Magen. Und es wurde nicht besser damit, als der Batteriechef seine Anweisung zur Lüge mit dem Bedürfnis, mich zu schützen, rechtfertigte. Auf dem Nachbarflur, bei den Panzerzugführern, sei im Jahr zuvor ein Offiziersschüler als «Homosexueller» enttarnt worden. Eine Gruppe von Genossen sei in der Nacht über ihn hergefallen, habe ihn krankenhausreif geschlagen, sie hätten «so etwas» unter sich nicht dulden wollen. Er könne das niemandem verdenken.

Ich fuhr also nach Bad Saarow, wurde der Länge und der Breite nach vermessen, bekam die bekannten Reflex-Testschläge auf beide Knie, musste den Mund öffnen, den Intimbereich zur Besichtigung freigeben und Dr. B. schließlich die Hänschenfrage beantworten, ob ich homosexuell sei. Ich sagte nur, dass ich wisse, wie es gehe, aber nicht wisse, was daraus folge und wo das Problem liege.

Nach einer Stunde verschwand er ins Nachbarzimmer und schrieb das bereits zitierte Gutachten, das mit den Worten endete: «Es konnte bei diesem Pat. eine eindeutige sexuelle Trieb- und Empfindungsrichtung festgestellt werden, es bestanden in der Vergangenheit heterosexuelle wie auch homosexuelle Kontakte. Da der Pat. noch sehr jung ist, kann mit der endgültigen Differenzierung noch gerechnet werden. Diagnostisch ergibt sich gegenwärtig kein sicherer Anhalt für eine manifeste sexuelle Deviation. Der Pat. ist tauglich und dienstfähig.»

Das Ergebnis der Untersuchung erfuhr ich nicht. Das Gutachten wurde ins Gesundheitsbuch geheftet, das ich im verschlossenen Umschlag mit mir nahm, nachdem Dr. B mich wieder in die Obhut meiner Einheit entlassen hatte.

Unverzüglich wanderte es in den Zittauer Med.-Punkt, der Arzt informierte den Batteriechef. Der rief mich noch einmal zu sich. Wenn er nie wieder etwas höre, bleibe die Angelegenheit unter uns.

Der Vorgang schien mir damals schon ein Lehrstück über den Staatsapparat. Es traten auf: ein denunziationsbereiter Normalbürger, zwei dienstgeile Vopos, ein ebenso weichschlauer wie verlogener Politchef, ein harter Batteriechef mit Verständnis für Gruppenterror gegen Einzelne und zwei Ärzte, die Diagnosen versprachen, die kein Arzt der Welt vernünftigerweise stellen kann. Schließlich spielte ich eine Rolle in dem Stück: anfangs die des Leichtgläubigen, später die des klüger Gewordenen, der keiner Zusage mehr vertrauen mochte und begriffen hatte, dass er in Zukunft würde aufpassen müssen.

Niemand hat mir geschadet, und halb war ich selber schuld. Zur selben Zeit sind Auffällige und Unliebsame willkürlich verhaftet worden, hat die Volkspolizei Punks verprügelt, wenig später wurden Rechtsradikale zum Terror gegen Andersdenkende eingesetzt. Ich war an einem Nullpunkt angelangt, mit Furcht, die nicht verschwand, und grundsätzlicher Sympathie für alle, die nicht dem Willen der Mehrheit folgten. Aber ich glaubte dennoch, ein Teil des Problems liege bei mir, dem Offiziersschüler, der sein bisschen Leben nicht in den Griff bekam.

Mir geschah nichts, als sei ich von einem Dederon-Kordon umgeben. Im Fall aller Fälle käme ich gewiss, wie es in Christoph Heins «Der fremde Freund» heißt, «in die beste aller möglichen Heilanstalten». Wenn ich nicht weiter auffiel, würde mir nichts zustoßen. Mit Sturmgepäck und Kalaschnikow beschwert, machte ich mich auf den Weg nach innen.

Dem Ziel militärischer Erziehung zum Gehorsam war ich damit einen großen Schritt näher gerückt. Während des Lehrgangs für künftige Feuerzugführer lernten wir vor allem Egoismus, eine Tugend, von der ich wenige Jahre später sagen hörte, dass man sie in der freien Welt brauche. Wenn das stimmt, dann bin ich nirgends besser auf die Marktwirtschaft vorbereitet worden als an der Offiziershochschule der Landstreitkräfte der Nationalen Volksarmee in Zittau. Ich lernte, private Interessen durchzusetzen, meines Glückes Schmied zu werden. Dabei stand keineswegs Geld im Mittelpunkt, es ging um die Erlaubnis, die Kaserne zu verlassen, in Kurzurlaub zu fahren.

Es muss ein grandios lächerliches Bild gewesen sein, wenn an den Sonnabenden mehrere hundert Offiziersschüler durch das Tor der Anstalt ins Freie traten, zügigen Schrittes, aber doch so, dass die Eile nicht zivilistengleich hastig wirkte. Es war der Augenblick, in dem die Masse sich in Einzelwesen auflöste. Wir durften von Sonnabend 12 Uhr bis Montagmorgen 7 Uhr außerhalb der Kaserne weilen. Die meisten wollten nach Hause, stürmten die wenigen Taxen, die sie zu einem der langsamen Züge brachten. Es ging um Minuten, im Kampf um die begrenzten Ressourcen gewann der Stärkere.

Zu Beginn der Woche konnte noch keiner sicher wissen, ob er Urlaub bekommen würde. Es reichte, dass am Donnerstag dem Hauptfeld sein Gesicht missfiel, es reichte, am Samstagmorgen einen Zugführer durch laxes Grüßen oder ungeputzte Schuhe zu verärgern, um den Kurzurlaub zu verspielen. Dass wir dennoch häufig in den Heimatort fahren durften, war ein unschätzbares Privileg gegenüber den einfachen Soldaten, die oft wochenlang nicht nach Hause kamen. Und es war ein Anreiz, das eigene Verhalten methodisch zu kontrollieren. Wer am Dienstag den Frühsport geschwänzt hatte und erwischt worden war, hatte keinen Grund, sich am Freitag beim Stubereinigen zu verausgaben. Er würde ohnehin das Wochenende in der Kaserne verbringen und konnte sicher sein, dass der Genosse mit Urlaubsaussicht das Bohnern gern übernahm. Da es schlechterdings unmöglich war, sämtliche Vorschriften zu erfüllen, stand jeder vor der Aufgabe, seine Stärken zu nutzen. Regelmäßigen Urlaub bekamen nur die der militärischen Umwelt gut Angepassten, die Unauffälligen.

Das Nicht-raus-Dürfen war das wirksamste Druckmittel, aber lediglich eines unter vielen. Unsere Vorgesetzten durften entscheiden, wo wir die kommenden drei Jahre dienen würden, heimatnah oder in den menschenleeren Gegenden Mecklenburgs. Man konnte «dran sein», das hieß: ständig putzen müssen und gnadenlos gründlich kontrolliert werden. Es gab die Arrestzellen in der Kaserne und das Militärgefängnis in Schwedt. Dort, so wurde erzählt, schließe der Delinquent Bekanntschaft mit Isolationszellen, hartem Drill, schlechten Ärzten. Heute weiß ich, dass die Verhältnisse in Schwedt entsetzlich waren, aber auch damals, in den vier Jahren NVA, habe ich nicht einen getroffen, der dem Kurzurteil «Dort wird man fertig gemacht» widersprochen hätte. Militärgerichte waren nicht dafür bekannt, mildernde Umstände zu bedenken, Appellationsinstanzen gegen Sicherheitsorgane existierten nicht.

Die Vermählung von alltäglichem Stumpfsinn und dosierter Willkür weckte den Egoismus in jedem. Mit Geb aus Leipzig, mit dem ich mich seit der ersten Woche in Zittau gut verstanden hatte, blieb ich dennoch auf merkwürdige Weise, allein in den Standortgrenzen nämlich, befreundet. Wir gingen ins Kino, essen – endlich einmal nicht in Gruppe und nicht unter Zeitdruck. Wir redeten über Filme, Bücher und den Wunsch, nicht so zu werden wie die Kleinstädter in

Zittau: bescheiden, beschränkt, Durchschnitt. Wann immer ich Ende der achtziger Jahre mit Gleichaltrigen sprach, war dies das Verbindende: Keiner wollte der Mehrheit im Lande gleichen, keiner dazugehören.

Einmal sah mich Geb im Hof einer kleinen Zittauer Bar – wir waren gemeinsam im «Ausgang» –, wie ich, vom Schwarzbier, für das die Gegend berühmt ist, locker geworden, nun doch die mir untersagte «Kontaktaufnahme im Stadtgebiet» versuchte. Er riss den einheimischen Koch und mich auseinander und zerrte mich in Richtung Kaserne. «Spinnst du?» In Zittau waren abends immer Hunderte Offiziersschüler unterwegs. «Lass das lieber. Kein Wort. Wenn S. oder L. das mitkriegt, bist du dran.»

Ich wurde das Gefühl nicht los, alles Wichtige zu verpassen, suchte Sonderwelten, in denen ich sicher sein konnte, dass keiner mich kannte, dass ich unbeobachtet war, ging, wenn ich eine Karte bekam, in das Deutsche Theater Berlin, fuhr mit einer Schulfreundin nach Prag oder zum DDR-Spielfilmfestival nach Karl-Marx-Stadt. Mein Vater stand der Jury vor. Hier traf ich endlich Leute, deren Leben mir beneidenswert erschien: frei, aber nicht im Abseits, Künstler. In Uniform, die ich vorschriftsgemäß trug, saß ich einen ganzen Vormittag mit Clara, einer Schauspielerin, an der Bar des Interhotels und unterhielt sie von Gin Tonic zu Gin Tonic mit Episoden aus meinem Leben. Sie lachte über die paar Bücher, die ich gelesen hatte: «Du bist doch ein Prolet, kennst von allem nur ein bisschen.» Dann spielte sie mit meiner Schirmmütze. «Pass auf, dass du kein Schwein wirst», sagte sie. Sie kannte Stefan Heym gut, versprach, mir Bücher zu geben, wenn ich sie in Berlin besuchen würde. «Nicht dagegen anrennen. Nicht in die Fallen laufen, die sie dir stellen. Ausweichen», sagte sie. «Jetzt kannst du erst einmal nichts machen. Genieß den Urlaub, behalt den Kopf frei.»

Ich versuchte es, las, aber der Alltag in der NVA war zermürbender als aller Drill. Um da gut durchzukommen, musste man «blickig» sein. Das Wort bedeutet so viel wie «ausgebufft». Vielleicht trifft die Umschreibung «auf coole Weise clever sein» das gemeinte Verhalten am besten. Das Gegenteil von «blickig» ist entweder «unblickig» oder «glatt». Glatt waren die neuen Schulterstücke der frisch Einberufenen, die noch nicht wissen konnten, was der brüllende Spieß und der zischende Zugführer von ihnen wollten. Der «Glatte» war ein «Greenhorn»; manche, bestimmt nicht die Schlechtesten, blieben immer «glatt». «Blickig» sein hieß, mit einem Minimum an Einsatz ein Maximum an Freiraum und Bequemlichkeit gewinnen.

Im Juli 1986 legte ich die Prüfungen im Artillerieschießen und im Feuerdienst, in M/L und Sport ab und wurde zum Unterleutnant ernannt, erhielt aus der Kleiderkammer eine Gesellschaftsjacke, eine weitere Uniformjacke, einen Regenumhang, ein paar mehr Socken und aus der Waffenkammer einen Ehrendolch. Mitte August begab ich mich nach Stahnsdorf, zwischen Teltow und Potsdam gelegen, und meldete mich wie befohlen im Mot.-Schützenregiment 2, das den Tarnnamen «Wohlgeruch» trug. Ich hatte wenig Brauchbares, Truppentaugliches gelernt – außer Vorsicht und Egoismus.

Gut fünf Minuten stand ich jetzt – Hacken zusammen, am ganzen Körper straff – auf dem Flur, und der Oberstleutnant mit dem Harvey-Keitel-Gesicht vor mir machte noch immer keine Anstalten, meine Lage zu erleichtern. Er dachte nicht daran, mich rühren zu lassen, sah mir, ohne Unterlass abgehackte Satzfetzen hervorstoßend, mal auf die Schulterstücke der Felddienstuniform Sommer, mal auf die genarbten Stiefel: «Sie sind hier nicht auf der ‹Fritz Heckert›!» Die Lust, jemals im Leben das FDGB-Traumurlaubsschiff auch nur aus der Ferne zu bestaunen, war mir vergangen, seit ich den Spruch kannte. Dass Dienst Dienst und Schnaps Schnaps war, hätte ich gut ohne die Losung der Härte begriffen.

Drei Schritte weiter spielte der Gehilfe des Unteroffiziers vom Dienst, ein Soldat, der in ein paar Wochen alles hinter sich haben und als Zivilist durch das Kasernentor gehen würde, mit seinem Käppi. So wie ein Soldat im ersten Diensthalbjahr als «Glatter» galt, nannte man einen im dritten Halbjahr «E». Als E, «Entlassungskandidat», besaß er ein höheres Ansehen, ungeschriebene Rechte, einen nirgends verbrieften, dennoch allseits akzeptierten Anspruch auf bevorzugte Behandlung und eine eigene Folklore, die diesen Anspruch für jeden sichtbar unterstrich. Während der letzten fünf Monate seines Dienstes trug ein E ein Maßband mit sich und schnitt Tag für Tag einen Zentimeter ab. Solche harmlosen Dinge, Zeichen der kommenden Freiheit, gab es mehrere, aber auch immer wieder «Es», die jüngere Soldaten hänselten, schikanierten, quälten. Die Übergänge waren fließend. Die E-Bewegung gehörte zur inoffiziellen Hierarchie, die in der Nationalen Volksarmee neben der durch Dienstgrad und Stelle bestimmten herrschte, eine Welt der feinen Unterschiede innerhalb der Unterwerfungsmaschinerie. Je nach Charakter des E war sie eine Form stillen, listigen Ungehorsams oder eine der Kumpanei mit den Vorgesetzten. Als Offizier stand ich über den Soldaten. Als Unterleutnant mit neuen Schulterstücken, als «glatter Ultn», war ich dem E auf dem Stahnsdorfer Flur im Regiment «Wohlgeruch» unterlegen.

Er hatte in den Monaten bei «der Asche», der Armee, erstaunliche Fähigkeiten erworben: Mühelos schaffte er es, seinem Gesicht im selben Augenblick den Ausdruck von Schadenfreude, Bedauern und Gleichgültigkeit zu verleihen. Ein Schauspiel wie dieses wurde ihm nicht jeden Tag geboten: Der Oberstleutnant mit dem Harvey-Keitel-Gesicht, einer der in meinem Alltag wichtigsten Vorgesetzten, putzte mich neuen Ultn herunter wie den Glattesten der Glatten, er machte mich zur Sau, um es in der Sprache des Vereins zu sagen.

Ganz unschuldig war der E nicht an dem Vorfall. Die Batterie stand Wache. Kraftfahrer und Dienstbefreite, die nicht mit aufziehen mussten, hatte er sinnvoll beschäftigen sollen, nicht zu sehr, aber doch so, dass sie nicht auffielen, während ich in meinem Dienstzimmer saß, um die Zeit totzuschlagen. Ein E am Diensttisch im Flur garantierte normalerweise, dass alles reibungslos und stressfrei lief. Er aber hatte auf einer Stube mit den anderen Kaffee getrunken, ohne fürs überall in der NVA Wichtigste zu sorgen: ein kleines Achtung-Vorgesetzter-Warnsystem. Als der Oberstleutnant kam, war keiner da, der ihm Meldung machte. Dieser Mann legte jedoch äußersten Wert darauf. Er war ein Scharfer.

«Jetzt bringen Sie erst mal Ordnung in den Saustall!» Er

wurde lauter. Fast habe ich ihn darum beneidet, dass er brüllen konnte, ohne Zeichen von Erregung zu zeigen. Sein Körper und seine Seele, wenn er dergleichen besaß, waren vollständig entkoppelt. Rot wurde er aufgrund der Anstrengung, ein rein physischer Vorgang. Allein der Ehrgeiz hielt die Person zusammen. Unvermittelt, wie er aufgetaucht war und zu schreien begonnen hatte, wechselte er ins Verschwörerflüstern. «Nachher sehe ich Sie in meinem Dienstzimmer. Ich habe große Dinge vor mit Ihnen.»

Ich ahnte, was er von mir wollte. Die Strategen der Landesverteidigung hatten übersehen, dass «Wohlgeruch» einen Feuerzugführer für 122-mm-Haubitzen nicht benötigte. Einige Wochen schon hatte ich, mit Aufgaben überhäuft, aber ohne Dienststelle in Stahnsdorf verbracht. Das würde sich nun ändern. Alles lag in der Hand des Oberstleutnants.

Er war der intelligenteste Offizier, den ich in meinen vier Jahren getroffen habe, und vollkommen skrupellos, ein Mann, den nichts beschwerte. «Sie machen gute Polit-Schulung», begrüßte er mich in seinem Zimmer, ließ mich an der Tür stehen und legte die Füße auf den Tisch. Das zweifelhafte Kompliment entsprach nicht ganz den Tatsachen. Zwei Tage Polit, «Rotlicht», im Monat waren für jeden Soldaten angesetzt, zwei Tage Vorbereitung wurden den Offizieren zugestanden. Ich hatte während der ersten Schulung lediglich etwas an die Tafel geschrieben und dann um Ruhe gebeten. Es war üblich, die Zeit zum Ausruhen, «Abhängen», zu nutzen. Drei Soldaten, Abiturienten, hatten mit im Raum gesessen, Schnösel auf guten Posten, die sich einen Spaß hatten machen und zeigen wollen, wie dumm der neue Ultn ist. Also fragte, um meine Unbedarftheit ein für alle Mal festzustellen und mich in Verlegenheit zu bringen, der Funker, als gäbe es sonst nichts an einem Dienstag, nach Stalin. Ich wich ihm – anders, als er erwartet hatte – nicht aus.

Kein anderer als er konnte den Oberstleutnant über den Gang des Vormittags informiert haben. So also lief das. Die Stimme hinter den Füßen auf dem Tisch wechselte das Thema: «Ab Montag übernehmen Sie den ersten Feuerzug der dritten Granatwerferbatterie. Oberleutnant Müller wird Ihr zweiter Feuerzugführer. Die Einheit ist ziemlich runtergekommen. Noch Fragen?» Die Überraschung war ihm gelungen. Als Batterieoffizier wäre ich der Vorgesetzte des Oberleutnants, der zwei Dienstgrade über mir stand und schon einige Jahre in der Truppe gedient hatte. Ich war erst fünf Wochen in Stahnsdorf. Von Granatwerfern verstand ich so viel wie von Bohrmaschinen und sah nicht ein, worin der Sinn liegen könne, wenn ich die Arbeit eines Dienstranghöheren erledigen und einen neun Jahre Älteren, zwei Pickel mehr Besitzenden kommandieren würde.

Der Oberstleutnant nahm die Füße vom Tisch, beugte sich nach vorn, sah mich an, als wolle er mich zu seinesgleichen machen, und bewies zum zweiten Mal an diesem Tag unseres Kennenlernens verlässliche Illoyalität gegenüber seinen Untergebenen: «Der Hellste ist Müller nicht. Der muss noch reifen, bis er Batterieoffizier werden kann.» Das Arrangement diente der Demütigung eines Offiziers. «Genosse Oberstleutnant. Ich habe noch nie mit Granatwerfern geschossen. Oberleutnant Müller muss das auf der Schule gelernt haben.» – «Ihre Privatmeinung tangiert mich höchstens peripher», sein Lieblingsausdruck, wie ich bald wissen würde. «Nehmen Sie sich die Dienstvorschrift und setzen Sie sich auf Ihren Arsch!»

Der neue Posten war – NVA-deutsch – «ein Griff in die Scheiße». In der dritten Batterie dienten Reservisten, Männer, die beinahe meine Väter hätten sein können, meist verheiratet waren und Kinder hatten und für drei Monate eingezogen wurden. Jedes Vierteljahr würde ich mich aufs Neue mit einem «Reservistenlehrgang» herumärgern müssen. Die Einheit hatte den Ruf einer Sträflingsbatterie und lag in Objekt II. Das allein könnte ein Vorzug sein, die Regimentsführung in ihrer Bequemlichkeit würde sich jeden Besuch bei uns genau überlegen.

Stahnsdorf glich einer bebauten Landstraße, mit ein paar Neubaublöcken der Armee, Kneipen und Einfamilienhäusern und drei Kasernen: In einer waren Russen stationiert, zwei nutzte das Mot.-Schützenregiment der NVA. Einst hießen sie «Schlieffen-», «Sigsfeld-» und «Ludendorff-Kaserne», 1935 bis 1938 erbaut. Nach Babelsberg fuhr der Bus zwanzig Minuten, fast eine Stunde lang zuckelte er über die Dörfer, bis er Berlin-Schönefeld erreichte. In meinen Augen gab es damals nur zwei Gründe, das Nest, dessen S-Bahnhof nach dem Mauerbau geschlossen und zerstört worden war, nicht ganz der Natur zurückzugeben: die Kirche am Dorfanger und den Friedhof, auf dem Max Taut, der Baumeister meiner Erweiterten Oberschule, eine Grabstätte mit expressionistischem Schwung errichtet hatte.

Drei Jahre sollte ich als Offizier in der einstigen Ludendorff-Kaserne dienen, aber mit der Geschichte des Objektes ist in dieser Zeit, soweit ich weiß, keiner behelligt worden. Der grundsätzliche Antifaschismus des Landes und seiner Streitkräfte schützte vor Detailkenntnis. Er bezeichnete eine Marschrichtung und eine erträumte Herkunft, etwas Unbezweifelbares, den Fragen enthoben.

Oberleutnant Müller, der zum Zweck seiner Demütigung nun drei Jahre mit mir, dem unerfahrenen Batterieoffizier, auskommen musste, besaß keine Spur von Schneid oder Zackigkeit. Er schien für jede Tätigkeit besser geeignet als für die eines Offiziers. Wie viele im Korps der Berufssoldaten, die ich näher kennen lernen sollte, stammte er aus der Börde, einem Landstrich im Bezirk Magdeburg. Um dort wegzukommen, mehr Geld zu verdienen, war er zur Armee gegangen. Er wollte ein Leben führen, nicht ganz so klein und beengt wie das seiner Eltern, über das er mit liebevollem Grusel sprach. Inzwischen hatte er sich damit abgefunden, dass er nie ein hohes Tier werden und seine militärische Karriere wohl auf der unteren Ebene einer Batterie beenden würde.

Still lebte er in einer Einzimmerneubauwohnung, bastelte an seinem Motorrad oder hörte Sting und Genesis. Wir duzten uns nach wenigen Tagen und konnten uns aufeinander verlassen. Bald saß er im Dienstzimmer neben mir, den Bleistift in der Hand, Christa Wolfs «Kassandra» nebst Vorlesungen vor sich und suchte nach «den Stellen». Er diente, wie man einen Job tut, war Mitglied der SED wie die meisten Offiziere und hasste, soweit er überhaupt starke Gefühle kannte, Honecker, die Vorgesetzten, das Land, in dem er nicht vom Fleck kam. Immer wieder sprach er davon, dass er «nach drüben» fahren wolle, aber er hatte noch eine lange Zeit abzudienen – ein Berufsoffizier verpflichtete sich für fünfundzwanzig Jahre. «I got twenty-five years» hat er morgens häufig gesummt.

Ansonsten konnte ich Offiziere und Berufsunteroffiziere, die «Buffis», in zwei Gruppen einteilen: Ledige und Verheiratete. Wer keine Familie am Standort hatte, verkam meist, ehe er Mitte dreißig geworden war, saß abends in der überteuerten Kneipe des Ledigenwohnheims mit den anderen Offizieren und trank. Nur in den ersten Wochen bin ich dort gewesen. Das Elend der Berufskader, deren Karriere nicht rasch vorankam, lag offen zutage. Sie wussten nicht, was sie mit ihrer dienstfreien Zeit anfangen sollten. Trinken, fernsehen, auf dem Bett liegen. Manche hausten schon sechs, sieben Jahre auf diese Weise. Alkohol war immer dabei und viel Männerwichtigtuerei.

Die Jungen, die von der Offiziershochschule kamen und

144

nun ihr Berufsleben begannen, waren nach wenigen Tagen entsetzt über den Zustand ihrer «Arbeitswelt» und gerieten in Panik. Manche stellten ein Entlassungsgesuch, das dann von Kommandeur zu Kommandeur geschoben wurde, bis niemand mehr daran glauben mochte, dass es irgendwann entschieden werden würde, oder eine Reihe von «persönlichen Gesprächen» den Antragsteller zur Aufgabe trieben. Wir Offiziere auf Zeit wurden von den Jungen wie von den Älteren wenig gemocht, sie hielten uns für ebenso eingebildet wie ungeschickt, neideten uns die in ihren Augen kurze Dienstzeit und taten gern, was in ihrer Macht stand, damit wir uns nicht zu wohl fühlten. Ein Ultn konnte sich entscheiden, ob er im Alltag der anderen mit versank oder seinen eigenen Weg ging.

Für die Soldaten begann der Tag um 6 Uhr. Nach dem Wecken Frühsport, Waschen, Frühstück. Kurz nach sieben trafen die Vorgesetzten ein, 7.30 Uhr war Morgenappell, dann folgten Ausbildung, Dienst, Mittag, Pause. Im Anschluss an die Dienstausgabe, einen Appell mit Postverteilung, stand Ausbildung oder Wartung auf dem Plan. 17 Uhr war Dienstschluss für die Offiziere. Für die Mannschaft herrschte nach Abendbrot, Revierreinigen, Freizeit, Stubendurchgang um 22 Uhr Nachtruhe. Ein normaler Tag.

Meine ersten Reservisten, Resis, waren gerade vier Wochen dabei, als der Unteroffizier vom Dienst nachts gegen 1.30 Uhr wie ein Besessener «Gefechtsalarm!» brüllte. Gewöhnlich wusste ich vorher, wann die Maßnahme «Gefechtsalarm» geübt wurde. Diesmal hatte mich keiner gewarnt. Ich sprang in meine Klamotten, rannte aus dem separaten Eingang des Ledigenwohnheims, nahm eine scharfe Linkskurve, ging, meinen Ausweis vorzeigend, am Wachtposten vorbei in die Kaserne, hielt mich wieder links und war nach wenigen

Treppenstufen im zweiten Stock des Dreigeschossers. Fünf Minuten waren vergangen, die mir damals unendlich alt erscheinenden Resis standen vor der Waffenkammer und griffen ihre Kalaschnikows, ohne Munition.

An der Tür grüßte mit Nicken mein spezieller Freund, das Harvey-Keitel-Gesicht. Er ließ die Einheit auf dem Flur antreten: «Es hat heute Nacht ein schweres Vorkommnis gegeben.» Der GUvD, der Gehilfe des Unteroffiziers vom Dienst, ein Laufbursche mit Vertretungspflichten, hatte den Oberstleutnant mit «Drei acht im Kessel», schwerstbetrunken, begrüßt. Alkohol in der Kaserne untersagte der Befehl 02/84 des Ministers für Nationale Verteidigung grundsätzlich. Dennoch gab es immer Sprit auf den Fluren, fand man Flaschen in allen denkbaren Verstecken. Das generelle Verbot hatte das Trinken radikalisiert. Bier reinschmuggeln lohnte schlicht nicht. Wenn einer schon das Risiko einging, erwischt und bestraft zu werden, dann wollte er auch die volle Dröhnung durch Klaren, Wodka oder Goldbrand. Es lief also beinahe zwangsläufig auf Vollrausch hinaus. Weil Suff im Dienst als schweres Vergehen galt, hieß das erste Wort des Oberstleutnants «Schwedt». «Heute Nacht haben Sie Gelegenheit, mich von Ihrem Können zu überzeugen. Oberleutnant P., übernehmen Sie!»

Sechs Granatwerfer 120 mm gehörten zur Batterie, jeder von einem Geschützführer und drei Kanonieren bedient. Die ELOs, kleine Lastkraftwagen zum Ziehen der Geschütze, waren in dieser Nacht nicht da. Also gingen wir zu Fuß die vier Kilometer bis zum Übungsplatz. Vorne rannte der Batteriechef mit dem Führungszug, Vermessungsgeräte, Zielfernrohre, Funkgerät schleppend. Ihm folgten sechs Granatwerfer, geschoben von Männern zwischen dreißig und vierzig, die in den Betrieben fehlten und ihren Familien auch. Der Oberstleutnant fuhr im Wagen nebenher.

Es war November, kalt und feucht. Die Resis keuchten, als wir den Gefechtsacker erreichten. Ein Granatwerfer mit Fahrgestell und Zubehör wiegt etwa fünfhundert Kilogramm. Das Spiel begann: Geschützstellung beziehen, vermessen, Geschütze einrichten, ein wenig funken und rechnen. Nächste Stellung. Die Resis schoben die Werfer und hingen in den Seilen. Der Oberstleutnant stand mit Trillerpfeife daneben und brüllte: «Ich reiß Ihnen den Arsch bis zur Halskrause auf!» Müller und ich schoben mit, wo immer einer eine Verschnaufpause benötigte. Die nächste Stellung wurde befohlen. Ein Ingenieur konnte nicht mehr, er stemmte die Arme in die Seite, beugte sich nach vorn. Es sah aus, als wolle ihm schwindlig werden. Ein Exknasti, die Oberarme voller Anker- und Nixen-Tattoos, was nicht so häufig zu sehen war wie heute, hielt den Ingenieur, sprach beruhigend auf ihn ein, sah in meine Richtung und rief: «Der kann nicht mehr. Schnauze voll!»

Der Oberstleutnant gab das Kommando: «Gas! Schutzanzug anlegen!» So schnell, wie die Vorschrift es wollte, waren die Resis nicht, aber sie setzten «Schnuffi» auf und zogen den Kunststoffanzug an, der gegen Giftgas schützen sollte. Komplett in Kunststoff verhüllt, beginnt man rasch erbärmlich zu schwitzen, und die Gasmasken erzeugen leichte Atemnot, als wäre man soeben tausend Meter gerannt. Der Oberstleutnant befahl eine neue Gefechtsstellung. Die Räder der Fahrgestelle fraßen sich in den matschigen Boden. Drehen, wenden, neu versuchen, Bewegungen im märkischen Sand. Es war dunkel, keiner hatte richtig geschlafen. Die größte Angst war, dass eine Zehe, ein Fuß unter die Räder geraten könnte. Der Oberstleutnant trank Kaffee aus seiner Thermoskanne und rief «Atomschlag!». Nun mussten sich alle in den Dreck schmeißen und flach hinlegen, wir Offiziere immer dabei. Die Resis wussten, dass sie gut eine Stunde brauchen würden, die Ausrüstung, die Waffen, den Schutzanzug vom Novemberdreck zu befreien. «Alles auf! Schutzanzug ablegen!»

Das war ein weiteres Schauspiel für den Oberstleutnant. Nur geschickt zusammengerollt passt der Gummianzug wieder in die graue Tragetasche, es braucht einige Übung, damit das klappt. Seit der Waffenausgabe trugen alle Stahlhelm. Ist der Riemen zu fest gezogen, drückt es am Hals. Sitzt er zu locker, baumelt das schwere Ding bei jedem Schritt, der Kopf muss mit. Nach zwei Stunden unterm Stahlhelm verspüren die meisten ein dumpfes Drücken, manche ein Pochen im Schädel. «Atomschlag!» Noch einmal, jetzt ohne Schutzanzug. Nun wurde auch die Uniform dreckig und feucht. Die Resis hatten gebrauchte Sachen bekommen, sie waren ja nur kurze Zeit dabei. Nicht alle Stiefel passten. Der Exknasti hob den Kopf: «Soll er mich doch einlochen. Lieber Arrest als den Blödsinn hier.» Der Oberstleutnant, der immer in der Nähe schien, hatte ihn gut gehört: «Wenn Sie den Befehl verweigern, schieß ich Sie nieder!»

Gegen 5 Uhr waren wir wieder in der Kaserne, die Werfer wurden rasch gereinigt, die Sachen zum Trocknen aufgehängt. 6.03 Uhr ertönte die Pfeife und befahl das Raustreten zum Frühsport. Der Oberstleutnant hatte den Bataillonskommandeur informiert, der es sich nicht nehmen ließ, das Laufen und Turnen persönlich zu befehligen. Die Resis funktionierten wie Maschinen.

Den Offizieren der Einheit wurde für die kommenden Tage Anwesenheitspflicht befohlen, auch nach Dienstschluss, aber wir hatten es komfortabler: bekamen zum Frühstück ein Spiegelei in der Offizierskantine, nicht wie die Soldaten Brotscheiben mit Aufschnitt, wir erhielten Kaffee, nicht den Tee, von dem die Rede ging, dass er potenz- und libidohemmende Beigaben enthalte. Wir saßen zu viert am Tisch, nicht in langen Reihen auf Hockern. Zur Krönung der nächtlichen

Übung kam der Oberstleutnant in den Speiseraum, ließ unter Gelächter der Buffis Oberleutnant P. aufstehen: «Ihre Einheit schau ich mir genauer an, und das so lange, bis sie wieder läuft.»

Er war der intelligenteste Offizier, den ich getroffen habe. Er war ein Schwein. Ich war jetzt zehn Wochen in Stahnsdorf.

12. DIE ALTERNATIVE

Sie hatten zu dritt in der Küche sitzen, reden, rauchen und, wie sie später erzählten, die Magenschmerzen mit Pernod betäuben wollen, den Clara, die Schauspielerin, von ihrem letzten Besuch am Ku'damm mitgebracht hatte. Aus dem Freundesgespräch war eine Party geworden, als ich anrief und Clara fragte, ob wir in diesen Tagen nicht wieder einen Gin Tonic gemeinsam trinken wollten. «Komm doch her», sagte sie, «wir haben hier eine kleine Feier.»

Mir lagen das Schwein und die Resis und die unabsehbar langen drei Jahre auf der Seele. Schon jetzt dehnten sich die Monate, als wollten sie nie zu Ende gehen. Bald würde ich glauben, ich wäre schon immer dabei gewesen und es gäbe nichts anderes. Dann hätten sie mich, wo sie mich haben wollten. Aber vor Claras Freunden, von denen ich keinen näher kannte, wollte ich doch nicht darüber reden, als wäre der Armeedienst eine private Schande, peinlich wie ein Tripper. Ihr Haus lag nicht weit von der S-Bahn, im Süden Berlins. Acht, neun Leute mochten sich mittlerweile um die zwei Flaschen Pernod versammelt haben. Sie waren zufällig vorbeigekommen oder hatten einfach so angerufen wie ich. Einer fuhr jetzt los, um noch Wein und Bier aufzutreiben.

Man musste Clara mögen. Niemand hätte sich gewundert, wäre sie plötzlich in Bauernstiefeln und mit Melkschemel aus ihrer Bibliothek in die Küche zurückgekehrt. Und hätte sie im Kolchosbäuerinnen-Aufzug unter dem Gründerzeittrödel, der inzwischen auch Ostberliner Wohnungen überflutete, mit Kennerblick das eine Stück von Wert herausgefunden oder dem letzten Schluck Pernod einen langen Monolog über Heinrich von Kleist folgen lassen, wäre auch darüber keiner in Staunen verfallen. Sie besaß so etwas wie die unbezweifelbare Hoheit einer Gutsherrin, mit Mist und den Niederungen der Wirtschaft ebenso vertraut wie mit feineren Dingen. Diese genoss sie und legte dennoch keinen Wert darauf, es sei denn, ein Grobian, ein «Prolet» hätte gewagt, ihnen ihre Berechtigung zu bestreiten.

Clara hatte nie einen Gutshof mit Herrschaft erlebt. Sie war gewiss ein paar «Vons» begegnet, aber wo und wie hätte sie in der DDR Adel oder «höhere Stände» kennen lernen können? Nicht allein die hergebrachten Werte waren unter starken Druck geraten, auch der Vorgang der Überlieferung selbst schien gefährdet. Bodenreform und Kollektivierung hatten das Sozialleben auf dem Land «revolutioniert», die Hochschulreform die Privilegien des Bildungsbürgertums gebrochen, dessen Eigenarten allein im Privaten bewahrt werden konnten. Alles hatte die DDR neu erfunden: Viehzucht und Ackerbau, Recht und Medizin, Universitäten und Schulen, und es war in den sechziger Jahren dafür gesorgt worden, dass für die neuen, «sozialistischen» Einrichtungen Kader nach Plan zur Verfügung standen.

Dennoch wurde vielfach am Überlieferten festgehalten, wie im Fall meines Leipziger Schulfreunds Christian, dessen Vater im Gewandhaus spielte und seinen Sohn für dieselbe Laufbahn erzog. Aber dazu reichte es eben nicht, Christian jeden Tag zum Üben zu überreden, er musste auch durch die Auswahlprozeduren des Volksbildungswesens gelotst werden, damit er Abitur machen konnte. Ein Freund an der Penne, der immer schon Medizin studieren wollte, hatte viel Energie aufwenden müssen, um vom Direktor die Erlaubnis zu erhalten, einen Lateinkurs an der Volkshochschule zu besuchen. Diese Widrigkeiten steigerten das Ansehen des Hergebrachten, Bildung galt etwas.

Gerade Clara schien mir das Haften an bewährten Formen zu verkörpern. Ihre Freundin aus Westberlin, sie kannten sich aus den Tagen vor dem Mauerbau, hatte ein paar Jahre geglaubt, sie müsse eine Kämpferin in Maos Roten Garden werden. Seit ihre Lust aufs Revolutionspielen verschwunden war, führte sie ein kleines Bohemeleben und fuhr gelegentlich nach Formentera oder in den Osten, um auszuruhen. Sie hatte sich ihre Rolle halb unbewusst, halb prüfend, was zu ihr passe, erfunden. Aber es kam mir so vor, als liefe sie ruhelos davon, vielleicht vor «der Vergangenheit». Clara und ihre Freunde dagegen wichen der Gegenwart aus und suchten sich Muster, Typen, Charaktere aus einer Zeit vor der «sozialistischen Umgestaltung».

Das hat fünf Jahre später westdeutsche Konservative überrascht und begeistert: Der Ernst der Tradition schien ihnen im Osten sicherer bewahrt worden zu sein als unter der Herrschaft von Mode, Markt und Freiheit. Doch all das so traditionsbewusst Wirkende schwebte in der Luft, es hatte mit Herkunft und Beruf wenig zu tun und hing auch nur lose mit Meinungen, Ansichten, Erfahrungen zusammen. Es war nicht Schild und Schwert gegen die «Flachheit der Gegenwart» gewesen, sondern Halt und Rückzugsraum auf der Flucht vor Dummheit und politischem Druck. Clara, die Gutsherrin ohne Gut, hat nach 1990 nicht gezögert, die Bodenreform zu verteidigen.

Gesten und Kleidung konnten aufgesetzt wirken wie im Fall des Zwanziger-Jahre-Intellektuellen, dem sehr daran gelegen war, dass man seine Verachtung der Spießer und der Romantik nicht übersah. Sein Unabhängigkeitscharme hat dadurch nicht verloren. Es sollte ja nicht nach System und Lehrbuch gehen, musste nicht in sich stimmen. Es lebte sich freier als Charakter von einst. Oft reichte eine kleine Leidenschaft, eine winzige Verrückung.

Da saß auch Ada von einem sächsischen Theater, die nach zwei Flaschen Wein trotz ihrer kräftigen Stimme und gegen ihre mitreißende Lebenslust nie davon abzubringen war, dass sie ungemein sensibel sei, wenigstens so sehr wie eine von Tschechows «Drei Schwestern»: «Kennen Sie Dichtung?», rief sie dann mit Stütze ihrem Nebenmann ins Ohr. Ohne eine Antwort abzuwarten, folgte das scharfe «Hör zu!». Sie stellte sich in Positur und begann: «Seltsam im Nebel zu wandern / Still steht Stock und Stein / Kein Mensch sieht den andern / Jeder ist allein.» Dabei schaute sie die leicht Verschreckten durchdringend an, als wären sie und kein anderer schuld, dass es «jedem» so erging. Sie setzte sich nieder. «Hesse! Dichterwort!» Dem Grau ringsum hatte sie mit ihrer Hesse-Version die Meinung gesagt, das «Opfer» durfte jetzt von sich und den Seinen erzählen, und Ada unterbrach nur selten, aber immer mit dem einen Satz: «Jeder ist allein.» An diesem Abend verließ sie das Haus in Richtung Theater, auch andere brachen auf, und nur eine Hand voll blieb an Claras Küchentisch sitzen.

Dem Begriffsstutzigen zeigt es das Leben gern doppelt deutlich, und so bekam ich von Clara «Die Alternative», Rudolf Bahros marxistische Kampfschrift gegen den DDR-Stalinismus, in die Hand gedrückt und dann einen Sitz neben Wolfram zugewiesen. Das Buch lieferte meinem Unbehagen die Stichworte, und aus dem Nebeneinandersitzen sind fünfzehn Jahre geworden.

Zwei Morgen danach stand ich in Uniform vor seiner Tür, fünfzehntes Geschoss, wieder ein Plattenbau, sah seinen Freund, der nun «Ex» hieß, im Fahrstuhl verschwinden und erklärte nur, es bliebe nicht viel Zeit, ich müsse heute Nacht noch zurück: Truppenübung.

Lag es daran, dass die Fenster seiner Plattenbauwohnung nach Osten blickten, dass gleich um die Ecke die Spree floss und man nur fünf Minuten zum Alexanderplatz brauchte? Lag es daran, dass die Bäume hier schon höher gewachsen waren, die Mieter einander seit Jahren kannten? Die Monate im «Loch», wie erst ich und dann wir beide seine Einraumwohnung nannten, waren sinnlos schön. Es konnte nicht an der aus Westberlin geschmuggelten Haschtorte liegen, denn die schmiss, während wir in Wolframs Dacia, der rumänischen Renault-Kopie, durch die Kleinstädte der Republik fuhren, der blumengießende Freund, weil er sie für verschimmelt hielt, in den Müll. Auch der Wodka konnte nicht schuld sein, den Wolfram mit zahllosen Freundinnen trank, ich schlief nach dem zweiten Glas in der Regel ein. Ich hatte schließlich nur zwei-, dreimal in der Woche die Möglichkeit, bei ihm zu sein, und war vom Hin- und Herfahren ständig übermüdet.

Mit Wolfram vergaß ich die Kaserne, die Uniformen, die Resis und die Losungen, Gebrüll und Kommandos. Nichts schien mir DDRhaft an ihm, außer dem ersten kleinen Geschenk, das er mir eines Tages in die Tasche meines NVA-Wintermantels schob: Schnipsel eines DEFA-Films, auf denen, wenn man sie gegen das Licht hielt, weit der Himmel leuchtete, davor die drei Worte eines Titels: «So viele Träume». So hieß der zweite Kinofilm, für den er das Drehbuch geschrieben hatte. Wann immer in den ersten Wochen die Fetzen flogen, das gute alte «Du hast gesagt …» – «Nein, du …»-Spiel lief, sahen wir uns irgendwann erschöpft an, und einer zitierte gelöst den Spruch, mit dem der Verleih für «So viele Träume» warb: «Ein DEFA-Film der großen Gefühle».

Wolfram war dreiunddreißig, als wir uns trafen, er hatte eine Spezialschule für Musik besucht, mit achtzehn als Hilfsdra-

maturg an einem Provinztheater begonnen, an der Film-
hochschule in Babelsberg studiert und mit seinem ersten Kinofilm auf dem Festival in Karlovy Vary den großen Preis gewonnen. Die Leute drehten sich nach ihm um, wenn wir in
die S-Bahn stiegen, eine Kneipe betraten oder durch die Straßen zogen. Sie starrten ihn an, und sie starrten ihm hinterher,
was allein seinem Aussehen zuzuschreiben war. Er fiel auf,
und das war mir sehr recht. Er sah wenigstens nicht nach
Plasteknauf und Volksarmee aus, eher wie ein junger kauka-
sischer Großfürst. 1,90 groß, lange Arme, überlange Beine,
große Augen, die er zu Schlitzen verengte, wenn er an der Zigarette zog, ging Wolfram stolz an zwei Krücken.

Die Krankheit, die eines Tages all seine Muskeln zerstören
würde, war noch nicht weit gekommen. Er sprach fast nie davon und kultivierte lieber seinen Selbständigkeitswahn,
wählte bewusst längere und steilere Wege als die Gesunden,
ließ sich nichts entgehen und verspottete jeden, der sich und
seine Schwierigkeiten zu ernst nahm. Wenn er beschwipst
war, schwenkte er die Krücken, als bräuchte er sie nicht. Er
ließ der Krankheit keinen Raum und nahm sich vom Leben,
was er kriegen konnte.

Seine Lieblingsgeschichten waren die seiner eben erst ver-
storbenen schlesischen Großmutter, die eines Tages in der
Volksbühne Wilhelm Pieck gesehen und gesagt haben soll:
«Schau mal, der Hindenburg ist wieder da!» Er hatte sie gemocht, weil sie beim Frühstück immer wieder die Familie
überraschte: «Hört mal, was ich heute Nacht gedichtet habe:
‹Ich ging im Walde so für mich hin / Und nichts zu suchen,
das war mein Sinn.›»

Wenn er über seine Zeit am Theater sprach, dann klang es,
als sei er Teil eines Fellini-Films gewesen. Die Leute in der
Kleinstadt hatten, wenn die Künstler kamen, Angst um die
Wäsche auf ihrer Leine und die Unschuld ihrer Kinder ge-

habt. Wolfram hatte den Kaukasus und Russland, Bulgarien, Ungarn, Polen, mit Ausnahme Rumäniens und Kubas die gesamte DDR-Bürgern offen stehende Welt bereist. Ich habe fast ein Jahr gebraucht, bis ich die Namen und Geschichten seiner Freunde und Bekannten behalten konnte, die Monikas nicht mehr mit den Martinas verwechselte, die verschiedenen Sabines und Dirks auseinander hielt. Der Kreis war seltsam gemischt: Filmleute und Schauspieler gehörten dazu, Handwerker, junge Studenten und längst pensionierte Damen. Wolfram muss ihnen das Gefühl gegeben haben, sie zu verstehen.

Eine Barfrau aus der «Besenkammer», der kleinsten Schwulenkneipe Berlins, besuchte ihn ebenso oft wie eine Regisseurin des bulgarischen Fernsehens. Jeder der Freunde hatte wenigstens einmal im Leben gesagt: «Jetzt mache ich es anders, jetzt mache ich, was mir wichtig ist.» Solche Leute zog er an, glatte Typen fühlten sich unsicher in seiner Nähe und mieden ihn. Der Letzte, der seinem Rat folgte, war mein Bruder Norbert, dem er ohne Sanftmut erklärte: «Wenn du malen willst, dann musst du es tun. Ohne Absicherung. Wer Rücksichten nimmt, schafft nichts.»

Unter DDR-Verhältnissen wirkte Wolfram wie einer der schrägsten Charaktere, unabhängig, erfolgreich, auffällig und bis zur Sturheit eigensinnig. Er strahlte Stärke aus, Zähigkeit und kümmerte sich nicht darum, was die Leute auf der Straße über ihn dachten. Er trug lange farbige Schals und Tücher um den Hals, bunte Klamotten, die ihm Freundinnen nähten, eine ehemalige Lehrerin beispielsweise, die sich nicht mehr von der Schulleitung hatte ärgern lassen wollen und nun schneidernd ihren Unterhalt verdiente.

Wenn Wolfram so rot, grün, blau an der Kaufhalle und den Dienstleistungsgebäuden vorbei zum «Café Moskau» mit dem Sputnik auf dem Dach schritt, wurden Kinder neugierig, ab und an ließen Ältere eine dumme Bemerkung fallen, manchmal nahmen ihm dummdreist Normale die Krücken einfach weg. Aber er kannte das und schaute gern so stolz, dass ein Bannkreis um ihn herum entstand.

In seinem Bad hingen über dem Jugendstilschränkchen Postkarten von überall und zwei Zeitungsausschnitte: Wolframs Privatwandzeitung. Ein Leserbrief forderte da, man solle Leute, die ihre Miete nicht bezahlten, mit Namen und Foto öffentlich anprangern. «Mein Volk» hatte er auf den Ausschnitt geschrieben. Daneben prangte unter der Überschrift «Wenn Inhalt und Form zur Farce gerinnen» der Verriss des «Neuen Deutschland» von Volker Brauns «Hinze-Kunze-Roman». Auf Durchschlagpapier abgetippte Biermann-Texte lagen im Wohnzimmer.

Die DDR schien dem bunten Vogel, der zur Hälfte in einer Theater- und Kinowelt lebte, nichts anhaben zu können. Eines Tages wäre er bestimmt gern selbst und für immer in einem Film verschwunden. Damals hätte er sich nur schwer entscheiden können, ob es einer von Andrzej Waida, Michelangelo Antonioni oder Andrei Tarkowski sein sollte.

Als wir uns kennen lernten, wurden die Russen gerade populär. Gorbatschow hatte 1984 die Macht im Kreml übernommen und begann seinen Kampf gegen die Verwahrlosung der Gesellschaft mit einer viel bespotteten Kampagne gegen den Alkoholismus. Die Reden des «Mineralsekretärs», immer noch lange Spalten, Bleiwüsten im «Neuen Deutschland», vermittelten das Gefühl, dass es auf den Einzelnen ankomme und dass nicht mehr gelogen werden solle. In meiner privaten Welt waren alle Gorbatschow-Anhänger, hofften vor allem auf ein Ende der Zensur, auf «Glasnost», die Freiheit, ohne Einschränkungen reden zu dürfen. Gorbatschow wurde mein voraussichtlich letzter großer Glaube, ein Idol. Endlich ein Funktionär, für den man sich nicht schämen musste, der seine Kraft nicht aus alten Heldengeschichten oder Fortschrittsgewissheit bezog, sondern aus der Gegenwart. Länger als ein Jahr hatte ich mein Doppelleben zwischen DDR-Alltag und NVA-Kaserne aufrechterhalten, lange keinem mehr richtig vertraut. Jetzt schien doch eine Art freier Sozialismus wenigstens nicht unmöglich. Der Glaube an Gorbatschow hatte auch etwas Bequemes, noch immer erwarteten wir die Wendung zum Besseren «von oben».

Damals lag ein «Vielleicht geht's» in der Luft, und so schien es nicht ganz aussichtslos, dass Wolfram und der Regisseur Heiner Carow ernsthaft daran dachten, einen DDR-Schwulenfilm zu drehen. Sie hatten viel vor. Wie ihre Kollegen im Westen, Wolfgang Petersen mit «Die Konsequenz» oder Rosa von Praunheim mit «Nicht der Homosexuelle ist pervers …», wollten sie aufklären, den Kleinstadtbewohnern, der Mehrheit im Lande, die Angst vor Männer liebenden Männern nehmen. Das Milieu sollte gezeigt werden, die Szene, das tatsächliche Leben jenseits von Planerfüllung und Demonstrationen. Wolfram hat damals ein Dutzend Männer interviewt, gefragt, was sie sich wünschen, wie ihr Alltag aussieht.

Heiner wollte vor allem wieder einen Film machen, der den Nerv der Leute traf, wie es ihm Anfang der siebziger Jahre mit «Die Legende von Paul und Paula» gelungen war. Oft saß er, der privat nicht anders war als in der Öffentlichkeit, lachend an Wolframs kleinem rundem Holztisch, einem Caféhausmöbel aus den Zwanzigern, und erzählte, dass die Verantwortlichen sich damals über die Freizügigkeit des Films empört hätten: Das sei doch Porno. Als sich die Bemerkung rumsprach, rannten die Leute erst recht ins Kino, um Angelica Domröse zu sehen und «Wenn ein Mensch kurze Zeit lebt» von den Puhdys zu hören. Nach «Paul und Paula» hatte Heiner noch zwei Filme gedreht, dann saß er fast acht Jahre nicht mehr im Regiestuhl.

Für einen Künstler ist das eine tödlich lange Zeit. All seine Pläne und Vorhaben wurden ihm abgelehnt. Er wollte nach einem Buch von Franz Fühmann Grimmelshausens «Simplicissimus» verfilmen. Es ging nicht. Er lief mit einem Buch André Herzbergs, des Sängers von «Pankow», zu Dramaturgen, zum DEFA-Chef und zum Filmminister. Ein Berlin-Film mit Musik hätte daraus werden können. Es ging nicht. Wenn ich mich recht erinnere, störte die Darstellung eines Volkspolizisten. Aber so genau, meinte Heiner, erfährt man es ja nicht: «Die reden sich raus, schieben Gründe vor.»

Die lange Wartezeit hatte ihn gedemütigt. Er war doch nicht irgendeiner und kein Anfänger mehr, Mitglied in der Partei und der Akademie der Künste. Der Draufgänger mit Lederjacke, der im Auto nur überhöhte Geschwindigkeit kannte, war enttäuscht, dass «So viele Träume» nicht Millionen ins Kino gelockt hatte. In André Herzbergs Buch trat auch ein Schwuler auf. Dann machen wir doch mal einen Film über so einen, dachte er.

Wolfram legte sich auf seine mit dunkelblauem Samt überzogenen Matratzen in einer Ecke des knapp zwanzig Quadratmeter großen Raums und schrieb drauflos. Heiner ging mit dem Exposé hausieren, irgendwann kam ein Drehbuchvertrag zustande. Dennoch schien es unwahrscheinlich, dass es klappen würde. Der Filmminister mochte «Problemfilme» nicht. «Einen Alkoholikerfilm schreibe ich Ihnen in fünf Minuten», soll er gesagt haben. Die Rotzigkeit besaß eine bedrohliche Seite. Es war noch nicht so lange her, dass ein Politbüro-Mitglied erklärt hatte: «Wenn die Schriftsteller nicht die Bücher schreiben, die wir wollen und brauchen, dann schreiben wir sie uns eben selber.» Auch hier wurde jeder für austauschbar gehalten, bekam aber zugleich das Gefühl, er werde ungeheuer ernst genommen.

Heiner rannte zu Kurt Hager, im Politbüro für Kultur und Ideologisches zuständig. Der hörte aufmerksam zu, die Entscheidung ließ auf sich warten. Alles schien sich im Kreis zu drehen. Im Auto von Babelsberg nach Berlin, die beiden kamen gerade von der zigsten Besprechung, wie und ob ein solcher Film ginge, habe ich sie gefragt: «Und wenn es nichts wird, was macht ihr dann?» Meine Frage war nicht fair, sie wollten nicht daran denken.

Der Freundeskreis war nicht dazu da, ausweglose Situationen hoffnungslos erscheinen zu lassen. In ihm verschwand der Druck, löste sich auf in einer Atmosphäre des Zueinandergehörens, in der grundsätzliche Sympathie füreinander alle Eifersüchteleien und Unterschiede überwölbte, verwischte. Die Seelengemeinschaft war auch eine kleine Versorgungsgemeinschaft, eine des Bücheraustauschs und des Theaterkartenbesorgens, des wechselseitigen Einladens, Feierns, Lästerns, und sie sorgte dafür, dass kein Konflikt explodierte. Anfang 1989 schwand die Wärme der Gruppe, 1990 löste sich der Kreis undramatisch auf. Es blieben Einzelfreundschaften, die intensiver waren als die halb egoistische, halb Gewohnheit gewordene Nähe der großen Runden, eine Nähe, die mir damals schon künstlich schien. Aber sie wirkte.

Wolfram und Heiner hatten 1986 unendliche Hoffnung, mit ihrem Film etwas über die DDR erzählen und sie dadurch verändern zu können. Wenn man die Schwulen, die Stillen und die Schrillen unter ihnen, akzeptierte, wem sollte man dann noch vorschreiben können, wie er zu leben hatte? Im Rückblick passt da vieles nicht zueinander: Das Private sollte den Staat nichts angehen, aber er sollte sanktionieren, dass es seine Ordnung damit hatte. Weder Heiner noch Wolfram glaubten, dass dem Sozialismus durch die Ansprüche auf privates Glück Gefahr drohe, und doch hofften beide, er werde sich grundsätzlich wandeln, wenn diese Ansprüche ernst genommen würden.

Die Mehrheit im Lande schien noch immer loyal. In meiner DDR waren weit und breit keine Feinde des Sozialismus in Sicht, sieht man von den Skinheads ab, von denen der Politchef des Regiments berichtete, sie würden sich um Aufnahme in die Unteroffiziersschulen bemühen.

Stefan Heym war Sozialist, Robert Havemann Marxist. Im Januar 1988 «störten» Freya Klier, Stefan Krawczyk und andere den Marsch des Politbüros und der bestellten Kollektive zum Friedhof der Sozialisten und forderten Freiheit. Etwa einhundertzwanzig Demonstranten wurden verhaftet, aber das Signal war deutlich: Die politische Opposition im Land formierte sich und forderte einen Platz in der Öffentlichkeit. «Freiheit ist immer die Freiheit der Andersdenkenden» hieß ihre Losung, ein Spruch Rosa Luxemburgs, der Gründerin der Kommunistischen Partei Deutschlands. Heute sieht es so aus, als hätten sie geschickt begonnen, den Kommunismus mit seinen eigenen Waffen zu schlagen. In der Atmosphäre des unbedingten Glaubens an Gorbatschow schienen sie mir wie Reformkommunisten gegen Betonköpfe und Hardliner aufzutreten. Eine Befreiung per Dekret und im Gespräch wäre mir damals lieber gewesen als ein offener Kampf zwischen Partei und Freiheitsfreunden.

Am runden Holztisch auf drei Beinen, an dem alle Heimatgefühle hängen, die ich finden kann, in der Stille des fünfzehnten Stockwerks, begann Heiner eines Abends ein «Kadergespräch» mit mir zu führen. «Du liest doch gern», fing er an, «kennst Filme, rennst in Museen. Was willst du denn mit Nahostwissenschaften? Da kannst du höchstens in den diplomatischen Dienst, das ist nichts für dich, da gehst du ein.»

Er hatte Recht. Ich wollte ohnehin nicht wie meine Eltern

leben, keine verantwortliche Funktion ausüben, in der ich zwischen Menschen und Apparat vermitteln und Kompromisse schließen müsste. Schreiben schien mir eine gute Idee, man schaut zu, beobachtet, ist allein mit sich und haftet allein für die eigenen Worte.

Bald darauf gab ich meinen Studienplatz in Leipzig, für den ich so viel getan hatte, zurück und beschloss, mich für Kulturwissenschaften zu bewerben. Der Berliner Studiengang hatte einen guten Ruf. Man lese dort genauestens und frei Hegel, Marx, Hölderlin und Nietzsche, hieß es, ein Studium zwischen Geschichte, Philosophie und Kunst. Was genau einer danach wurde, war glücklicherweise ungewiss.

Der Pförtner der Humboldt-Universität wollte meinen Ausweis sehen, als ich unschlüssig um mich blickend eintrat. Er schickte mich nach irgendwo links hinten. Dort saß das Direktorat für Studienangelegenheiten. Die Auskunft der zuständigen Sachbearbeiterin, die mir Fragebögen und Zettel in die Hand drückte, fiel knapp aus: «Da müssen Sie sich zur Eignungsprüfung anmelden. Die immatrikulieren nur alle zwei Jahre, also für Sie 1990 wieder. Warum haben Sie denn Ihren Platz in Leipzig schon zurückgegeben? Kulturwissenschaften wollen viele. Das schaffen Sie nie.»

Für die Vorschriften war sie nicht verantwortlich, aber niemand bezahlte sie dafür, mich zu entmutigen. Nach 1990 sind die Professoren alle neu berufen worden, aber ich möchte fast wetten, dass die Verwaltungsfrau mit der schlechten Laune der kleinen Macht ungeprüft weiter Papiere verteilen durfte. Ich nahm die Bewerbungsunterlagen mit, füllte sie noch am gleichen Abend aus und beschloss, mir nichts mehr gefallen zu lassen, wenn ich endlich wieder ohne Uniform durchs Leben gehen konnte.

Die S-Bahn war meist leer, wenn ich morgens gegen 4.30 Uhr in einen der Wagen rannte, auf einen Platz und unverzüglich in einen den Schlaf ersetzenden Dämmerzustand fiel, bis meine innere Uhr mir sagte: «S-Bahnhof Schönefeld», raus in den Bus nach Potsdam. Ich zahlte beim Fahrer, rutschte auf einen Sitz, winkelte die Beine an, legte den Kopf an die Scheibe und schlief sofort wieder ein, in der Gewissheit, dass ich Stahnsdorf schon nicht verpassen würde.

Mehr als einmal bin ich dann doch vor Müdigkeit weitergefahren, musste in Babelsberg auf den Bus der Gegenrichtung warten und kam keuchend vom Rennen erst drei Minuten vor dem Morgenappell auf den Flur der Batterie. Zu oft durfte das nicht geschehen, wollte ich mein Doppelleben zwischen der winzigen Einraumwohnung, in der ich mich freier fühlte als auf den weitesten Truppenübungsplätzen, und dem Dienst in der Kaserne nicht gefährden.

Dialektik, sagt man, sei ein Argumentationstrick, wenn Kommunisten nicht weiterwissen. Ich wusste genauer als je, was ich wollte, und erhielt unentwegt eine kleine Lektion in angewandter Dialektik: Freiraum war am leichtesten zu gewinnen, wenn ich mein Leben strengstem Reglement unterwarf. Damit ich für Stunden lockerlassen konnte, durfte während des restlichen Tages, im vermieteten, verpflichteten Leben, nichts schief gehen. Meine abendlichen Fahrten nach Berlin widersprachen der Vorschrift. Um der Gefechtsbereitschaft willen hatte ich am Standort zu bleiben, damit im Fall der Fälle die Batterie rasch ausrücken und die Friedensfeinde aufs Haupt schlagen könne. Wann das geprobt werden sollte, erfuhr man allerdings verlässlich Tage vorher. Andernfalls wäre auch heilloses Chaos ausgebrochen.

Die NVA, die ich erlebte, glich einer Schauarmee, dressiert zum Gaudi alter Generäle. Wäre einmal überraschend und ohne Vorankündigung der Befehl zum Ausrücken eingetroffen, hätte das Regiment einen traurigen Anblick geboten. Da der Kommandeur kein Interesse daran hatte, seine Karriere zu gefährden, und seinen Vorgesetzten nur Glanzleistungen zeigen wollte, sickerten aus dem Stab die Informationen durch, die es gestatteten, alles in Ruhe vorzubereiten und den Schein zu wahren. Das Spiel wiederholte sich nach gleichen Regeln auf jeder Ebene.

Von den sechs Granatwerfern, Baujahr 43/44, kamen meist nur vier, höchstens fünf zum Einsatz, weil Ersatzteile fehlten oder die Mannschaftsstärke nicht reichte. Die ELOs hatten nicht nur in der Nacht der Schikane gefehlt, sondern waren dauernd anderweitig verplant. Sie transportierten allerlei, waren kaputt – Ersatzteile aufzutreiben erforderte Zeit und auch in der NVA Beziehungen –, oder die Fahrer wurden irgendwo gebraucht. Ob die Wagen nun fuhren oder nicht, spielte keine Rolle. Die Reservisten mussten ausgebildet werden. Im letzten ihrer drei Monate stand ein Gefechtsschießen mit scharfer Munition auf dem Plan. Also schoben sie zum Gespött der Güterfelder Bauern die Granatwerfer auf das Übungsgelände und lernten dort das Nötigste. Dann ging es zurück in die Hallen, zur Wartung der Waffen.

Ich bin nie das Gefühl losgeworden, dass Objekt II in gewissem Sinne ein Miniaturmodell der DDR gewesen ist, so wie der Witz von den sieben Wundern des Sozialismus sie beschrieb. Erstens: Alle haben Arbeit. Zweitens: Obwohl alle Arbeit haben, arbeiten höchstens fünfzig Prozent. Drittens: Obwohl nur die Hälfte arbeitet, werden alle Pläne erfüllt und übererfüllt. Viertens: Obwohl alle Pläne erfüllt und übererfüllt werden, gibt es nichts zu kaufen. Fünftens: Obwohl es nichts zu kaufen gibt, haben alle alles. Sechstens: Obwohl alle alles haben, sind alle unzufrieden. Siebentens: Obwohl alle unzufrieden sind, wählen alle die Kandidaten der «Nationalen Front».

Ganz nach diesem Vorbild ging es auch in der Kaserne zu. Alle waren beschäftigt, aber die Mehrheit hatte nichts Sinnvolles zu tun. Die meisten versuchten, gemächlich durch den Tag zu kommen. Dennoch stand es, wenn abgerechnet, ausgewertet wurde, um die Gefechtsbereitschaft und die Ausbildungsergebnisse immer zum Besten. Obwohl alles zum Besten stand, waren weder Vorgesetzte noch Untergebene zufrieden. Trotz der permanenten Unzufriedenheit aller fügten sich fast alle. Obwohl sich fast alle fügten, meckerten die meisten abends auf der Stube und gönnten sich hier die verbotenen Annehmlichkeiten: Westradio und Schnaps – der Gewiefteste hatte ihn in Wurstbüchsen vom Schlachtfest der Familie mitgebracht. Es wurde viel getan, den Weg, den die höheren Kommandeure nahmen, stets wie neu aussehen zu lassen. Anderes verkam. Der Tag war geregelt, und alle warteten auf den Moment, in dem sie das Objekt für immer verlassen durften. Wie auch sonst im stillen Land bestand die Hauptbeschäftigung darin, den Status quo zu erhalten. Das begann mit dem Revierreinigen, setzte sich fort übers Wachestehen bis hin zu den diversen Diensten.

Die Haupttätigkeit hieß auch für mich, einen Offizier untersten Ranges, Warten, und zwar Warten in einem Zustand extremen Schlafmangels und dauernder, sprungbereiter Aufmerksamkeit. Irgendeiner konnte immer kommen, etwas kontrollieren: die Sauberkeit in der Wachstube, die Uniformen der Posten, die Kenntnisse der Unteroffiziere. Einer konnte immer etwas wollen, Befehle erteilen. So lag über der Langeweile eine ständige Drohung, auch das der DDR draußen nicht unähnlich.

Als Offizier vom Dienst war ich, sobald die höheren Vorgesetzten die Kaserne verlassen hatten, für das gesamte Objekt II verantwortlich. Die Sicherheit der Waffenkammern, die Einhaltung der Nachtruhe, die Wache, die Posten und dergleichen mehr mussten kontrolliert werden. Ich hatte auch Silvester 1987 Dienst und hoffte, dass die Nacht mit den unvermeidlichen Saufereien ohne Vorkommnisse vorübergehen würde. Das Panzerbataillon war zum größten Teil im Urlaub. Mit den eingeschüchterten Unteroffiziersschülern, den «Uschis», die Wache standen, dürfte es keine Probleme geben. Der Sanitätsoffizier, ein Ultn wie ich, hatte Sekt kalt gestellt. Strengstens verboten, aber es war Jahreswechsel.

Gegen Mitternacht rief der Dienst habende Offizier des Objektes I an, wünschte ein schönes neues Jahr und war erleichtert wie ich, dass alles ruhig geblieben war. Erfahrungsgemäß hielt der geschmuggelte Schnaps nicht lange vor. Wer getrunken hatte, würde nach menschlichem Ermessen jetzt vor leeren Flaschen sitzen und bald schnarchen.

Ich ging hinüber in ein anderes Haus, als der Wachhabende auf mich zuraste und rief, ein Uschi habe sich erschossen. Wie das? Wenn in der Kaserne auf etwas geachtet wurde, dann auf scharfe Munition. Eine fehlende Patrone oder ein verkratztes Siegel vor der Waffenkammer, deren Sicherheit alle zwei Stunden in einem Buch bestätigt werden musste, lösten eine umständliche Untersuchung aus. Sechzig Schuss führte ein Posten mit sich. Hatte ich einen Selbstmörder auf Wache geschickt?

Wir rannten los, ein Unteroffizier entsorgte den Sekt, informierte alle Diensthabenden. Die Nacht würde anstrengend werden, jeder, dem ein Fehler nachgewiesen werden konnte, hatte mit harten Strafen zu rechnen. Mir war schlecht, einen Toten hatte ich noch nie gesehen. Wir rannten weiter, der Unteroffiziersschüler lag im hintersten Postenbereich. Der Sanitäter startete seinen Wagen, zwei mit Trage rannten uns hinterher. Fünfzehn Minuten hat es gedauert, bis der aus einer Wunde über dem Herzen blutende Unteroffiziersschüler notdürftig versorgt war und davongefahren wurde. Acht Stunden lang dauerte die folgende Untersuchung des Falles durch Stabsoffiziere. Der Uschi, ein Farbiger, sei, so hieß es, der Sohn eines Stasi-Majors aus Potsdam.

Ich wusste nicht, ob das stimmte, aber der Auflauf hoher Tiere, denen ich am nächsten Tag Meldung machen und den Hergang berichten musste, ließ einiges vermuten. Ich kannte den Unteroffiziersschüler. Er war vom ersten Tag an aufgefallen, das Gespött der Unteroffiziere und seiner Kameraden gewesen. Manche mochten ihn seiner Hautfarbe wegen aufgezogen haben, Ressentiments gegen Fremdes, Andersartiges verbanden Volk und Führung.

Dem Unteroffiziersschüler hatte jeder angesehen, dass er noch ein Kind war, eine durch und durch verspielte Seele, unsicher, um Anerkennung bemüht. Er gab den Kasper mit mäßigem Erfolg und wusste doch nicht, wie er anders imponieren sollte. Hätten im Wehrkreiskommando Leute mit auch nur geringem, aufs Minimalmaß geschrumpftem Interesse für die ihnen zugeteilten Menschen gesessen, hätten sie ihn niemals für drei Jahre geworben. Obwohl man ihm rasch anmerkte, dass er dafür nicht geeignet war, erfüllten sie ihre Planzahlen und verpflichteten ihn für einen längeren Dienst. Er kam zur Ausbildung in unser Bataillon und wurde gehänselt. Weil er ein Problemfall war, stellte ihn der Hauptfeldwebel seiner Einheit für die Silvesterwache auf. Die guten Leute, die «Blickigen», bekamen Urlaub.

Während einer Schießübung hatte er unbemerkt eine Patrone abgezweigt und wollte nun, allein in seinem vielleicht zweihundert Meter langen Postenbereich, auf seine Weise den Jahreswechsel begehen. Er zog kurz vor Mitternacht auf. Einen Schuss auf ein glückliches 1988 wollte er abfeuern. Unbedarft, schusselig, wie er war, stellte er den Hebel auf Dauerfeuer und drückte ab. Ehe er sichs versah, war das Magazin halb leer. Als er begriff, was ihm geschehen war, muss er in Panik verfallen sein, Angst vor den engen Arrestzellen bekommen haben. Er legte noch einmal an und schoss auf sich.

Er hatte Glück. Der Schuss ging oberhalb des Herzens durch. Was aber, wenn der Wachhabende nicht kurz nach Mitternacht noch einen Postenrundgang gemacht hätte? Etwa neunzig Minuten hätte der Unteroffiziersschüler blutend allein im Dunkel gelegen. So kam er mit dem Leben davon. Er wurde gesund gepflegt und ausgemustert.

Es gab tausend Tricks und Schummeleien, sich den Alltag, gerade auf Wache, zu erleichtern. Beliebt und üblich war es, die Posten drei oder vier statt nur zwei Stunden stehen zu lassen, sodass alle längere Zeit ohne Unterbrechung schlafen konnten. Hätten wir das an diesem Abend so gehalten, wäre der Uschi verblutet. Der Wachhabende, ein Uffz, und ich wären wohl degradiert und möglicherweise vor ein Militärgericht gestellt worden. Die Schummeleien ganz zu unterbinden ging nicht, dann wäre man irgendwann vor Erschöpfung zusammengebrochen und überall verhasst gewesen. Da Waffen und scharfe Munition im Spiel waren, konnte man auch nicht alles durchgehen lassen. Es war eine ständige Gratwanderung.

Ich habe viele Unteroffiziere gesehen, die zu jung, zu unbedarft waren, um drei Jahre zu dienen, Kinder, schwankende Teenager, denen man ansah, dass sie wegen ihrer Unreife ein Opfer der Werber geworden waren. Auch ich war zu unreif, zwei Feuerzüge oder im Fall der Fälle eine Batterie zu kommandieren, unter Druck von oben und unten immer die Nerven zu behalten. Für die Soldaten stand ich ohnehin auf der falschen Seite, war der Ultn, der sie kontrollierte, ausbildete, Befehle erteilte. Ich habe versucht, nicht zu schikanieren, aber das ist eine Frage des Maßes.

Viele Unteroffiziere bemühten sich, ein Kumpelverhältnis aufzubauen. Einer nahm mich im Trabi regelmäßig mit nach Berlin, einer verkaufte mir Forum-Schecks für den Intershop, eins zu vier. Mit anderen kam ich nicht aus, hielt sie auf Distanz. Wer das Sagen hatte, musste klar sein. Ich würde den Kopf hinhalten müssen, wenn etwas geschah, und wollte um jeden Preis einen Unfall vermeiden. Und ich wollte nicht auffallen. Es sollte laufen, damit ich zwei-, dreimal in der Woche nach Berlin fahren konnte. Die Uffze wussten das und notierten für den Ernstfall brav die Telefonnummer meiner fiktiven Freundin Katrin, von der ich glaube, dass sie Slawistik studierte.

Üblicherweise gingen die für drei Jahre Geworbenen sechs Monate auf die Unteroffiziersschule. Von diesen Einrichtungen habe ich nur Furchtbares gehört, von innen gesehen habe ich nie eine. Was erzählt wurde, reichte meiner Neugier. Auf einer Offiziersversammlung des Regiments, es muss 1988 gewesen sein, hat ein hoher Politoffizier nach den üblichen Phrasen, dem Weiter-so, Besser-so, ein «besonderes Vorkommnis» geschildert. Über Wochen war ein Unteroffiziersschüler von zwei Unteroffizieren, die kurz vor der Entlassung standen, misshandelt worden. Es begann mit dem üblichen Drill und den Schikanen durch ältere Kameraden: in Unterwäsche mit Stahlhelm über den Flur jagen, demütigende Reinigungsarbeiten, nachts wecken und in voller Montur raustreten lassen, mittags ins Essen spucken, Dreck ins Bett werfen. Oder Musikbox – dazu wurde einer in den Spind gesperrt und erst wieder rausgelassen, nachdem er ein paar Lieder gesungen hatte. Es begann «normal». Dann folgten körperliche Züchtigungen, Schlagen, Treten.

Jeden Tag sah der Unteroffiziersschüler Vorgesetzte, Offiziere, die das Treiben mit einem Wort hätten unterbinden können. Er traute sich nicht, sie anzusprechen. Er hatte wohl mitbekommen, dass in seiner Einheit zwischen den Es und den Offizieren ein Kumpelverhältnis der Macht bestand. Er hielt still, als sie ihn weiter schlugen, ihm jeden Ausgang verweigerten. Dann zwangen sie ihn, ihren Urin aus dem Stahlhelm zu trinken, missbrauchten ihn. Er hat versucht, sich zu erhängen, ist im letzten Moment abgeschnitten und gerettet worden.

«Denken Sie immer daran», schloss der Polit, «dass die Eltern uns ihre Kinder anvertraut haben. Was sollen wir der Mutter des Jungen sagen?»

Die Mutter konnte wissen, wie man mit Jugendlichen im Lande umsprang. Im Herbst 1988 wurden Schüler der Berliner Carl-von-Ossietzky-Schule von ihrer Schule verwiesen, nachdem sie an einer Wandzeitung den Sinn von Militärparaden bestritten hatten. Die Chance, ihr Abitur zu machen, wurde ihnen entzogen. Margot Honecker blieb hart.

Das war nach dem Verbot des «Sputnik», der über Verbrechen unter Stalin berichtet hatte, die zweite unmissverständliche Kampfansage der Führung an das Volk. Dass man eine sowjetische Zeitschrift verbot, Schüler, die ihre Meinung sagten, einfach rausschmiss, hatte ich zuvor nicht erlebt. Diese Schärfe hatten Konflikte in meiner braven DDR-Jugend nicht besessen, oder ich hatte sie nicht sehen wollen. In meiner Umwelt war es um Anpassung, Einordnen gegangen. Nun klärten sich die Fronten. Meine Mutter, die inzwischen für den Kulturbund arbeitete, besorgte mir den «Sputnik»-

Artikel. Dass endlich Reformen etwas ändern müssen im Land, hat, soweit ich mich erinnere, keiner meiner Freunde bestritten. Meinungsfreiheit und Schutz vor willkürlichen Polizeimaßnahmen standen dabei ganz oben auf der Liste der erhofften Änderungen. Für mich war das im Wesentlichen eine Frage der Personen, nicht des Systems.

Wie rasch es Einzelne zu Tätern machte, erlebte ich Anfang 1989 im eigenen Regiment. Während des Appells wurde ein Unteroffiziersschüler nach vorn gerufen. Er hatte Wache gestanden, als es raschelte, eine Person sich dem Objekt näherte und sich anschickte, über den Zaun zu klettern: ein Ausgänger, der besoffen und zu spät zurückkam, Angst vor der Arrestzelle hatte oder seinen nächsten Urlaub nicht gefährden wollte. Deswegen mied er die Wache am Eingang. Der Posten verhielt sich nach Vorschrift, rief zuerst: «Halt, stehen bleiben, oder ich schieße!» Der Ausgänger reagierte nicht. Der Posten rief immer wieder, gab einen Warnschuss in die Luft ab und schoss dann gezielt in die Beine. Er hätte den Ausgänger töten können. Nun wurde er, da er vorschriftsmäßig seinen Abschnitt verteidigt hatte, mit Sonderurlaub belohnt. Die jüngeren Offiziere, mit denen ich damals gesprochen habe, waren schockiert. Alles war nach Dienstvorschrift verlaufen. Aber wofür das Ganze, wenn das eine Kind das andere Kind – sie sahen auch in Uniform aus wie Kinder – erschoss oder ernsthaft verletzte?

Es mag in vielen Armeen ähnliche Geschichten geben. Die NVA aber wurde von keiner Öffentlichkeit kontrolliert. Keine unabhängige Justiz konnte den Einzelnen schützen, wenn er in die Mühlen des Apparats geriet. Und die NVA war, wenn ich meinen Erfahrungen traue, rettungslos verkommen durch Nichtachtung, Geringschätzung derer, die in ihr dienten.

Der Alltag verband Ödnis und Komik. Ein Unteroffizier

sang abends auf der Stube gern «Tausend Meter Stacheldraht / Minenfelder im Quadrat / Weißt du, wo ich wohne? / Ja, ich wohne in der Zone.» Wichtig war, dass die Verpflegung stimmte, wenn Vorgesetzte vorbeischauten. Die Noten für Gefechtsbereitschaft hingen oft von der Qualität der belegten Brötchen ab. Wichtig war, dass immer alles glänzte, dass die Granatwerfer dunkelgrün schimmerten, als seien sie neu. Wichtig war, alles doppelt zu besitzen. Die kleinen Schrauben, das Werkzeugset, das zu jedem Werfer gehörte. Man benötigte Teile zum Vorzeigen während der Waffeninspektion und Teile zum Benutzen während der Ausbildung. Ich legte ein eigenes Lager dafür an.

Ich brachte es zwar nicht ganz so weit wie jener Ostberliner Taxifahrer, der vom Mauerfall just in dem Moment überrascht wurde, als er alle Einzelteile für einen zweiten Wartburg im Keller beisammenhatte, aber ich bin fast so weit gekommen. Ich suchte mir einen «blickigen» Unteroffizier, Uffz, aus und sagte ihm: «Du bist jetzt Waffenmeister, bleibst heute hier, ich brauche das und das.» Der Uffz wiederum nahm sich einen vom Außendienst befreiten Soldaten, sagte: «Heute kannst du mal nicht die Eier schaukeln. Sieh dich da und da unauffällig um. Da liegt bestimmt was, das dir zuruft: ‹Nimm mich mit!›» Wenn ich mit den Resis vom Werferschieben zurückkam, stand er vor meiner Tür: «Schau mal, Ultn, das hat mich so angegrinst.» Weil es alle so machten, kaufte ich dicke Vorhängeschlösser.

Oft war ich als Feuerschiedsrichter unterwegs, beauftragt, das Gefechtsschießen einer fremden Einheit, mit scharfen Granaten über mehrere Kilometer hinweg, zu kontrollieren und zu benoten. Hauptsächlich war man für die Sicherheit verantwortlich. Ein anderer Unterleutnant war als Feuerschiedsrichter einmal zu träge gewesen, nachzurechnen und die Einstellungen der Werfer zu überprüfen. Die Granate landete in einem Schulhof. Es kam keiner zu Schaden, er wurde degradiert.

Der schlimmste Auftrag war es, einem Reservisten hinterherzufahren, der aus dem Urlaub nicht zurückgekommen war. Er hatte sich auf der Heimfahrt ein paar Bier eingepfiffen, mit Korn nachgespült, war beim Aussteigen gestolpert, hingefallen und mit dem Hinterkopf auf Beton aufgeschlagen. Als sie ihn ins Krankenhaus brachten, hatte er das Bewusstsein schon verloren. Ich habe ihn besucht, aber er ist aus dem Koma nicht mehr erwacht. Seine Frau öffnete mir die Tür, sie ließ mich nicht ein. Ihr Mann war mit Mitte dreißig einberufen worden, um Werfer durch das Dorf Güterfelde zu schieben. Jetzt war er tot.

Wenn ich weder Wache stehen noch Dienst schieben musste, verließ ich kurz nach 17 Uhr das Objekt, rannte vor zur Landstraße, um den Bus zu erwischen. Oft bin ich auch getrampt. Die Fahrer wussten, dass hier Kasernen standen, und hielten immer, ob man nun in Uniform oder in Zivil winkte. Einmal bremste ein Trabant. Am Steuer saß der neue Rektor der Babelsberger Hochschule für Film und Fernsehen «Konrad Wolf», mein Vater, und erschrak kurz. Er hatte mich in Uniform von weitem nicht erkannt. Er erzählte vom ewigen Kleinkrieg um Drehgenehmigungen für die Studenten, ich von der Kälte auf Truppenübungsplätzen, dem Klima in der Kaserne.

Wir waren uns einig, dass etwas geschehen musste. Vater hoffte auf Filme über alles, was störte im Land. Ich schrieb damals, noch immer im Marxismus befangen, auf ein paar Zettel wirre Notizen: «Kann man annehmen, ohne den Standpunkt des Marx. zu verlassen, daß ein Staat sich selbst dem Absterben preisgibt? ... Sind hier nicht vielmehr rev. Aktionen, Perestroika, vonnöten?» Ich hatte Bahros «Alternative» gründlich gelesen. Etwas weniger Geschichtsmechanik und mehr Sinn für den Einzelfall wären besser gewesen. Das eine oder andere wurde im Freundeskreis immer wieder besprochen, wo etwas ging, wo etwas scheiterte. Da blieben Enttäuschung, Ratlosigkeit, Empörung, aber sie fanden kein Ventil, nur etwas Hoffnung in Moskau. Von dort war sie für uns Proletarier schließlich immer gekommen.

Die Pilzsuppe, die Wolfram und ich im Oktober 1988 löffelten, mag auch satt gemacht haben. In der Hauptsache diente ihr Verzehr an diesem besonderen Ort einer politischen Willensbekundung ohne Zuschauer: Schließlich saßen wir am Arbat, in einem der privaten Cafés, die kurz zuvor erst zugelassen und rasch zum Symbol für den Aufbruch in Moskau geworden waren. Ein Straßensänger hatte uns mit seinem Wyssotzki-Lied – «Es kehren alle zurück, außer denen, die gegangen sind» – drei Rubel entlockt, ein junges Talent fünfzehn für seinen bemalten Pappteller bekommen. Hier durfte jeder sich ausdrücken, was kam es da aufs Geld an. Wir zahlten und fühlten uns auf dem Gipfel der Zeit.

Die wenigen Stunden, die uns blieben, das Moskau der Perestroika zu erkunden, waren eine Atempause, nachdem sich mir in den vergangenen drei Wochen ein Kindertraum auf ernüchternde Weise erfüllt hatte. Wolfram und ich waren im Orient gewesen, drei Wochen mit Intourist durch Mittelasien geflogen und gefahren: kein Westen ohne Westen, aber immerhin ein Osten im Osten. In Frunse, der Hauptstadt Kirgisiens, gingen wir ehrfurchtsvoll am Haus Tschingis Aitmatows vorbei, ich ritt auf einem Esel durch das Gebirge, wir sahen persische, chinesische Gesichter, und doch lag etwas Deprimierendes über jedem Ort und der Reise im Ganzen. Damals hätte man wahrscheinlich gesagt: etwas «Beunruhigendes». Ich war enttäuscht.

Ich hatte unbedingt Samarkand sehen wollen, aber bevor

ich in der Totenstadt und inmitten der Wunderbauten um den Registan stand, hatte der sozialistische Reisealltag meine Neugier fast verschlungen. Wir schliefen nicht in der Stadt, sondern siebzig Kilometer außerhalb, in einem kleinen Ort in der Wüste. Von den Balkonen der heruntergekommenen Hotelzimmer sah man am Berg gegenüber die leuchtende Inschrift «Slawa Leninu», Hoch, Lenin! Die Reisegruppe besichtigte programmgemäß auch den Park der Kultur und Erholung im Ort: rostende Klettergerüste, ein Schwimmbassin ohne Wasser, gammelndes Grün, das «Bonjour tristesse» blieb einem im Halse stecken. Was hatten wir in diesem Park verloren? Es stand auf dem Plan, es wurde getan, weil Tourismus eben so funktionierte. Dann kam der erwünschte Tag in Samarkand, nachts würden wir mit dem Zug nach Buchara weiterreisen. Nach dem Abendessen mussten wir in der Lobby des Hotels fünf Stunden warten und wussten, dass kein Drink die Zeit verkürzen würde. Die Bar hatte geöffnet, aber sie nahm nur Devisen.

In Usbekistan hatten wir Nurek, einen der größten Staudämme der Welt, gesehen, einen See mit tiefblauem Wasser, eine aus dem Boden gestampfte Stadt ringsum, in der es aussah, als schickten sich sämtliche Bewohner gerade an, den Ort zu verlassen. Eine kleine Ausstellung zeigte entschlossene Komsomolzengesichter. Von beiden Seiten einer Schlucht war Bergschutt hinabgesprengt worden, der in der Mitte einen kilometerlangen Wall bildete. Dahinter staute sich der Fluss zu einem gigantischen See. Inzwischen ließ mich die Vorstellung dieser revolutionären Kraftakte und Heldentaten schaudern. Wie viele Zwangsarbeiter mochten dabei umgekommen sein?

Achtlosigkeit, Geringschätzung des eigenen Landes schienen den Sowjetmenschen ebenso zur zweiten Natur geworden wie die Gleichgültigkeit, mit der vermittelt wurde, dass es auf uns aus dem westlichen Osten nicht ankommt. Vieles war trotz Wüste und Exotik wie zu Hause.

Dem Kind hatte Sowjetrussland immer etwas Besonderes geboten. 1980 war ich mit meinen Eltern von der Wohnung des Freundes Mischa durch das Neubauviertel von Moskau-Jassenewo zu einer Quelle gezogen, deren Wasser die alten Frauen Heilkraft zusprachen, obwohl sie inmitten Hunderter Blocks lag. In Blickweite zu den Hochhäusern wuchsen Kräuter auf einer Wiese. Hinter dem Kalinin-Prospekt stand eine kleine Kirche, in der die Popen in leuchtend orangen Gewändern den Gottesdienst vor knienden Frauen zelebrierten.

Auch 1988 roch Moskau anders als Berlin, wirkte gewaltiger, aber die Gesichter, an die ich mich erinnern kann, sahen mal traurig, mal erloschen aus. Hektisch waren die Bewegungen der Millionenstädter nach wie vor, doch sie schienen kraftlos, nur noch von Gewohnheit getrieben.

Das war die Mitte des Imperiums, auf die dank Gorbatschow auch Wolfram und ich hofften. Obwohl so vieles enttäuschte, ernüchterte, hatte die Sowjetunion doch begonnen, sich zu wandeln. Über die Probleme, das Elend des Landes wurde wenigstens offen geredet. Das schien uns allemal besser als zu Hause. Hätte man uns an jenem Oktoberabend gefragt, wie die Stimmung in der DDR sei, hätten wir ohne lange nachzudenken und einstimmig geantwortet: Gefroren, nichts bewegt sich, Stagnation.

Wir waren jetzt zwei Jahre zusammen, ich kannte den ausufernden Freundeskreis, in dem ich als Uniformträger den Status des Exoten besaß, wir waren ständig unterwegs, Reisen, Theater, Kino, Bar. Alles aufregend, bedeutsam. Im Rückblick scheint die Zeit von 1987 bis 1989 turbulent, spannungsreich, bewegt. Und doch ging nichts voran, nur das Zyperngras, das alle, die dazugehörten, in Bad, Küche,

Wohnzimmer stehen hatten, wuchs unaufhörlich. Bis zu jenem Oktoberabend am Arbat in Moskau hatten wir der Beschleunigung des Stillstands zugesehen, nach unserer Rückkehr würde die Stagnation zu rasen beginnen. Aber privat ging es aufwärts.

Anfang 1989 hatte Wolfram eine neue Wohnung zugewiesen bekommen, zwei Zimmer mit Küche, mehr als ihm zustand nach den Regeln des Landes. Die Wohnraum vergebenden Stellen im Stadtbezirk und im Magistrat hatten Jahre benötigt, bevor sie einsahen, dass einer, der tagaus, tagein zu Hause arbeitet, möglicherweise mehr brauchen könnte als nur ein Zimmer.

Er bekam Edelplatte im Erstbezug, fünf Minuten von den Hackeschen Höfen entfernt, an die noch kein Lifestyle-Journalist einen Satz verschwendete. Die Küche besaß, très chic, einen Erker, Fenster nach links und Fenster nach rechts. Eine Schiebetür trennte sie vom Wohnzimmer. Der Flur war schmal, der zweite Raum hingegen ungewöhnlich groß. Mit Freundeshilfe wurde alles getilgt, was an Plattenbau erinnerte. Bald sah es aus wie der Versuch, mit DDR-Mitteln ein Schaubühnen-Bühnenbild aufzubauen. Da hockten wir nun und debattierten die Lage, was es Besseres gebe, wie es werden würde. Wolfram war mit «So viele Träume» zum Wettbewerb der Berlinale gefahren, in Tübingen hatte er während «DDR-Filmtagen» Walter Jens, Hans Mayer und Carola Bloch getroffen. Er durfte wie viele Freunde reisen, weil er im Westen die DDR repräsentierte. Nach der Rückkehr lautete die Frage stets, ob man dort würde leben können. Dass man es nicht unbedingt wollte, war klar. Schließlich war man zurückgekommen, besaß hier Freunde und arbeitete an neuen Filmen, hatte etwas vor.

Je trüber die Gegenwart schien, desto häufiger kamen wir zusammen und redeten. Immer wieder wurde von den frühen siebziger Jahren geschwärmt, der Zeit zwischen Honeckers Machtantritt und der Biermann-Ausbürgerung, der Zeit, als Benno Besson noch an der Volksbühne Regie führte. In den Dokumentarfilmen aus den späten achtziger Jahren kann man heute den Abschiedsblick auf die DDR entdecken, und mir kommt das Schwärmen für Besson oder andere, die vertrieben worden waren, wie Ostalgie vor dem Mauerfall vor.

Aus Tübingen hatte Wolfram auch Bücher mitgebracht, die Erinnerungen Hans Mayers, «Ein Deutscher auf Widerruf», und «Schwarzenberg», einen Roman Stefan Heyms, der die Geschichte einer kleinen Enklave im Thüringischen erzählt, die 1945 für kurze Zeit von den Amerikanern und den Russen vergessen worden war. Also hatten sich die Leute, einer der Helden hieß Wolfram, ihren eigenen Nachkriegssozialismus aufgebaut. Hans Mayer, unter Ulbricht aus Leipzig vertrieben, und «Schwarzenberg» – das war für mich zweimal der dritte Weg.

Mein letztes Jahr in der NVA hatte begonnen. Ich war, wie in der Laufbahn vorgesehen, zum Leutnant befördert worden, hatte den zweiten Pickel erhalten. Die Atmosphäre auf dem Stahnsdorfer Flur wurde angenehmer, seit statt der Resis «Neun-Monats-Soldaten» kamen, Abiturienten, die eine der «Schlüsseltechnologien» studieren wollten. Sie mussten, weil die DDR-Mikroelektronik und dergleichen Großprojekte auf junge Köpfe warteten, lediglich ein Dreivierteljahr Wehrdienst leisten. Mit ihnen verschwand weitgehend der bodenlos vulgäre NVA-Jargon, all das «Ich hau dir in die Fresse!», «Fick dich ins Knie!», «Ich reiß dir den Sack ab!», mit dem man sich so niedrig ansprach, wie man behandelt wurde.

Der Willkürmechanismus war nicht mehr zu übersehen. Jahrelang hatte es geheißen: «Du bekommst die Chance zu studieren, also tu was dafür und diene länger.» Jetzt gab es

Engpässe, und einige wurden bevorzugt. Ich habe es ihnen gegönnt und war doch neidisch.

Die «Neun-Monats-Kinder» lernten schnell, waren brav und nahmen manches überraschend leidenschaftslos hin. In der Politschulung las ich ihnen «Wolokolamsker Chaussee» von Heiner Müller vor, den Teil, in dem ein Funktionär mit seinem Schreibtisch verschmilzt. Üblicherweise bekam man in Polit nur Phrasen zu hören. Ich wollte mit den Soldaten über Stalinismus reden – und über Reformen. Für Abiturienten meines Jahrgangs wäre Heiner Müller etwas gewesen, kritisch, anrüchig, wenigstens ein Effekt. Meine Soldaten schauten mich an, gähnten, schauten wieder gelangweilt, als wüssten sie nicht, was ich von ihnen wollte. Der gemeinsame Boden, an den ich gern geglaubt hätte, war porös geworden. Es schien, als bände sie nicht einmal mehr Abneigung, Kritik an die DDR. Sie war ihnen gleichgültig, sie wollten in Ruhe gelassen werden, ihr Leben ohne große Geschichte führen. Zwei fragten dann wenigstens nach dem «Sputnik»-Verbot. Bald werde man auch hier offen über all das reden können, sagte ich und glaubte ich. Sie haben es mir nicht abgenommen, das unnachahmliche Grinsen der Skepsis aufgesetzt.

Ich hatte Grund, auf eine «Öffnung», auf «neues Denken» zu vertrauen. Der Film von Heiner und Wolfram wurde inzwischen gedreht und sollte unter dem Titel «Coming Out» demnächst in die Kinos kommen. In meinem Freundeskreis redeten alle davon, viel Persönliches ging in den Film ein: Wolframs alte Wohnung, das «Loch», wurde nachgebaut, sie drehten in der Wohnung meiner Eltern, Bekannte spielten als Komparsen mit.

Die jungen Soldaten mussten mein Vertrauen in den Gang zum Besseren skeptisch sehen. Ich war Parteigruppenorganisator der Batterie, und es war ein offenes Geheimnis, dass die Parteigruppe sich selten traf. Das rote

Buch, das ihr Leben widerspiegeln sollte, wies dennoch all die Protokolle auf, die der Politchef regelmäßig sehen wollte. Ich schrieb nach Vorstellungsvermögen Minidramen der Parteigruppengespräche hinein: «H. sagte, B. wies darauf hin, C. unterstrich, dass nach der jüngsten Erklärung ...» Höchstens zwei von zehn der Protokolle beruhten auf tatsächlichen Gesprächen beim Kaffee.

Meine Erfahrungen mit der Partei waren die eines Überflüssigen. Einmal hatte ich gewagt, in der Parteiversammlung des Bataillons die fehlenden Fahrzeuge anzumahnen. Der Oberstleutnant, das Schwein, hörte davon, bestellte mich zu sich und brüllte mich an, kanzelte mich ab. Nach Statut und Gesetz hätte er das niemals tun dürfen. Ich besaß als Genosse das Recht, beinahe die Pflicht, alle Missstände offen zu kritisieren, ohne dafür gemaßregelt zu werden. Der Oberstleutnant wusste das. Er brüllte weiter, ich solle bloß nicht denken, das sei Parteisache. Das interessiere ihn nicht. Wenn ich etwas taugen würde, könnte ich auch ohne Fahrzeuge ausbilden. Er wolle sich das demnächst höchstpersönlich anschauen. Der Polit- und Parteichef im Bataillon fand nichts dabei. Heiner und Wolfram sagten, ich solle nicht klein beigeben, standhaft bleiben. Wozu eigentlich? Um noch ein Ungewitter der Kontrollschikane auf die Kanoniere, Geschützführer und mich herabzubeschwören?

Rätselhaft ist, wie ich mir dennoch einreden konnte, in der Partei zu sein, um etwas zu verändern. Aber das habe ich mir eingeredet. Auch die Partei existierte, wie die DDR, wie die Sowjetunion doppelt: Es gab die ideale und die normale, die DDR, wie sie sein sollte, und die der Greise, die SU Gorbatschows und das Land, dessen Elend selbst wohlwollenden Intourist-Reisenden nicht entging. Es gab ja auch mich doppelt: den Leutnant und den Liebhaber, den Heiner-Müller-Leser und den Protokoll-Dichter. Alles war doppelt da, und vielleicht liegt es daran, dass die letzten Jahre der DDR in der Erinnerung als Jahre mit unendlich viel Zeit erscheinen, Stunden im Warten auf eine Entscheidung.

Norbert hatte inzwischen Bekanntschaft mit Dogma geschlossen, war Kant-Schüler wie ich geworden, und eines Abends verkündete er, auch er wolle Offizier auf Zeit werden. Ich hatte mich daran gewöhnt, dass meine Erzählungen aus der Armee selten ernst genommen wurden. Wolfram, der über alles spottete, zog mich mit der absurden, zwischen Verordnungsdeutsch und Zuhälterslang unentschiedenen Sprache auf, viele hörten nicht hin, fast alle hielten die NVA für eine Art exterritoriales Gelände, möglicherweise furchtbar, aber doch nicht wirklich zur DDR gehörend.

Meinem Bruder gegenüber agierte ich äußerst geschickt: Ich brüllte ihn an. Ein Idiot in der Familie reiche, die NVA sei ein brauner Verein, da habe er nichts verloren, achtzehn Monate seien schon zu viel. Norbert war pflichtbewusst groß geworden wie ich und kämpfte nun mit sich. Auch er hatte den Familienfehler, das Land und den Sozialismus für eine bedeutende Sache zu halten, und weil ich gebrüllt hatte, schwieg er erst einmal. «Also ist auch der Jens weich geworden», sagte ein Kant-Schul-Lehrer. Er hatte sich gründlich getäuscht. Ich blieb hart. «Dann wenigstens drei Jahre?» – «Nein. Anderthalb, oder ich kenne dich nicht mehr. Willst du dich freiwillig drangsalieren lassen?»

In der Schule hatte Norbert ein Bild gemalt: Ein roter Mann springt vom Zug. Die Aufregung war groß. Einer steigt aus, springt ab. Das wollten sie nicht sehen. Und Norbert dachte immer noch, er müsse länger zur Armee gehen wollen. Es kann schwer werden, aus dem Konsens der Selbstverständlichkeit auszuscheren, wenn die Jasager freundlich, intelligent, engagiert, erwachsen sind, man selbst dagegen noch unsicher ist, irgendwo Halt sucht.

«Unter keinen Umständen gehst du länger. Wenn das negative Folgen hat, helfen wir dir.» Ich weiß nicht mehr, wie oft wir darüber gesprochen haben. Es hat sich gelohnt, er verpflichtete sich zu nichts. Da hat ein Bisky mal «Nein» gesagt. Dass ich ihn dazu überredet habe, war das Vernünftigste, was ich in den vier Jahren tat.

Das geschah, weil ich den Sozialismus mit privatem Glück wollte, den richtigen, wahren, ehrlichen. Ich glaubte noch daran. Heiner hatte schließlich den Film durchgeboxt. Mein Vater gewann stillen Ruhm, seit das Westfernsehen an der Hochschule gedreht und den Rektor als Reformer porträtiert hatte, der jeden Film erlaubte und nackt unter die Dusche stieg, wenn ein Student die Einstellung brauchte. Und in den Protokollen des X. Schriftstellerkongresses der DDR standen endlich klare Worte. Christoph Hein, mein Held seit den Wochen mit Frank, hatte am 25. November 1987 die Diskussionsgrundlage der Arbeitsgruppe IV, «Literatur und Wirkung», geliefert: «Die Zensur ist menschenfeindlich, feindlich dem Autor, dem Leser, dem Verleger und selbst dem Zensor … Unser Land hat in den letzten zehn Jahren viele Schriftsteller verloren, unersetzliche Leute, deren Werke uns fehlen, deren Zuspruch und Widerspruch uns bekömmlich und hilfreich waren.» Das hatte die Zensur passiert, lag gedruckt vor, ließ sich also zitieren. Ein Leipziger Maler, der uns ein paar Nächte Unterkunft gewährte, erzählte vom Kongress der bildenden Künstler. Eine Resolution gegen das «Sputnik»-Verbot sollte verlesen werden, die Führung drohte, in diesem Fall den Kongress zu verlassen. Man begann die Verlesung, die Führer gingen, einer rief ihnen noch «Licht aus!» hinterher.

Dann wurde Christoph Heins Stück «Ritter der Tafelrunde» in Dresden uraufgeführt. Das «Neue Deutschland» wand sich: «Ein zukunftsbewusstes, optimistisches Theater. Beharrliches Streben nach Frieden und Glück sowie ständiges Vervollkommnen des sozialen Gemeinwesens wie des Menschen, dies spätestens seit Goethes ‹Faust› große humanistische Thema der Weltliteratur findet hier eine bewegende Version sozialistischer Sicht.»

Gleich um die Ecke der neuen Wohnung lag die Sophienstraße, aufwendig restauriert, hübsch anzuschauen, in der private Handwerker ihre Geschäfte eröffneten, eine Handweberei, eine Zinngießerei, ein Strohladen. Nicht weit davon, in der dunklen, einst verruchten Mulackstraße, schien die Zeit stehen geblieben. Dort war nie viel gebaut oder gemalert worden, bröckelnder Putz, Einschusslöcher, rissiger Asphalt zeigten noch den Nachkriegszustand. Die Bewohner halfen sich selbst, renovierten, reparierten, so gut es ging. Dann kam das Gerücht auf, es solle alles abgerissen werden. Aber keiner verließ sein Haus.

Auch eine Konsum-Schickeria hatte sich etabliert im grauen Land, und die Husemannstraße war zum Nobel-Osten aufgehübscht worden. Nie wieder habe ich so bedenkenlos konsumiert wie in den letzten DDR-Jahren, da ein teures Essen, dort ein Kilo Bücher, diese Bar, jenes Theater, Schwarztaxen für die Wege, Wein aus dem Delikatladen, ab in die Edeldisco mit Menschen nach der Mode. Ich verdiente damals mehr als meine Mutter nach Studium und zwanzig Jahren Arbeit, gab aber nichts auf das Geld und schmiss es zum Fenster hinaus. Das Leben in der Husemann- oder in der Sophienstraße musste den Rentnern im Leipziger Osten längst wie ein Millionärsdasein erscheinen. Im Land der Gleichheit herrschte weiterhin gleiche Sicherheit für die Braven, die Lebensstile jedoch hatten sich weit auseinander entwickelt.

Die Kette der Ereignisse kennt jeder: Luxemburg-Liebknecht-Demo, Verbot des «Sputnik» und der Russenfilme, gefälschte Kommunalwahlen, das Massaker auf dem Platz des

Himmlischen Friedens und der Besuch von Egon Krenz in Peking, Massenflucht. Die Stimmung war unglaublich gemischt: Edelgenuss und Totalverweigerung, Desinteresse und Engagement, Jetzt-werden-wir-ehrlich und Hat-eh-keinen-Zweck. Gemeinsam war den gedehnten Stunden, wo auch immer, das Stagnationsgefühl, die Spannung, die Gewissheit, dass etwas geschehen müsse: Erlösung oder Desaster. Zwei Zeilen in einem Buch, ein Satz auf der Bühne, ein Witz im Film, ein neuer Wein, ein anderes Möbelstück – das war alles nur Vorspeise, Vorspiel, Aperitif. Man griff zu, der Appetit wuchs weiter. Rasender Stillstand, kleine Hölle der Erwartung. Im Privaten hieß das reden, sich aussprechen, immer wieder die gleichen Punkte umkreisen, einander das Gefühl geben, dass man nicht allein wartete. Die Spannung griff ins Persönliche über.

Ich war des ständigen Hin und Her zwischen den Welten gründlich überdrüssig. Unter den Neun-Monats-Soldaten waren immer drei, vier offene gewesen, die sich nicht einschüchtern ließen vom Maschinengedröhn des Militärapparats. Thorsten zum Beispiel, Kanonier am zweiten Werfer, ein drahtiger Berliner, Andreas, Hüne von einem Sachsen, Richtkanonier am dritten, tauschten Bücher mit mir – Christa Wolf, Márquez, Klaus Kordon. Dann redeten wir immer öfter miteinander, gingen zum freundlichen, nicht kumpaneihaften Du über. Was man so machen würde, wenn man hier raus sei: Reisen wäre gut. Andreas wollte unbedingt nach Österreich, Ski fahren, ich wollte studieren, schreiben, Thorsten träumte von irgendeinem Labor, das es im Land nicht gab, von schnellen Rechnern.

Mit ihnen bin ich dann auch trinken gegangen, Bier zum Würzfleisch, Herrengedeck zum Steak au four. Die Stahnsdorfer Kneipe schloss abends um zehn. Wir hatten noch Zeit, bis die beiden wieder im Objekt sein mussten. Es war Sommer, und wir saßen irgendwo unter Bäumen. Thorsten fing an, von seiner Freundin zu reden, Andreas von seiner Ex, da erzählte ich dann einfach von Wolfram, vom Film, von Heiner und brachte sie zurück in die Kaserne. Drei Jahre hatte ich mich ungeheuer vorgesehen, die innere Mauer nie durchbrochen, und nun ein kleines Stück rausgewagt.

Am nächsten Morgen war ich der einzige Offizier auf dem Flur, musste den Appell durchführen. Der Unteroffizier vom Dienst erstattete Meldung. Ich war in Gedanken, sah Andreas und Thorsten an, so in Felduniform unter lauter anderen in Felduniform. Ich mit Reithosen vor ihnen stehend, sollte jetzt Befehle erteilen, sollte sagen, was zu tun war an diesem Tag. Thorsten sah stur geradeaus, Andreas blickte seinen Nachbarn an. Für einen Augenblick dachte ich, alle würden mich auslachen. Ich wurde rot bis unter den Rand der Schirmmütze und brachte kein Wort hervor, blickte zur Decke und versuchte, mich zu sammeln. Es kam nichts dabei heraus als ein «Die Unteroffiziere melden sich in zwanzig Minuten bei mir. Der Rest wegtreten!» Fünf Minuten später klopfte Thorsten an die Zimmertür. «Du denkst, wir haben was erzählt? Keine Sorge. Das bleibt unter uns.»

Sie hätten sich wichtig machen und möglicherweise Sonderurlaub verdienen können. Aber sie haben geschwiegen, bis Wolfram und gute Freunde mich Wochen später im Trabant abholten. August 1989 – es war vorbei. Vier sinnlose Jahre, 1460 Tage in freiwilliger Unterwerfung. Wir feierten eine Nacht lang, und irgendwie schien mir der große Tag nichts Besonderes, nicht zu unterscheiden von den anderen. War ich nicht lediglich im Urlaub? Es sollte dauern, bis der Druck endgültig schwand.

Meine Familie, Vater, Mutter, beide Brüder, war im Westen, Oma besuchen. Ich konnte sicher sein, dass sie zurückkommen würden, stellte mir vor, dass sie im einzigen feuerroten Wartburg saßen, der in diesem Monat von West nach Ost fuhr.

15. NOVEMBERSONNE

Der September brachte die übliche Sonne und mir das Gefühl eines voraussetzungslosen Neuanfangs. Am S-Bahnhof
Schöneweide sahen alle zu, dass sie wegkamen, raus aus der
schmutzig gelb gekachelten Halle, vorbei an den «Dialog-
Automaten», die nach vielerlei Fragen und Münzeinwurf
Fahrkarten ausspuckten, runter in die Unterführung oder rüber zu den Straßenbahnen. Der Werktätige hatte keine Zeit
für den jungen redaktionellen Mitarbeiter der Kulturredaktion von Jugendradio DT 64.

Das Aufnahmegerät hing von meiner rechten Schulter
herab, das Mikrofon hielt ich noch unsicher in der Hand,
wenn ich entschlossenen Schrittes auf die Vorübereilenden
zuging, um ihnen eine Meinung zu entlocken. Es war eine
große Zeit für Journalisten. September 1989. Dennoch
fürchtete ich, die Bürger würden mir einen Vogel zeigen oder
unverzüglich nach dem Krankenwagen rufen, wenn ich sie
ansprach: «Verschenken Sie Blumen? Schenken Sie auch
Männern Blumen? Bedeuten Blumen etwas?»

Zwei Stunden habe ich Passanten, die allabendlich Bilder
der DDR-Flüchtlinge in der Prager Botschaft der Bundesrepublik sahen und gehört haben mussten, dass in Leipzig
montags demonstriert wurde, mit meinen Blumen-Kurzinter-
views belästigt. Die Umfrage sollte das Nachmittagsprogramm
von Jugendradio DT 64 auflockern und mir Gelegenheit geben, ein wenig Handwerk zu lernen. Der Jugendsender ging,
wie der Name sagt, auf ein Programm zum Deutschland-
treffen 1964 zurück und sendete seit drei Jahren zwanzig

Stunden am Tag. Er wurde viel gehört, auch wenn Tausende aus der Zielgruppe inzwischen Richtung Westen auf der Flucht waren.

Beziehungen, Glück, Selbstbewusstsein hatten mir zu der Stelle verholfen, die ich unbedingt brauchte. Für das Studium der Kulturwissenschaften – die Eignungsprüfung hatte ich bestanden – fehlte mir noch die Delegierung eines Kulturbetriebes, das Tropentauglichkeitszeugnis für Kulturarbeiter.

Eine Freundin hatte den Kontakt zur Intendantin des Senders vermittelt, die mich zum Kennenlernen in ihre Wohnung bestellte und in ihrer burschikosen, autoritären Art nicht lange brauchte, um sich ein Bild von mir zu machen. Dann ließ sie mich Probetexte schreiben. Der erste, anderthalb Seiten lang, handelte vom Gastspiel der Peter Stein'schen Schaubühne in Weimar: «Drei Schwestern». Der Theaterkritiker des Senders schrieb «Das ist keine Kritik!» unter meine tief gefühlten Begeisterungsstürme, und obwohl er Recht hatte, war ich gekränkt. Es war doch großartig gewesen. Die zweite Probe behandelte Dostojewskis Roman «Der Idiot» und litt ebenfalls unter juvenilem Enthusiasmus. Sie wurde immerhin als Sommerlesetipp gesendet.

«Da ist noch viel zu lernen! Erklär doch mal», sagte die Intendantin am Telefon, «erklär doch mal einem jungen Berliner, warum er zur Armee gehen soll.» Gerade hatte ich Norbert vom Verpflichten abgehalten. Ich setzte mich hin und schrieb, so kunstproletarisch wie ich nur konnte, von Wettrüsten und Verteidigung – immer noch ein beherrschendes Thema –, zählte Nachteile des Kaserniertseins auf, griff zum großen Wort Notwendigkeit und schloss mit: «Und dann drückst du Gorbatschow die Daumen, damit dein Bruder nicht mehr hin muss.»

Sie brauchten Arbeitskräfte. Verglichen mit den alteingesessenen Sendern, hatte Jugendradio nur wenige Redakteure. Sie würden mich nach einem Jahr wieder los sein, also bekam ich die Stelle, unterschrieb am 4. September 1989 den Arbeitsvertrag und wurde, wie alle Rundfunk- und Fernsehangestellten, «Mitarbeiter des Staatsapparats».

In die Nalepastraße, wo das alte Funkhaus, der Plattenbau für Jugendradio und die Minibaracke für die Kulturredaktion standen, kam ich mit Sendungsbewusstsein. Die Freiheit, die Heiner Carow sich in der Akademie der Künste nahm, die in den Dokumentarfilmen der Freunde aufblitzte, musste doch auch über den Äther gejagt werden können. Wenn das Wahre, Gute, Schöne und der Sozialismus sich wieder vereinen würden, wenn endlich auch in der DDR die Perestroika begann, dann wollte ich mit meinem Mikrofon zur Stelle sein. Und das wäre erst der Anfang, um die alte Idee vom menschlichen Sozialismus zu verwirklichen. Da in Moskau nun ein erklärter Antistalinist das Sagen hatte, müssten doch die Hoffnungen des «Prager Frühlings» in Erfüllung gehen können. Wenig später hieß das: «Stell dir vor, es ist Sozialismus, und keiner will weg.»

Die Kollegen in der Baracke waren skeptisch – rasch ließ ich mir einen Bart wachsen, um so unmilitärisch wie möglich auszusehen – und freundlich zugleich. Wenige Monate bevor ich meinen Platz eingenommen hatte, war in einer Sendung ein Satz gefallen, der die Oberen verärgerte. Die Redaktionsleitung wurde ausgetauscht, und die Baracke stand seitdem unter verschärfter Beobachtung. Daher hielt das Kollektiv demonstrativ zusammen.

Wahrscheinlich ist die DDR-Gesellschaft nie so erregt, so politisiert gewesen wie im September und Anfang Oktober 1989. Zumindest sprachen alle über dieselben Themen: von der Fälschung der Wahlergebnisse im Mai, von dem Massaker auf dem Platz des Himmlischen Friedens, der Massenflucht aus der DDR, vom brutalen Vorgehen der Polizei gegen Demonstranten.

Die Kollegen hatten sich über Jahre Freiräume erstritten, die Sprache persönlicher gehalten, alltägliche Schwierigkeiten diskutiert, eine eigene Psycho- und Ratgebersendung ins Leben gerufen, in der mit Sigmund Freud und Wilhelm Reich für eine freiere Persönlichkeit und mehr Glück argumentiert wurde. Nun aber sah man, dass über das Wichtige nicht mehr zwischen den Zeilen, in Andeutungen geredet werden konnte. Selbst der Vorsichtigste erkannte, dass es nichts half, alles auf diesen oder jenen dummen Funktionär, auf Fehler und Überspitzungen zu schieben. Der Konflikt zwischen Volk und Führung musste ausgetragen werden, so oder so.

Die Vorstellung einer Entscheidung faszinierte mich. Ich wollte, dass das Diffuse aufhört, das Doppelleben, und hatte doch Sorge, wie ich dann dastehen würde. War alles falsch, feige, was ich bisher getan hatte? Gern lässt man sich Anpassung und Mitläufertum nicht vorhalten. Dennoch musste die Entscheidung kommen – ich wollte wieder ehrlich leben, privat glücklich und ansonsten authentisch Sozialist sein, ohne mich dafür zu schämen.

Anfang Oktober saß ich im Vorraum des Studios, als die Nachricht verlesen wurde, dass die Grenze zur ČSSR nun geschlossen sei. Der Moderator kam aus seinem Studio und rief: «Sie erleben die Wiederaufführung des sowjetischen Farbfilms ‹Agonie›!» Seither hatte ich Angst, dass sie schießen würden.

Am Montag, dem 9. Oktober, stand eine der regulären Parteiversammlungen an. Die Polizei hatte am Wochenende zugeschlagen, Demonstranten verhaftet, misshandelt. «Was machen wir?», fragte ich Kollegen. Die Führung müsse zurücktreten, wir bräuchten einen Sonderparteitag. Das müsse man heute Abend fordern. Ich hoffte, dass einer wie Gorbatschow käme, wie Barbarossa aus dem Berg. Im kleinen Dienstzimmer verabredete ich mit zwei Kollegen die Taktik: Ich sollte gleich zu Beginn den Antrag stellen, einen zusätzlichen Tagesordnungspunkt aufzunehmen, sonst könne sich die Versammlungsleitung auf Geschäftsordnungsgründe herausreden. Die Kollegen wollten mich unterstützen.

An wenigstens vierhundert Versammlungen, kurzen und langen, habe ich im Laufe meiner DDR-Jahre teilgenommen, mit Halstuch, in Uniform und in Zivil, mal mehr, mal weniger rege. Ich kann sie einteilen nach dem Gefühl, mit dem ich die Schwelle passierte, die den Alltag vom versammelten Leben trennte, eine Grenze, auf der die Sprache eine andere wurde. Wer weiter alltägliches Deutsch benutzte, hatte ein Problem, war mit der Versorgungslage oder dem neuen Wartburg unzufrieden und provozierte väterliche Belehrung durch jene, die glaubten, in den notwendigen Gang des Ganzen eingeweiht zu sein.

Die meisten Versammlungen waren nichtig, sind vergessen, und ich erinnere mich höchstens an die standardisierten Abläufe, ging es doch zwischen der Wahl des Präsidiums und der Beschlussfassung überaus korrekt zu. «Erst redet wer, dann redet Er, / Dann ich und du, es ist nicht schwer, / Es ist ja vorgeschrieben. / Was es auch sei, / Bleibt einerlei, / An den Beschlüssen der Partei / Ist nicht Kritik zu üben.» So Alfred Kantorowicz.

Diesmal war einiges neu für mich. Im holzgetäfelten Raum mit breiten Tischen und tiefen Polsterstühlen hatte auch ein Mitglied des Zentralkomitees, der Vorsitzende der Staatlichen Kommission für Rundfunk, Achim Becker, Platz genommen, die Intendantin saß da, viele Kollegen kannte ich noch nicht. Nur drei, vier Genossen aus der Kulturbaracke wussten, was geplant war, und konnten doch nicht wissen, ob ich mich tatsächlich melden würde oder lediglich den Mund am Montagmorgen etwas voll genommen hatte. Ich dachte an nichts als an den Antrag, war abwesend, hob sofort nach der Begrüßung die Hand.

Die Versammelten sollten, stammelte ich aufgeregt, der Führung das Misstrauen aussprechen, die Einberufung eines Sonderparteitags verlangen. Das Mitglied des Zentralkomitees sprach, wie die Regeln des Statuts es erlaubten, dagegen. Die Volkspolizei stelle Ruhe und Ordnung her, von den Angriffen des Gegners, dem vierzig Jahre DDR selbstverständlich ein Dorn im Auge seien, sollten wir uns nicht verunsichern lassen, den erfolgreichen Weg weiter beschreiten. Alles lief, wie die Geschäftsordnung es vorsah: Einer hatte für den Antrag gesprochen, einer dagegen. Dann kam die Abstimmung, einige Kollegen stimmten mit mir, die Mehrheit aber nicht. Ich unterlag. Die Tagesordnung würde ohne zusätzlichen Punkt abgearbeitet werden.

Nachdem das geklärt war, sah das ZK-Mitglied Becker mich lange an. Es würde ihn dann doch interessieren, was hinter meinem Antrag stecke, wie ich dazu komme. Er stand auf der sicheren Seite und wollte mehr über die ideologischen Wirrungen des jungen Genossen erfahren.

Ich weiß nicht mehr genau, was ich gesagt habe, wahrscheinlich habe ich von den Flüchtlingen gesprochen und dem endlosen Schweigen darüber, bis das «Neue Deutschland» und die «Aktuelle Kamera» einen wegwerfenden Kommentar dazu verbreiteten. Denen, die gingen, hieß es, weinen wir keine Träne nach. Nie ist mir die Führung des Landes so zynisch erschienen wie in diesem Augenblick. Eine Bekannte, seit fünfundzwanzig Jahren Genossin, hörte von ihrem Sohn nur: «In einer schönen Partei bist du da.» Sie trat aus.

Vielleicht habe ich in der Versammlung auch auf die Demonstranten hingewiesen, die am 7. Oktober mit «Gorbi»-Rufen am Palast der Republik vorbeigezogen waren und die «Internationale» sangen, als die Polizei sie einkesselte. Dass die, die ausreisen wollten, weil sie keinen Grund zum Bleiben hatten, dass die, die demonstrierten, weil sie bleiben wollten, Feinde seien, war mir nicht einzureden. Wie eine Konterrevolution aussieht, hatte ich als Kind gelernt. Dann würden Banden kommen und die Kommunisten schlachten. Wie in Chile mit dem Machtantritt Pinochets würde man die Leute in ein Stadion treiben, foltern, erschießen.

Ich erinnere mich nicht mehr, was sonst an diesem Abend besprochen wurde. Es interessierte mich nicht. Offenkundig war das Hoffen, Wollen, Reden samt und sonders vergebens. Ein Vorhang fiel. Da saßen Genossen Journalisten und waren nicht bereit, über das Land, das ihre Partei regierte, für dessen Bürger sie sendeten, zu reden. Es sollte zwar jeder sagen, was er so vor sich hin dachte, aber erst, wenn sicher war, dass daraus nichts folgte. Eine andere Richtung als die des Weiter-so war im Heilsplan des Apparats nicht vorgesehen.

Im Blick der Kollegen, die meinen braven Antrag unterstützt hatten, glaubte ich ein «Wir haben es versucht» zu entdecken, fast eine kleine Freude, dass man ein bisschen was getan hatte. Wir gingen rasch auseinander, als sei das nur eine der zahllosen Versammlungen gewesen, in denen es darauf ankam, dass die Zeit verstrich. Ich fühlte mich erschöpft, leer, als läge eine fünftägige Truppenübung hinter mir. Ich war an einem zweiten Nullpunkt angelangt.

Am nächsten Abend besuchte ich eine Kollegin aus der Redaktion. Eines ihrer Kinder war krank geworden und sie deshalb ein paar Tage nicht im Sender gewesen. «Ich trete aus. Da kann ich nicht mehr mitmachen. Das hat doch alles keinen Sinn mehr», sagte ich. Sie hielt mich mit persönlichen Argumenten zurück. Der Becker vom ZK sei doch nicht die Partei, zu der würden schließlich auch Heiner und mein Vater gehören, bald beginne die Perestroika in der DDR, da würde ich gebraucht. Ich dachte an die Fernsehbilder des Montagabends, als Tausende vor dem Hauptbahnhof meiner Kindheit in schönstem Sächsisch «Wir sind das Volk!» gerufen hatten. Es war nicht geschossen worden. Und nun? Wohin gehörte ich?

Es gab viele Genossen im Freundeskreis, keine Karikaturen von Opportunisten, Karrieristen, Dummköpfen, vielmehr starke Charaktere. Am ersten Nullpunkt, in den Tagen meiner psychiatrisch-politischen Begutachtung, hatte ich geglaubt, ein Teil des Problems liege bei mir. Nun wusste ich zwar, dass das Problem «bei denen» lag, aber ich war nach wie vor en famille mit Staat und Partei. Die Intendantin, der ich immerhin meine Stelle verdankte, sah mich an wie ein verirrtes Kind, nahm mich beiseite. Der Antrag in der Versammlung sei ein «starkes Stück» gewesen. Sie spielte die Enttäuschte, die mir vertraut hatte.

Die Zensur im Sender war kollegial organisiert. Jeder Beitrag musste vor der Sendung «abgezeichnet» werden von einem der «abzeichnungsberechtigten» Kollegen. Da wurde auf vieles geachtet, auf Tonqualität, Verständlichkeit, Witz und eben die ideologische Ausrichtung. Ich interviewte Studenten, Professoren, ließ sie erzählen, was sie über die Stille im Lande dachten. Keiner wollte den Beitrag abzeichnen. Der Chefredakteur, Mitglied einer Blockpartei, hörte die drei, vier Minuten durch und erklärte alles, was da gesagt wurde, für Unsinn. Das könne nicht gesendet werden.

Honecker trat zurück, Krenz übernahm, der Herbst erhielt den Namen «Wende». «Neues Denken» wurde beschlossen. Es kam die Woche der Resolutionen. Alle Einrichtungen, Verbände, Parteien des Landes erklärten in offenen Briefen, wie sie die Lage sahen, was nun geschehen müsse. Ich ließ Heiner in der Küche ins Mikrofon lesen, was die Akademie der Künste erklärt hatte. Am 4. Oktober hieß es: «Der Sozialismus, der sich auch als alternativer Entwurf zur bürgerlichen Weltordnung versteht, ist für die Mehrheit der Menschen da, und die Mehrheit muss sich an ihm beteiligen, damit er die materielle, geistige und moralische Produktivität gewinnt, um sich durchzusetzen ... Niemand darf verdächtigt werden, der sich Sorgen um die Zukunft unseres Landes macht.»

Fünfzehn Tage später klang es schon weniger brav: «Die Mitglieder der Akademie sind entsetzt über die zahlreichen Fälle von brutaler Gewalt, die in letzter Zeit in verschiedenen Städten der DDR durch Sicherheitskräfte an Demonstranten und Unbeteiligten verübt wurden ... Es wäre uns unerträglich, wenn diese Vorgänge nicht restlos geklärt und die Verantwortlichen für die Befehle sowie diejenigen, die sie ausführten, nicht bestraft werden würden.»

Solche Sätze sprach Heiner nachdenklich und zornig ins Mikrofon. Der Beitrag wurde mehrfach angehört und dann gesendet. Derselbe Chefredakteur, der vor kurzem noch die Einhaltung der Linie bewacht hatte, lobte nun den Einsatz für das «Neue». Demnächst sollte Bärbel Bohley eine Stunde lang auf Jugendradio Fragen beantworten.

Am 4. November marschierte auch ich durch die Karl-Liebknecht-Straße, am Palast der Republik vorbei, zurück zum Alexanderplatz. Eine Freundin schwenkte das Plakat von «Coming Out». Die Demonstration war später so oft im Fernsehen zu sehen, dass ich kaum noch weiß, wie es gewesen ist. Ich sagte meinem Vater an der Rednertribüne kurz hallo. Am Abend vorher hatte er mich angerufen und gefragt, was ich an seiner Stelle fordern würde. Keine Gängelung der Schüler und Studenten mehr, meinte ich, gleiche Chancen für alle, unabhängig von politischem Wohlverhalten.

Auf dem Alexanderplatz hörte ich zu und begriff, dass etwas zu Ende gegangen war. Die Polizeigewalt hatte Unterschiede für kurze Zeit unwichtig werden lassen und einen Konsens heraufbeschworen, erzwungen: Keine Gewalt, geprügelt wird nicht, über alles andere reden wir später, offen, gleichberechtigt, ehrlich. In diesem Konsens fühlte man sich bedroht und aufgehoben, selbstbewusst, unsicher und neugierig zugleich. Am 4. November war es damit vorbei. Die Redner wollten Verschiedenes, Unvereinbares. In der Traum- und Ich-wünsche-mir-Rhetorik verschwammen die Differenzen, aber sie waren nicht zu überhören.

Die Staatsgläubigkeit begann zu verschwinden. An ihre Stelle trat ein «Das machen wir selber». Allein die Angst davor, was geschähe, wenn die Menge jetzt zum Brandenburger Tor marschieren würde, verhinderte spontane Aktionen, die Besetzung des Staatsratsgebäudes oder der Volkskammer zum Beispiel. Es blieb beim Reden, Auspfeifen, Applaudieren, Verspotten. So besitzt die ostdeutsche Revolution keine Szene des Sturzes, der realen Machtübernahme. Es war ihr Gesetz, dass der Staat, gegen den sie sich richtete, ihr halb half, halb sie gewähren ließ. Die Bürgerrechtler waren ihm immer einen Schritt voraus, haben ihn am Schlimmsten gehindert, nach der Macht aber griff keiner. Wer sich wünscht, dass es anders gewesen wäre, übersieht, dass damals keiner ein Blutvergießen riskieren wollte.

In zivilisierten Bahnen, gleichsam nach der vorweggenommenen Geschäftsordnung der gewünschten Demokratie, ging es auch im Sender weiter. Kollegen riefen mich an – ich hatte ein paar Tage frei –, ob ich einen Misstrauensantrag gegen die Leitung unterschreiben würde. Selbstverständlich.

Auf einer Mitarbeiterversammlung wurde er am 8. November verlesen. Die Intendantin soll empört gewesen sein, ich würde sie doch noch gar nicht richtig kennen, das sei infam. Ihr wurde das Misstrauen ausgesprochen, sie trat zurück. Nun begann die herrliche Zeit, in der alles möglich schien, die Chefs keinen Zugriff auf das Private oder auf Meinungen mehr hatten.

Wenig später versuchte ich noch einmal auf einer Parteiversammlung, diesmal aller Rundfunkanstalten in der Nalepastraße, einen Entschluss durchzudrücken, forderte die Ablösung des ZK-Mitglieds Becker. Aber es wurde nur eine lahme Resolution beschlossen, schnell durchgepeitscht von der Mehrheit, damit sie zur Hauptnachrichtenzeit verlesen werden konnte. Es ging vermutlich bloß darum, den Anschluss an den Geist der Zeit nicht zu verpassen.

Ich fühlte mich unwohl als Mitglied der SED und dachte doch, ich könne sie jetzt schlecht verlassen. Unter Honecker war ich drin geblieben; jetzt auszutreten, wo die Gefahr der Gewalt gebannt war, da einiges möglich geworden schien und nicht abzusehen war, was kommen würde, hätte mich in meinen Augen zum Wendehals gemacht. «Und wenn der Wind mal anders weht», heißt es in dem Gedicht des Spanienkämpfers Alfred Kantorowicz, der Ende der fünfziger Jahre in die Bundesrepublik geflohen war, «Dann sehn wir, ob's nicht anders geht. / Die Western Hemisphäre / Braucht gleichfalls Funktionäre.»

Ich war nicht eingetreten, um Karriere zu machen. Meine Erlebnisse in der SED schienen mir sämtlich lächerlich, bedeutungslos, aber es war die Partei, deren Diktatur nun enden sollte, die von den meisten Ostdeutschen gehasst wurde. Was interessierten da meine persönlichen Erlebnisse? War ich nicht schuldig und verantwortlich schon durch die Mitgliedschaft? In der Schule hatten wir «Professor

Mamlock», das antifaschistische Stück Friedrich Wolfs, ge-lesen und ausführlich interpretieren müssen. Es gebe, hieß es da, kein größeres Verbrechen, als nicht kämpfen zu wollen, wo man kämpfen muss. Es gebe eine Pflicht zum Widerstand.

Den haben die meisten DDR-Bürger nur schwach geleistet, ich war regelmäßig ausgewichen und in Sonderwelten verschwunden. Ich hatte die Mauer nicht gebaut, niemanden bespitzelt, keinen Flüchtling und keinen Demonstranten erschossen. Aber ich gehörte zu der Partei, die all das organisiert, gerechtfertigt und geleitet hatte. Wurde ich durch Austritt die Verantwortung los? Ich habe mir bis Anfang 1991 noch ein paar Versammlungen angeschaut, nie das gefunden, was ich suchte, und bin dann ausgetreten. Das war nie meine Partei gewesen, aber drin war ich doch.

16. COMING OUT IM
INTERNATIONAL

Seit ich «Coming Out» im Juli 1989 während der Abnahme durch das DEFA-Studio in Babelsberg gesehen hatte, bekamen die Freunde, die in diesen Monaten fast allabendlich vorbeischauten, ihren Kaffee oder Wein mit dem Satz «Ich bin doch nicht die Mitropa!» auf den Tisch gestellt. Es war einer der Sprüche aus dem Film, die gut in den gespannten Alltag passten. Jeder verstand, was gemeint war, auch wenn ich mich nicht so schwungvoll dazu drehte wie Michael Gwisdek als Kellner einer Schwulenbar. Wer am runden Tisch im Erker von Wolframs Wohnung saß, wusste, dass die Szene mit einem «Hier ist jeder allein» zu Ende geht.

Der Film hatte seine «Stellen», jene kleinen Spitzen, nach denen zu suchen die Zensur das Publikum zwang. Als Skinheads im S-Bahn-Abteil einen Farbigen attackieren, bis der Hauptheld eingreift und die Schläger rauswirft, verweilt die Kamera kurz auf dem Bahnhofsschild «Marx-Engels-Platz». So ist unser Anspruch, hieß das, und so ist die Wirklichkeit. Während der Voraufführung in der Akademie der Künste hatte es Szenenapplaus an dieser Stelle gegeben. Die klare Botschaft des Films kam an: Gegen unerträgliche Spannungen, gegen das Gefühl, das Beste, das eigene Leben, durch Anpassung zu verpassen, helfen Nähe, Zärtlichkeit, Selbstbewusstsein.

Der Held des Films, ein junger Lehrer, hat zu lange Angst davor, seinen eigenen Gefühlen zu vertrauen. So enttäuscht er die Kollegin, die sich in ihn verliebt, den Jungen, den er zufällig trifft und von dem er umworben wird; so enttäuscht er seine Schüler und sich selbst. «Ist Schwulsein denn wirklich so traurig?», wurde gefragt, als «Coming Out» ein Vierteljahr später auf der Berlinale lief. War das Land es, in dem der Held sich lange nicht traut zu leben, wie er will? Heiner und Wolfram, die Darsteller und der familiär verschworene Stab fanden ihren Film nicht traurig, aber Schwule wurden in ihm sehr ernst genommen.

Das «International» wirkte auch wie ein Kino, in dem Filme sehr ernst genommen werden. Auf zwei Treppen stieg das Publikum empor, sah, auf dunklem Parkett stehend, noch einmal auf die Straße, sah gegenüber auf dem Dach des «Café Moskau» den kleinen Sputnik grüßen und setzte sich dann mit Blick auf den glitzernden Vorhang. Es sollte ein festliches Ereignis sein, hier feierte die DEFA ihre Premieren. Diesmal, am 9. November 1989, war sogar das ZDF gekommen, um den Abend zu dokumentieren.

Der Vorhang ging auf, das Ereignis, das drei Jahre im endlosen Hin und Her immer wieder besprochen worden war, Mittelpunkt meines zivilen Lebens, begann. Ich kannte den Film und dachte vor allem an die Premierenfeier, die nach den zwei Vorstellungen des Abends im «Burgfrieden» stattfinden sollte, der Kneipe, in der die aufregendsten Szenen gedreht worden waren: der Fasching mit Charlotte von Mahlsdorf, ein Geburtstag, das lange Gespräch mit dem alten Schwulen, der die Verfolgung unter den Nazis erlebt hatte.

Ich sah lauter Bekannte im Kino, es lief gut. Nach zwei Vorstellungen, Verbeugen und Standing Ovations sowie dem vergeblichen Versuch, ein Taxi zu bekommen, trafen sich alle vor dem «Burgfrieden» wieder. Rasch sprach sich herum, was Michael Gwisdek erzählte, der als Einziger kurz den Fernseher eingeschaltet hatte: «Die haben die Grenze geöffnet.»

Was in den vergangenen Stunden geschehen war, wusste keiner genau. Aber es wurde voll in der Gegend, Autokolonnen fuhren vorbei, ich kämpfte mich vor zur Bornholmer Brücke, sah die Menge, es war kein Durchkommen. Ich ging zurück. Während wir im Kino saßen, hatte Schabowski wie beiläufig eine Mitteilung über neue Reiseregelungen verlesen und war beim Wort genommen worden. An diesem Abend hatte das Volk so getan, als könne man dieser Führung glauben. Es war ihr Ende. Die Mauer war gefallen. Stimmengewirr.

Das Sektglas schwenkend, zeigte eine Schauspielerin auf die Autokolonne und rief ohne Unterlass: «Vierzig Jahre Knast, und das ist das Resultat. Vierzig Jahre eingesperrt, und alle wollen raus.» Einer stand mit Bier am Tresen: «Nun ist es aus. Schluss. Aus.» Zwei saßen am Tisch: «Morgen sind wir hier allein.» Ein Freund rief vom Tauentzien an: «He, ich bin drüben. Hier ist die Hölle los, ich komme nachher noch vorbei … wenn ich durchkomme.» Aus den Wagen vor der Tür war ein «Nur mal schauen», war «Wahnsinn!» zu hören. Hunderte winkten uns zu, wir winkten zurück, und ich dachte ans Mittelmeer, Italien, Griechenland, das ich schon als Kind hatte sehen wollen.

Ein böser Witz aus diesen Tagen lautete: «Honecker an Mielke: Übung beenden. Alle zurück in die Ausgangsstellung.» Aber jetzt gab es kein Zurück mehr. In diesem Augenblick geschah Geschichte, die Zweiteilung der Welt, mit der wir gelebt hatten, war aufgehoben. Ein letztes Mal schloss sich im «Burgfrieden» um mich die Wärme eines Freundeskreises, in dem einer die Schwächen des anderen kannte. Zu dieser Wärme gehörte eine Portion Ironie, eine Distanz zum allzu Gefühligen: «Was soll ich denn nur machen? Gehen kannst nur du», heißt es im Film. «Unglücklich, unglücklich bin ich nur wegen dir.» Wenn man sich das im Alltag an den Kopf warf, war der Ernst verflogen. Doch für diesen Fall, für die Öffnung der Grenzen, gab es keinen passenden Spruch.

Sagen wollte es am Abend keiner, aber die Sorge war doch da, dass in den kommenden Wochen das Publikum lieber in den Westen fahren als ins Kino gehen würde. «Nun hat die DDR ihr Coming-out», sagte eine Freundin doppeldeutig. Das Land öffnete sich und offenbarte damit, was und wie es war: zusammengehalten durch die Mauer, den Rechtsgrund der Gewalt. Ratlos, froh, dass die meisten zurückkommen wollten, feierten wir, bis es hell wurde, fuhren nach Hause und schalteten den Fernseher ein.

Wieder einmal waren Fernsehen, Rundfunk, Zeitungen der DDR nicht dabei gewesen. Die Revolution geschah im Osten, aber sie hätte ohne die Bilder und Berichte in ARD und ZDF nie geschehen können. Sie schützten die Bürgerrechtler, machten Namen bekannt und waren am 9. November Motor des Massensturms auf die Grenze. Es war ein gesamtdeutsches Ereignis. Den Vergleich mit dem Westen hatte die DDR immer gesucht, jetzt konnte jeder selber sehen.

So erschüttert sie war, so routiniert lief die Maschinerie weiter. Am 11. November fuhr die Familie nach Parchim im Norden, wo Norbert nach seiner Grundausbildung vereidigt wurde, den Fahneneid auf ein Land ablegte, das zum Zeitpunkt seiner Einberufung alle Grenzen geschlossen hielt und nun, sechs Wochen Exerzieren und Robben durch den Sand später, keine mehr. Vor der Volkspolizeidienststelle Parchim stand eine lange Schlange der «Angehörigen». Sie nutzten die Gelegenheit, sich ein Visum in den Personalausweis stempeln zu lassen.

Ich hatte in der Nacht zuvor den wilden Traum geträumt, dass ich zur Reserve einberufen sei, mit anderen Resis Granatwerfer schieben, mich anbrüllen lassen und brüllen müsse. In Parchim lief alles wie zu meiner Vereidigung vier Jahre zuvor: ein paar Exerzierkunststückchen, Augen links, Augen geradeaus, stillstehen. Die Fahne, der Feudel, wie Oma-West immer sagte, wurde von vier Soldaten ergriffen, einer sprach kurze Abschnitte des Fahneneids vor, alle sprachen im Chor dumpf nach.

So auch zwei Tage nach der Maueröffnung: «Ich schwöre: Der Deutschen Demokratischen Republik, meinem Vaterland, allzeit treu zu dienen und sie auf Befehl der Arbeiter-und-Bauern-Regierung gegen jeden Feind zu schützen. Ich schwöre: An der Seite der Sowjetarmee und der Armeen der mit uns verbündeten sozialistischen Länder als Soldat der Nationalen Volksarmee jederzeit bereit zu sein, den Sozialismus gegen alle Feinde zu verteidigen und mein Leben zur Erringung des Sieges einzusetzen. Ich schwöre: Ein ehrlicher, tapferer, disziplinierter und wachsamer Soldat zu sein, den militärischen Vorgesetzten unbedingten Gehorsam zu leisten, die Befehle mit aller Entschlossenheit zu erfüllen und die militärischen und staatlichen Geheimnisse immer streng zu wahren. Ich schwöre: Die militärischen Kenntnisse gewissenhaft zu erwerben, die militärischen Vorschriften zu erfüllen und immer und überall die Ehre unserer Republik und ihrer Nationalen Volksarmee zu wahren. Sollte ich jemals diesen meinen feierlichen Fahneneid verletzen, so möge mich die harte Strafe der Gesetze unserer Republik und die Verachtung des werktätigen Volkes treffen.»

Dann durften die frisch vereidigten Soldaten ihre Familien begrüßen und einen Nachmittag mit den «Angehörigen» verbringen. Norbert sah mich grinsend an, und es war kein Vorwurf in seinem Blick, dass ich ihm eine längere Dienstzeit nicht gegönnt hatte. Ich lachte zurück: «Dürft ihr jetzt auch rüber?» – «Die Offiziere sagen nichts, sind abgetaucht. Wir bekommen hier kaum etwas mit.»

Am Abend beschlossen Wolfram, zwei Freundinnen aus Rostock und ich, endlich den Westen zu besuchen, das unbekannte Land in Ruhe zu besichtigen. Wir hübschten uns auf, ich zog mein bestes Stück, einen beigefarbenen Anzug, an und hatte mir fest vorgenommen, mich nicht beeindrucken zu lassen. Die Fassaden der Konsumwelt sollten mich nicht blenden, und doch war ich aufgeregt wie ein Konfirmand, als ich im Tränenpalast in der Schlange vor den Kontrollposten wartete. Es ging mir nicht schnell genug voran, ich wollte jetzt wissen, was da los war.

Ich kannte die ungesehene Stadthälfte gut aus der «Abend-schau»; was die dortigen Theater spielten, wusste ich aus dem Rundfunk. Aber mein Vorstellungsvermögen war stumpf ge-worden, die Phantasie leer. Ich war so neugierig, dass ich nicht hätte sagen können, was ich erwartete. Gewiss nicht den Kinderkapitalismus mit fetten Ausbeutern und ausge-mergelten Elendsgestalten, der mir in der Schule präsentiert worden war, gewiss nicht den hochgerüsteten Imperialismus, letztes, höchstes und so weiter Stadium. Was habe ich erwar-tet? Konsum wie im Hollywood-Weihnachtsfilm? Werbe-fernsehen in 3-D? Eine DDR in Glanz und Wohlstand? Lau-ter oberflächliche Menschen? Verbrauchte Verbraucher? Mercedes, Nutten, Dosenbier? Ich hatte keine Vorstellung.

Die S-Bahn roch anders, die Leute, die im Wagen saßen, sahen aus wie wir, hatten das Gleiche vor. Wolfram, der schon mal hier gewesen war, führte uns. Wir stiegen am Sa-vignyplatz aus, liefen an den Bürgerhäusern entlang zum Ku'damm, vorbei an den Skulpturen auf dem Mittelstreifen, deren Aufstellung für heftigen Ärger gesorgt hatte. Ich war, wie im Osten auch, selbstverständlich auf der Seite der Künstler gewesen. Die sollten machen dürfen, was sie woll-ten. Nun sah ich die Skulpturen und verstand die Aufregung nicht.

Es war heller, voller als bei uns drüben, Plastebecher und leere Sektflaschen lagen herum, überall gingen neugierige

Grüppchen wie wir. An der Budapester Straße saß eine harsche, ältere Frau von Schildern umgeben, sah mich an und rief, als sei es meine letzte Chance: «Ficken für den Frieden! Wichs dir einen!» Es war, wie ich später erfuhr, Helga Goetze, im Dienst der sexuellen Friedensstiftung alt geworden. «Bums mal wieder!»

Mir schien die Stadt, was ich am Ku'damm und Tauentzien von ihr sah, wie eine große Kulisse, ein Bühnenbild oder eine Straße, aufgebaut in den Bavaria-Studios. Aufregend war, dass ich da war, sonst passierte nicht viel. Wenig erinnerte an die noch Kriegsspuren tragenden Fassaden in Mitte oder Prenzlauer Berg, die Neubauten sahen nicht viel schöner, aber auch nicht so berechenbar gleichförmig aus wie in Marzahn. Es war fremd und komfortabel, alle trugen ihre gute Laune demonstrativ vor sich her, es war wie im Urlaub.

Wir fuhren zu einem Freund, der uns ab und an besucht hatte und in Wilmersdorf eine Kneipe besaß, mit dunklem altem Buffet und durchweg rustikal gehalten. Dahin hatten sich noch kaum Ossis verirrt, nach fünf Minuten standen wir im Mittelpunkt. Das hieß weiter nichts, als dass jeder auf uns zukam, Hände schüttelte, uns umarmte, uns zum Trinken einlud.

Wir lernten Tanja kennen, die seit vier Jahren für eine französische Nachrichtenagentur arbeitete und Ostberlin noch nie gesehen hatte. Sie stellte uns Rudolf vor, der als Kabarettist durchs Land tingelte, und schrieb ihre Telefonnummer auf einen Bierdeckel. Wir sollten bei uns mal alles machen, wie wir wollten, sagten sie, uns nichts aufreden lassen. Hier bei ihnen sei auch nicht alles Gold.

Der Großvater der Kellnerin kam mit Schnäpsen an den Tisch, holte mühsam, er hatte schon einiges getrunken, seine Brieftasche hervor, zog vier der großen Hundertmarkscheine raus und wollte uns beschenken. «Lass mal, Opa», drückte

Tanja sanft seine Hand weg, «du brauchst dein Geld doch selber.» Opa steckte gehorsam die Scheine zurück in die Brieftasche, die Brieftasche in die Hose und prostete uns zu. Dann wühlte er wieder nach dem Geld, die Szene wiederholte sich.

War das jetzt der Westen? Dann roch er nach Milchschaum und wurde von sanften Menschen bevölkert. Ich hatte die Übersicht verloren, wer wie hieß, was dachte, warum hier war. Die Woche konnte sich sehen lassen: die Demo am 4., die Abwahl der Jugendradio-Intendanz am 8., Filmpremiere und Maueröffnung am 9., Norberts Vereidigung – und nun war ich im Westen.

Es ging so rasch wie im Kino und wirkte daher schon fast normal. Tanja versprach, Karten für die Schaubühne zu besorgen, wir könnten ihr ja Bücher dafür geben. Sie wolle uns auf jeden Fall besuchen kommen, fuhr uns nun zum Bahnhof Zoo, über den ich durch Christiane F. alles zu wissen glaubte. Hier entdeckte ich auch, wonach es im S-Bahn-Wagen roch, nach den Obdachlosen, die vor dem Bahnhof bettelten. Nicht anschauen, vorbeigehen, sagte Tanja. Und wir umarmten uns zum Abschied, als seien wir Freunde seit Jahren.

In der überfüllten S-Bahn hing jeder seinen Gedanken nach, mir schien das zu still. Ich sprang auf, zerlegte das Freiexemplar des «Tagesspiegel», das man mir in die Hand gedrückt hatte, in viele kleine Teile, wankte durch den Wagen und rief: «Sonderausgabe! Tagesspiegel für alle! Sonderausgabe! Keiner geht leer aus!» Die meisten griffen erschrocken zu, ein Herr musterte mich angewidert: «Möchte wissen, wo der das Westgeld herhat, sich so zu betrinken.» Der «Tagesspiegel» war verteilt, ich umarmte Wolfram und war überhaupt nicht beeindruckt vom Westen, bloß leicht beschwipst, gelöst, heiter. Ein schöner, ein normaler Abend.

Es wurde nicht ruhiger, aber die Ereignisse wurden kleiner, schienen vertrauter, gewannen alltägliches Maß und blieben dennoch verwirrend. Wolfram, Heiner und die Darsteller tourten mit «Coming Out» durchs Land, über eine Million Zuschauer wollten den Film dann doch sehen, nach den Vorstellungen standen viele auf und erzählten aus ihrem Leben. Fast nebenher registrierte ich, dass mein Vater nun in die Politik gegangen war, halb Rektor in Babelsberg blieb und auch im ZK-Gebäude ein Arbeitszimmer bezog. Wir sahen uns selten in diesen Monaten, er war ständig unterwegs; wieder einmal war es dem Proletarier gelungen, mich zu überraschen. Niemand, ich am wenigsten, hätte damit gerechnet, dass er Politiker werden könnte, dass er es wollen würde. Aber ich habe darüber nicht lange nachgedacht. Es war die Zeit der Dinge, mit denen man nicht gerechnet hatte.

Ich kümmerte mich um die Vergangenheit, wollte eine DDR-Glasnost veranstalten. Über das Unerträgliche, die verschwiegenen Ereignisse sollte endlich gesprochen werden. Leute ohne Gedächtnis, so hatte Tschingis Aitmatow in einem Roman eindrücklich dargestellt, waren zur Sklaverei verdammt. Mühsam konnte ich den Slawisten Ralf Schröder, der jahrelang in Bautzen gesessen hatte, überreden, mir für eine Sendung über Sowjetliteratur und Stalinismus ein Interview zu geben. Er war wie viele, mit denen ich reden wollte, misstrauisch gegenüber DDR-Journalisten, willigte aber schließlich ein.

Mit schnellen Schritten gelang es mir, am Ende der Wiederaufführung des verbotenen Films «Spur der Steine» der Erste zu sein, der vor Manfred Krug stand und ihm ein Mikro hinhielt. Ob er sich vorstellen könne, wieder in einem DEFA-Film zu spielen? Er lachte kurz, er habe Kinder, er müsse Geld verdienen. Nach dem Abend begann ich, eine Sendung über das 11. Plenum 1965 vorzubereiten, über die damals von der SED-Führung verbotenen Filme und Bücher.

Die Kollegen schwärmten aus und brachten Geschichten über das Land mit, die ich ein paar Jahre zuvor einfach nicht geglaubt hätte. Die Abzeichner sahen nur noch auf Handwerkliches. Wolf Biermann trat mit Eva-Maria Hagen im Haus der Jungen Talente auf. Jugendradio übertrug und meldete in den Nachrichten vor Konzertbeginn, dass ein Waffenlager entdeckt worden sei, mit Waffen für den Verkauf ins Ausland. Das hätte ich nicht für möglich gehalten. Was ich nicht gewusst hatte und nicht hatte wissen wollen, kam jetzt ans Licht.

Ich war bereit, der DDR den Prozess zu machen wegen Korruption, Willkür, Schlamperei, Zensur, all der Dinge, die mich in den späten Achtzigern gestört, empört hatten. Das sollte aufgeklärt werden, damit es nicht wieder geschah. Ich sprach mit dem Direktor und Schülern der Ossietzky-Schule über ihre Klassenkameraden, die von der Schule verwiesen worden waren. Vor allem das Bildungssystem, das Willfährigkeit prämierte, war mir zuwider. Jeder sollte voraussetzungslos Abitur machen, studieren können, wann, wie und was er wollte.

Mir schien es ein Neuanfang. Es gab wenig, worauf ich gerührt zurückschauen wollte. Auf die vier Jahre Armee ohnehin nicht. Aber sah nicht auch mein Abizeugnis aus wie eine Urkunde des Opportunismus? Mein eigenes Leben schob sich zwischen mich und das Land, für das ich mich angepasst, dem ich blind gedient hatte. Als hätte ich nie die Diktatur des Proletariats verteidigt, wollte ich freie und geheime Wahlen. Niemand, dachte ich, dürfe einem anderen vorschreiben, wie er leben solle. Doch ich war auch gegen eine schnelle Vereinigung. «Wir wollten immer eine Republik, und nun ist's die» lautete der Titel meiner Tucholsky-Jubiläumssendung. Als sie am 9. Januar 1990 ausgestrahlt wurde, saß ich in Brüssel und wollte mehr.

Eine Freundin hatte uns eingeladen, Lydia, eine jener verqueren Figuren, die zwischen den Systemen wanderten, schlau im einen, verträumt im anderen, in keines ganz passend. Lydia sprach immer von «unserer DDR», und wenn sie es mit ihrem nie verschwindenden flämischen Akzent sagte, im Gesicht unter den kurzen grauen Haaren ein verzögertes Lächeln, dann konnte keiner sicher sein, wie ironisch oder wie ernst sie es meinte. «Unsere DDR», das war für sie das Berliner Ensemble gewesen. Um am Schiffbauer Damm zu spielen, war sie aus Belgien in die DDR gekommen; den Pass des freien Landes behielt sie. Sie hatte mit Helene Weigel gesprochen und den Rat erhalten, an ihrem Deutsch zu arbeiten. Lydia tat es penibel, gewissenhaft wie alles in ihrem Leben, nahm Engagements an entlegenen Provinzbühnen an. Die Weigel starb. Dass Lydia jemals auf der Bühne des BE stehen würde, schien undenkbar.

Sie lebte, obwohl sie ein kleines Vermögen geerbt hatte, betont karg, sparsam. Mit dem Westgeld, das sie besaß, half sie Freunden, aber es wäre ihr nicht in den Sinn gekommen, damit auf den Putz zu hauen. Sie wollte nichts Besseres sein und nicht luxuriöser leben als die Leute, die abends die Aufführungen besuchten. Als ich sie 1987 traf, pendelte sie zwischen Berlin-West und Berlin-Ost, spielte die Rollen der komischen Alten, auf die sie abonniert war.

Erst Ende des Jahres 2002 lernte sie dann doch den Text für eine Aufführung am Berliner Ensemble, probte pflichtbewusst und mochte es selbst nicht glauben, dass ihr Lebenstraum in Erfüllung gehen würde. Bevor die Proben beendet waren, wurde die Premiere verschoben, dann starb Einar Schleef, der sie engagiert hatte. Es wurde nichts mit ihr und dem BE. Wenige Wochen darauf, im Jahr 2003, ist auch sie gestorben.

Im Januar 1990 hatte sie Wolfram und mich in ihr Haus nach Brüssel eingeladen. Die Passage durch den Tränenpalast an der Friedrichstraße war Routine für mich geworden. Wir stiegen in den Nachtzug, noch müde von der Silvesterfeier mit Tanja, Rudolf, den neuen Freunden West und den alten Freunden Ost. Von Aachen ging es weiter unter dem Himmel, der so tief hing, wie das Klischee es will. An der belgischen Grenze fragte keiner nach unseren Pässen. Ehe ich recht begriffen hatte, wo wir waren, stand ich auf dem Großen Markt von Brüssel und folgte Lydia, die uns in Seitenstraßen lotste, in eines der kleinen Restaurants, deren Auslagen die Gassen dekorierten, als hätte sich ein Opernausstatter hier einmal richtig gehen lassen. Ich wollte unbedingt Muscheln probieren. Eine Riesenschüssel kam, Lydia zeigte, wie man sie isst, ohne sich zu blamieren.

Wie gut gelaunte Touristen, die alle und überall auf der Welt einander ähneln, sahen wir uns im Lokal um und plauderten, bis ich merkte, wie es in mir rüttelte, bis ich, ohne es zu wollen oder zu wissen warum, zu flennen anfing. Ich saß vor der halb leeren Schüssel Muscheln und wurde überschwemmt und benahm mich «wie John Wayne als kleines Mädchen». Es war fort. Als wäre ein dumpfer Schmerz, an den man sich gewöhnt hat, von dem man nicht mehr glaubt, dass er jemals gehen wird, plötzlich doch verschwunden. In mir herrschte absolute Leere. Wenn ich neben mich hätte treten und mir hätte zuschauen können, wäre ich in Lachen ausgebrochen und hätte kalt gesagt: «Nun gebt ihm doch ein Taschentuch.»

Ich fand mich peinlich und albern. Es war das Gefühl der Freiheit. Der Druck der vergangenen acht Jahre, der fremde wie der selbst gemachte, hatte sich in nichts aufgelöst. Ich saß da, und mein Gesicht sah aus wie die Gesichter der Menschen, die am 9. November über die Grenze gegangen waren.

Mit Verzögerung, hier oder da, mit oder ohne Tränen, hat dieses Gefühl, soweit ich weiß, fast alle Ostdeutschen einmal erwischt. Wenn sie außer dem West-Fernseherlebnis eine Gemeinsamkeit, etwas Verbindendes über die verschiedenen Lebensläufe, Milieus, Temperamente hinweg besitzen, dann möchte ich gern glauben, dass es diese Erfahrung ist.

Keiner würde mich mehr zur Armee einberufen können, keiner würde mich in Zivilverteidigungslager zwingen, keiner würde mir Bücher vorenthalten, mir erklären, dass die Zeit noch nicht reif sei und ich daher Brügge, Rom, London, Spandau nicht sehen könne. Ich würde ohne festen Stundenplan, ohne FDJ-Lehrjahr und ohne Vorlesungen über wissenschaftlichen Sozialismus studieren. Mein Studienabschluss wäre rein fachlicher Natur. Kurz: Ich war ein Wendegewinnler. Und die Reise durch Belgien hatte keine Erwartungen zu erfüllen, konnte unaufgeregt privat bleiben, sie stand für nichts außer dafür, dass sie für nichts stand.

17. KEINE EXPERIMENTE

Wenige Tage nach den Wahlen zur Volkskammer, die erstmals gezeigt hatten, was die Mehrheit im Lande dachte, wurde Norbert verhaftet. Er war einer der Ersten, der die Freiheit, Zivildienst zu leisten, in Anspruch nehmen wollte, und hatte im Augenblick, in dem die Möglichkeit gegeben war, den erforderlichen Antrag gestellt. Während die Frist, die den Behörden zur Bearbeitung und Entscheidung blieb, langsam verstrich, fuhr er für wenige Tage mit einer bundesdeutschen Freundin nach Amsterdam und verspürte nicht den geringsten Trieb, pünktlich in die Kaserne zurückzukehren. «Bleib doch noch einen Tag. Ruf doch an», sagte sie in friedensbewegter Unbekümmertheit, «sag, dass du deinen Flieger verpasst hast.»

Als Norbert mir später davon erzählte, ergriffen mich Lachanfall und Stumpfheit im selben Augenblick, sodass ich erst einmal schwieg. So einfach war das: Flieger verpasst. Ich stellte mir den Diensthabenden in der mecklenburgischen NVA-Kaserne, die seit kurzem dem Minister Rainer Eppelmann, dem Mann der Friedensmessen, unterstand, in einem grau-gelb getünchten Zimmer vor schwarzem Telefon vor. Anstrich, Apparat, Uniform, Waffen – alles sah mit Sicherheit so aus, wie es ein Jahr zuvor in Stahnsdorf ausgesehen hatte. Die Offiziere und Unteroffiziere, denen Norberts Verspätung gemeldet wurde, mussten auch unter Honecker gedient haben. Vor denselben Kulissen agierten dieselben Menschen in einem vollkommen anderen Land. Bühnenbild, Kostüm und Gesten passten nicht recht zum Stück, das aus dem Stegreif aufgeführt wurde, aber es war eine Heldenkomödie.

Mit einem Tag Verspätung traf Norbert lustlos in der Kaserne ein. Er ist Linkshänder, das hatte ihm einen Posten verschafft, auf dem die Geschicklichkeit im Spiegelschriftschreiben wichtiger war als Männchenmachen und Flurebohnern. Unterwerfung wurde dennoch verlangt. Er fragte sofort nach seinem Zivildienstgesuch. Er glaubte, dass die vom Gesetzgeber gesetzte Frist abgelaufen sei. Was in diesen Monaten nicht nach Regeln geschah, galt als Willkür. Es sei noch keine Antwort eingetroffen, beschied ihn der Vorgesetzte, er solle sich umziehen und drei Tage Dienst schieben, Wache stehen.

Norbert räumte seinen Spind aus, griff seine Tasche, ging durch das Tor, das gute Bekannte bewachten, verließ das Objekt und fuhr per Anhalter nach Berlin. Am Folgetag klingelte im vierten Stock des Eckhauses Goethestraße / Griechische Allee in Oberschöneweide eine Militärstreife. Er warte hier, erklärte Norbert, auf den positiven Bescheid seines Zivildienstgesuchs. Es bestehe ja keine Möglichkeit, dieses abzulehnen. Die Männer in Uniform nickten, mochten Respekt vor der Wohnung eines Volkskammerabgeordneten besitzen – Vater war es seit dem 18. März –, baten ihn aber, mit nach unten zu kommen, etwas zu unterschreiben.

Norbert ging mit auf die Straße, aber es wurde ihm kein Schriftstück vorgelegt, vielmehr drehten sie ihm die Arme auf den Rücken und stießen ihn in den Wagen. Er versuchte sich loszureißen, brüllte, doch keiner der Passanten interessierte sich für den Vorfall. Die Streife fuhr ihn in eine Kaserne in der Nähe der Museumsinsel, wo ihm die Benutzung des Telefons verweigert wurde. Sein Kompaniechef holte ihn am nächsten Tag ab und brachte ihn zurück in die nördlich gelegene Kaserne.

Von dort aus durfte er erstmals anrufen. Nach den Gesetzen hätte er wohl nicht einfach abhauen dürfen, aber die Vorstellung, dass er jetzt in einer Arrestzelle saß, trieb die Familie zur Aktion. Mutter rief in Norberts Kaserne an, Vater meldete sich, ich drohte, mit einem Jugendradio-Team vorbeizukommen. Da wurde den Vorgesetzten unbehaglich, sie ließen Norbert frei. In einem Aufnahmelager für Asylbewerber aus Osteuropa hat er dann seinen Zivildienst abgeleistet.

Zwischen Volkskammerwahl und Vereinigung waren die alten Regeln außer Kraft oder nur noch halb in Geltung, neue wurden ausprobiert, unsicher gehandhabt, und die Bürger im Land nahmen sich mehr als einmal auch gegen jede Regel ein Recht, das ihnen zustand oder von dem sie zumindest annahmen, es stünde ihnen zu. Öffentlichkeit schien die wichtigste Kontrollinstanz.

Im Sender redete kein Chef mehr rein. Ich ließ mich von Kollegen beraten, von niemandem aber kontrollieren. Es gab keinen Ärger auf der Arbeit, ich durfte sogar das Kulturmagazin moderieren, und als mir einmal ein Hustenanfall dazwischenkam und eine Minute Stille eintrat, weil ich mit solchen Zwischenfällen nicht umzugehen wusste, hat auch das keine Folgen gehabt. Jeder war beschäftigt. Gewünscht und viel gehört wurden Ratgeber-Sendungen: Tipps zum ökologischen Leben, zum Einkaufen, Interviews mit Mitarbeitern der Stiftung Warentest.

Als wäre ein Schleier von der DDR gezogen worden, offenbarte sich nun, was in ihr versteckt gelebt hatte, unterdrückt, angepasst oder eingeschüchtert. Ich zog mit dem Mikrofon durch Berlin und porträtierte die Zeitschriften und Zeitungen, die jetzt auf den Markt kamen. Mit einer Kollegin nahm ich den neuen Kulturminister ins sanfte Kreuzverhör. «Kultur oder Kommerz» hieß die platte Formel zur Furcht, dass die eben errungene neue Freiheit durch die Schranken des Geldes sich bald in eine Freiheit für wenige nur verwandeln würde.

«Besser teuer als zensiert», sagte mir einmal jemand, aber die Antwort missfiel mir. Zensur gab es nicht mehr, nicht die DDR, die Gegenwart nach den freien Wahlen war der Vergleichsmaßstab. Ein langsames Zusammenwachsen mit neuer gemeinsamer Verfassung habe ich mir damals gewünscht, eine Art dritten Weg, unter dem ich mir nicht viel mehr vorstellte als eine Wende ohne Ende: Die alten Machthaber waren abgelöst, neue Zwänge existierten in meinem Leben nicht. Ich durfte alles. Wir saßen in der Kantine und lästerten über jeden, erstaunt, wie viele Talente, von denen wir nichts geahnt hatten, es im Lande gab, amüsiert, wie neue Respektspersonen und Autoritäten wieder verschwanden: weil sie IM waren, weil sie nicht mehr wollten, weil die Mehrheit ihnen nicht folgte.

Heute weiß ich, dass die DDR in diesen Tagen einem merkwürdigen Vulkan glich, scheinbar jederzeit zu Eruptionen fähig und dennoch ohne inneres Feuer, ausgebrannt, bankrott. Stasi, Justiz, Polizei hatten an Macht verloren, waren aber noch nicht abgeschafft oder ersetzt. Meine Sorge um Bücherpreise und die Kosten für Theaterkarten waren luxuriös, verglichen mit denen der Tausende, die Verpasstes nachholen, endlich etwas aus ihrem Leben machen wollten und in den Westen gingen.

Dennoch war etwas faul an dem ständigen Vergleich mit der DDR. Die Bundesrepublik hatte sich vor allem gegenüber der Wendezeit, der Gewissheit, «jetzt machen wir's selber, jetzt zeigen wir, was wir können», zu behaupten, nicht allein gegenüber Ulbrichts Stalinismus oder Honeckers Kommandowirtschaft.

Helmut Kohl hatte in meinem Marzahner Zimmer gehangen: als Karikatur aus einer SDAJ-Zeitschrift. Der Mann, der einst Gorbatschow mit Goebbels verglichen hatte, war mir suspekt. Die Bilder aus Dresden, wo ihm als einem

Heilsbringer zugejubelt wurde, schienen mir eine schlechte Wiederholung der Balkonszene Hans-Dietrich Genschers. Als Genscher in Prag den Flüchtlingen die Erlaubnis zur Ausreise verkündete, wurden die, zu denen er sprach, wirklich frei. Kohl versprach Versorgung. Der Jubel, den ich heute halb verstehen kann, war mir damals peinlich, zu leidenschaftlich, zu gemeinschaftlich. Ich hatte an so vielen Massenveranstaltungen teilgenommen und ertrug das überwältigende Gefühl, das in gleich gestimmten Gruppen aufkommt, nicht mehr. Ob im Kreuzberger schwarzen Block am 1. Mai, auf PDS-Demonstrationen oder unter jubelnden Ostdeutschen und CDU-Wählern – ich mochte es nicht. Meine Westberliner Bekannten fanden Kohl indiskutabel, und es sah im Frühjahr 1990 so aus, als würden sie den Ostdeutschen nie verzeihen, dass sie den «Dicken» so aufdringlich verehrten.

«Keine Experimente!» hieß die Losung der Stunde, als könne man vereinigen, ohne Risiken einzugehen. Appelliert wurde an die Sozialismusmüdigkeit, nicht an die Revolutionserfahrung. Kohl präsentierte einen starken Staat, nicht eine mobile Gesellschaft, verhieß Ankunft, nicht Aufbruch. Der Keim zur Ostalgie, zum Rückzug aus der Gegenwart in die Kuschelecke, war damit eingepflanzt.

Aber was kümmerte mich Kohl, ich war ein Linker. Vom Begrüßungsgeld kaufte ich mir in Heidelberg Ernst Blochs «Prinzip Hoffnung». Noch im September 1989 hatte die Bibliothekarin des Rundfunks mir die drei in der DDR der fünfziger Jahre erschienenen Bände nur gegen Vorlage eines «Giftscheins», den ich nicht erhielt, aushändigen wollen. Nun durfte ich lesen. Die «Dialektik der Aufklärung» von Adorno und Horkheimer war im Sommer 1989 im Leipziger Reclam-Verlag erschienen. Ich warf mich der Frankfurter Schule in die Arme, ohne zu wissen, dass ich damit die geistige Grundausstattung der bundesrepublikanischen Akademiker erwarb.

Am Abend des 1. Juli machte ich Kassensturz. Achthundert der viertausend D-Mark, die auf meinem Konto lagen, gehörten mir, etwas weniger als mein damaliger Monatslohn. Den Rest hatte ich für Freunde umgetauscht. Die unbestimmte Angst vor dem, was kommen würde, ergriff mich nicht persönlich. Ich fühlte mich frei und in einer Umgebung, die mit einer unbekannten Stadt vor der Haustür und einer Stadt, in der alles anders werden würde, genug Reize und Aufregungen bot.

Aber die Unsicherheit, was geschehen würde, spürte ich dennoch. Zu viert, Wolfram, Norbert, eine Freundin und ich, saßen wir eines Juliabends im Erker und kamen auf die absurd-frivole Idee, die DDR als Disneyland für amerikanische Touristen aufzubauen. Der Westen konnte die Leute im Land offenkundig versorgen, auch wenn sie nichts produzierten. Da wäre es doch das Gescheiteste, die Ossis täten, was sie gelernt hatten: Halstücher und Blauhemden tragen, Parteiversammlungen abhalten, Wache stehen, Pässe kontrollieren, spitzeln. Jeder, der das besondere Ost-Gefühl erleben wollte, hätte Eintritt zu zahlen: Vier Wochen Parteisekretär in einem Volkseigenen Betrieb könnten für fünftausend Dollar angeboten werden, eine Jugendweihe für, sagen wir, tausend. Wer Zensor werden wollte, sollte ebenso viel blechen wie ein Künstler vom Prenzlauer Berg, dem während des Aufenthalts im Disneyland DDR alles verboten werden würde.

Über die DDR haben wir vier in der Erleichterung des Befreitseins nur noch gelacht. Begrüßt werden sollten die Gäste auf jeden Fall von Fünfzehnjährigen im Blauhemd mit dem sächselnd vorzutragenden Spruch: «Vierzisch Jahre ham mir hier gelidden.» In wenigen Monaten hatte sich alles, was wichtig, bedrohlich, festgemauert für alle Zeiten schien, aufgelöst. Es war ein Lachen über uns selber, dass wir das ernst genommen hatten. In den kommenden Jahren sollten wir so viel über die DDR erfahren, dass mir das Lachen allmählich verging.

18. IN KOMMISSION

Auch Hiddensee, die autofreie Insel, die der Dampfer von Stralsund nach zweieinhalb Stunden Fahrt erreichte, schien ein kleines Modell der DDR zu sein, ihre freundliche Wiederholung en miniature zwischen Hügeln im Norden und einem flach auslaufenden Süden. Die Grenze verlief in der Nähe, es gab kaum Luxus hier, zu wenige Betten, zu wenige Restaurants. Aber wer durch die Dünen ging, sich dem Wind überließ, im Heideloch auf Sonne hoffte, konnte die alltäglichen Beschwerlichkeiten bloß lächerlich finden. Zu mäkeln gab es genug, an der standardisierten neuen Kaufhalle, die den Weg vom Hafen Vitte zum Meer entstellte, an der Armee, die eine Station auf der Insel unterhielt, daran, dass Ausnahmegenehmigungen für das Bauen in der Heide erteilt worden waren. Doch von der Hässlichkeit der Massengesellschaft war die Insel verschont geblieben. Neben den wenigen, die ein eigenes Haus besaßen, und den vielen, die in den Urlaubsheimen ihrer Betriebe unterkamen, bestimmten die Mieter von Privatquartieren die Stimmung, das Tempo der Bewegungen. Wolfram und ich hatten im ausgebauten Schuppen einer Witwe Unterkunft gefunden, winzig, billig, Wasser im Hof.

Im August 1990 zahlten wir zwar mit neuem Geld, sahen vor den Kneipen Stuyvesant-Schirme stehen, die Kellner waren freundlicher, die Quartierwirte unsicher, ob ihre Gäste auch in Zukunft kommen oder auf die Kanaren ausweichen würden. Dennoch war die Insel wie immer von der Geschichte, dem Geschehen auf dem Festland berührt, ohne ihm Zutritt zu gewähren. Einmal in der Woche ging man zum Kirchenkonzert nach Kloster, man lief nach Norden oder Süden und räkelte sich, je nach Wunsch nackt oder angezogen, am Strand. Wie in jedem Jahr stand derselbe Herr Schluck zur selben Zeit des Tages an derselben Stelle vor seinem Haus und sagte fast tonlos «Tach». Deswegen fuhr man hierher.

Abends saßen wir in der verglasten Veranda des Norderende, tranken Wein, schauten auf die Masten im Seglerhafen, tauschten Floskeln mit einem Paar aus Reutlingen, Anfang vierzig vielleicht, über das Wetter, wie der Hund heiße, wie es ihnen gefalle: «Florenz», erklärte er ohne Überleitung, «Florenz ist uns eigentlich näher als Leipzig.» Sie zahlte, baute sich vor der Kellnerin auf: «Hier muss sich noch viel ändern.» Seit diesem Abend hieß sie nach einem bolschewistischen Vers von Brecht die «Lege-den-Finger-auf-jeden-Posten»-Dame.

Die Begegnung war belanglos, sein Satz schlechtes Benehmen, ihr Satz Wichtigtuerei mit ein bisschen Wahrheit vermengt. Wir kannten ein gutes Dutzend andere Wessis, aber «der Wessi» war so. Dass sich vieles ändern müsse, stimmte wohl, doch ich hatte inzwischen St. Peter-Ording an der Nordsee gesehen und schwor, nicht mehr nach Hiddensee zu fahren, wenn es dort eines Tages so aussehen würde. Was er von Leipzig hielt, war mir mehr als egal. Ich weiß bis heute nicht, was ich von Reutlingen halte. Die Klischee-Wessis, wütend, dass der Währungsumtausch eins zu eins erfolgt war, bald auch, dass sie nun Solizuschlag zahlen mussten, sauer, dass die Vereinigung stattfand, besorgt, weil sie neuen Nationalismus fürchteten, habe ich alle irgendwann einmal getroffen. Wer Klischees entgehen wollte, musste zu Hause bleiben.

Die Überraschung, dass es nicht blieb wie gewohnt, hatte

Ost und West unter Erklärungsdruck gebracht, die Meinungsproduktion lief auf Hochtouren, und der Meinungsüberschuss bestimmte auch persönliche Begegnungen. Wer sich im Westen um ein klares Urteil über die DDR gedrückt hatte, konnte jetzt wenigstens etwas über Leipzig sagen. Ich, der ich viel zu spät ein politisches Verhältnis zur DDR gewonnen hatte, durfte jetzt wenigstens die Toskana-Fraktion und ihre Skrupel beim Kauf südafrikanischer Weintrauben verspotten.

Dass man sich zehn Minuten zivilisiert unterhielt, ohne an die Grenzen der interkulturellen Kommunikation zu stoßen, galt beinahe als Ausnahme, vorbildliches, leider zu seltenes Beispiel des Zusammenwachsens. Heute kann man über die frühen Neunziger nur lachen. Die Überhitzung des Kalten Krieges wich nicht – wie fauler Zauber – mit einem Zischen, sondern verdampfte allmählich und vernebelte die halb privaten, halb professionellen Kontakte.

Es schien, als wäre jeder Einzelne in seiner liebenswerten Zufälligkeit ein Botschafter, Repräsentant der eigenen Kultur. Mir wurde erklärt, dass Westdeutsche beim Grüßen nicht die Hand geben. Wenn mir nun doch ein Wessi die Hand gab, konnte ich nur annehmen, dass er dem Ossi in mir freundlich entgegenkommen wollte. Ein Spielfeld der Verkrampfungen. Das wäre nicht der Rede wert, hätte es nicht Geschichte gemacht. Auf beiden Seiten entstand der Eindruck, etwas Ureigenes könne durch die Vereinigung verloren gehen, so unabtrennbar vom Einzelnen und bedeutsam wie Tonfall, Gesichtsausdruck, Gesten, Temperament.

Mir konnte man nicht viel nehmen. Ich besaß ein paar Bücher, wohnte in wechselnden Zimmern zur Untermiete oder bei Wolfram. Die Lichtenberger Erdgeschosswohnung, in die ich nach der Entlassung aus der Armee gezogen war, hatte ich aufgegeben, weil ständig eingebrochen wurde und um die

Ecke, in der Weitlingstraße, immer neue Skinheads auftauchten. Die Nationale Alternative baute dort ihre Deutschland-Zentrale auf, Jeeps fuhren vor, und auf dem Dach waren Riesenantennen montiert worden. Ich hatte wenig Lust, die Glatzen morgens beim Bäcker zu treffen.

Das Angebot, bei Jugendradio DT 64 zu bleiben, schlug ich ohne zu zögern aus. Ich wollte jetzt was Richtiges beginnen. Wenige Tage nach meinem Abschied vom Sender wurde er zum ersten Mal abgeschaltet. Die Hörer protestierten landesweit, ein monatelanges Gezerre um Frequenzen und Personal folgte. Es erreichte mich kaum noch. Ich stand am Anfang, ging in die Humboldt-Universität Unter den Linden, schrieb mich ein und bekam meine Personalakte, die Fragebögen mit Angaben zur Westverwandtschaft, die Beurteilungen, Zeugnisabschriften, Begründungen des Studienwunsches, Bescheinigungen über bestandene Eignungsprüfungen und so weiter, ausgehändigt. Der bürokratische Kram, der die Einpassung ins sozialistische Studentendasein hatte regulieren sollen, war unwichtig geworden.

Eine Sekretärin sagte mir, dass ich neben Kulturwissenschaften wahrscheinlich ein zweites Fach belegen müsse. Mir war klar, was ich wollte, Literaturgeschichte. Ich trug mich bei den Germanisten in eine Liste ein. Nun war ich Student. Am 1. Oktober begann der Vorlesungsbetrieb, nach dem Tag der Wiedervereinigung ging es weiter. In fünf Jahren wollte ich um jeden Preis fertig sein, ich hatte schon genug Zeit verloren und einiges nachzuholen.

Unter den Linden herrschte noch Wendestimmung. Das Alte war kaum verabschiedet, geschweige denn begraben worden. Gestritten wurde um die Universität der Zukunft. Nun erlebte ich die Bundesrepublik als Ordnungsmacht. An der Uni und auf der Straße.

Tausende Polizisten und Wasserwerfer fuhren im November auf, um besetzte Häuser in der Mainzer Straße in Friedrichshain zu räumen. Das, was ich bisher vom schwarzen Block und der Besetzerszene gesehen hatte, zog mich nicht unbedingt an, schien mir zu sektenhaft. Aber die Wohnungsnot in Berlin kannte ich aus eigener Erfahrung gut. Nach der Vorlesung zog ich mit Kommilitonen unter der Losung «Keine Gewalt!» zu einer Demonstration gegen die Räumung. Wir kamen mit einem der Polizisten, offenkundig kein Ostdeutscher, ins Gespräch. Warum man keine friedliche Lösung suche? Warum die Polizei nicht lieber gegen Skinheads etwas unternehme, Ausländer schütze? Wir sollten nach Hause gehen, sagte er. Die Besetzer seien nun einmal auf Krawall aus. Und was die Skins betreffe, da greife die Polizei ja auch ein, aber sie könne nicht überall sein, außer in einem Polizeistaat. Enttäuscht sah ich am Abend im Fernsehen Bilder der Straßenkämpfe. Die Wahlplakate, werbend für den 2. Dezember, brannten.

Dann tauchte an der Uni das Wort «Abwicklung» auf, was bedeutete, dass Institute komplett geschlossen und neu gegründet werden sollten. Wieder wurde demonstriert, und weil für kurze Zeit auch die Kulturwissenschaften auf der Liste standen, organisierten Kommilitonen und ich Protestveranstaltungen. Wir wollten nicht von außen abgewickelt werden, sondern die Uni «selbstbestimmt erneuern». Im Fachbereich wurde eine Kommission installiert, die Struktur- und Personalfragen zu beraten hatte. Mich wählte eine Vollversammlung zu einem der vier Studentenvertreter. Ein durchdachter Stellenplan sollte vorgeschlagen werden, alle Lehrkräfte waren fachlich und politisch zu begutachten. Wer Studenten geschurigelt hatte, seine Karriere allein politischem Wohlverhalten verdankte, sollte nicht mehr lehren an der Humboldt-Universität. Außengutachter von West-Universitäten wurden hinzugezogen.

Die Kommission tagte, kam zu Ergebnissen, löste sich auf, eine zweite wurde vom Senator einberufen. Diesmal hieß sie «Struktur- und Berufungskommission». Drei West-Professoren gehörten dazu, drei Ost-Professoren, eine Vertreterin des Mittelbaus, eine Frauenbeauftragte und ich als Vertreter der Studenten. Ich musste vor einer Art Ehrenausschuss der Universität Auskunft geben und erhielt dann ein Schreiben vom Berliner Wissenschaftssenator, das mich zum Mitglied der Kommission ernannte. Etwa einhundert Angestellte haben wir «evaluiert», dreißig Professoren neu berufen, Strukturpläne über Strukturpläne entworfen, diskutiert, verworfen, korrigiert.

So wie die Armee mein Bild der DDR gefärbt hat, sah ich die Vereinigung vor allem mit dem Auge des Kommissionsmitglieds. Der Vorgang war so verwickelt, dass ich am Ende der Arbeit die Welt nicht mehr in links und rechts einteilen konnte und wollte. Entweder man berief sich auf die überall geltende Vernunft, oder man wurde irre: Jeder vertrat damals besondere Interessen mit guten Gründen, stritt für diesen Kollegen oder jenes Fach. Wer entscheiden, nicht zum Spielball der Interessengruppe werden wollte, musste sich innerlich unabhängig machen.

In dieser Zeit, es muss 1991 gewesen sein, geisterte durch die Uni der Spruch eines West-Professors: Die Studenten besäßen kein Recht zu protestieren, sie seien ja nur hier, weil sie sich in der DDR angepasst hätten. Das Urteil traf keineswegs auf alle zu, und es übersah die hundert verschiedenen Wege, auf denen man in der DDR hatte leben, Abitur machen und einen Studienplatz erhalten können. Der Satz, der halb auch stimmen mochte, ignorierte die Wende, die ostdeutsche Revolution vollständig. In meinen Ohren klang er, als habe einer «Halt's Maul!» gesagt. Schlimmer noch war es, als ein Ost-Dozent im «persönlichen Gespräch», das wir mit jedem

Mitarbeiter führten, sagte: «Stellen Sie sich mal vor, wie es aussähe, wenn es nun andersherum gekommen wäre.» Alle blieben ruhig, aber wir waren uns schnell einig, dass es in diesem Fall eine solche Kommission wohl nicht gegeben hätte.

Neue Professoren zu berufen lag durchaus im Interesse der Studenten, die ein Recht auf beste Ausbildung und Lehrer mit Renommee besaßen. Alle alten zu entlassen war weder sinnvoll noch nach wissenschaftlichen Kriterien zu begründen. Allerdings würde der neue Fachbereich weniger Stellen besetzen können als der alte. Es gab Fälle von Mitarbeitern, die jahrelang an der Uni gelehrt, aber nie ihre Dissertation abgeschlossen hatten. Sie hatten kaum eine Chance.

Es konnte passieren, dass die Ostler in der Kommission einen für fachlich «untragbar» hielten, dann jedoch hörten, dass, ehrlich, Vergleichbares auch an bundesrepublikanischen Universitäten vorkam. Wochenende für Wochenende verging mit der Diskussion solcher Fälle. Wir suchten, wo immer es ging, die Einstimmigkeit. An den Abenden in Theatern und Restaurants wurde auch über kleine Ost-West-Differenzen gelästert. Der entscheidende Unterschied lag darin, dass die westdeutschen Mitglieder sichere Stellen besaßen, die ostdeutschen naturgemäß nicht, wofür die Westdeutschen aber nichts konnten. Hinzu kam der Wunsch der Berliner Wissenschaftspolitik, aus der Uni in Mitte ein kleines Harvard zu machen, den Osten zum Musterwesten aufzubauen. Die Freie Universität im Westteil der Stadt litt unter Liebesentzug, und wir planten die beste aller möglichen Fakultäten, in der auch Wissenschaftler aus der DDR arbeiten sollten.

Sämtliche Entscheidungen mussten einer juristischen Überprüfung standhalten, daher waren die Vorgänge streng formalisiert. Es war für die Ostdeutschen nicht angenehm und ungewohnt, ihre Lebensleistung begutachten zu lassen; es war für die Westdeutschen ungewohnt und nicht angenehm, Entscheidungen zu treffen, die zu Entlassungen gerade älterer Mitarbeiter führen mussten. Am Ende der Kommissionsarbeit sahen wir einander erleichtert an, der Fachbereich konnte sich sehen lassen, und einer sagte: «Jetzt könnten wir eigentlich im Westen weitermachen.»

Kaum war die Humboldt-Universität halbwegs nach Plan strukturiert, wurden ihr die Mittel drastisch gekürzt. Wenige Jahre später galt diese Zeit als die der vertanen Chance, das gesamte deutsche Hochschulwesen neu zu ordnen, wenigstens zu reformieren.

Unter den Studenten war der Ost-West-Unterschied, soweit ich es mitbekam, nicht besonders wichtig. Aber die Rollenbeschreibungen, die in der Öffentlichkeit kursierten, wurden selbstverständlich verspottet, übertrieben und wissenschaftlich untersucht. Leicht ließ sich der Punkt finden, an dem das Selbstbild West der Wirklichkeit widersprach. Erklärte einer, dass der Osten die Marktwirtschaft noch lernen müsse, konnte man fast wetten, dass er im öffentlichen Dienst angestellt war. Er sprach dann vom harten, riskanten Leben, als herrschten im Lande US-amerikanische Verhältnisse und als sei er eine Art Pionier.

Im Alltag traf ich allerdings meist Westdeutsche, die im Osten etwas suchten, was es im Westen nicht mehr gab, etwas, das ihnen fehlte: die Farben und Gerüche ihrer Kindheit, eine Kunst in traditionelleren Formen, unbesetzte Räume, Aufbruchsstimmung, natürlichere Frauen, bessere Liebhaber, etwas Fremdes, Exotisches.

Von Anfang an gab es die Vorstellung, in den fünf neuen Ländern wohnten «edle Wilde», die das böse Geld noch nicht hatte verderben können. Menschen, die auf materielle Dinge wenig Wert legten, nach eigenem Gesetz lebten, auf Karriere verzichteten, kannte ich in Westberlin und in der Schweiz ebenso. Das war das seltsame Gefühl der frühen neunziger Jahre: das eigene Bild ständig in fremden Augen zu sehen. Ich glaubte eine Zeit lang, ein Ossi müsse sich entscheiden, ob er besserer Deutscher oder schlechterer Deutscher sein wolle, der Weg ins Normale schien verstellt.

Es war mein Glück, dass ich an der Universität war, die trotz Kommissionen und Zank und Chaos alles bot, was ich vom Studieren erhofft hatte. Hier spielte Herkunft keine Rolle mehr. Im Seminar galt das gesprochene Wort, sonst nichts. Es war eine kleine, undramatische Befreiungserfahrung, wie ich erst nach längerer Zeit bemerkte. Nicht Meinung oder Gesinnung zählte, sondern wie etwas gedacht oder gesagt wurde. Andere haben das auch in der DDR erlebt, ich zu selten. Deswegen stand für mich fest, dass ich meine Abschlussarbeit über ein Thema schreiben würde, das mit dem untergegangenen Land nichts zu tun hatte. Es ging darum, einmal auch einen Auswärtssieg zu erringen, nicht immer nur Heimspiele zu bestreiten. Es blieb die Unruhe, worauf das alles hinauslaufen sollte. Ich wollte promovieren, sah ringsum wenig Chancen auf dem Arbeitsmarkt und hatte keine Ahnung, wie es beruflich oder privat weitergehen sollte. Ein gesamtdeutscher Normalzustand.

19. FREMDER FREUND

Der Weg von der Uni zu Wolframs Wohnung ist mir lange als der schönste in Berlin erschienen. Ich ging ihn täglich, kam an der Museumsinsel vorbei, sah von der Mitte der eisernen Brücke auf die Kuppel der Synagoge, schlich um die Baustellen am Hackeschen Markt und tauchte in das Viertel ein, in dem halb verfallene Gründerzeitbauten jeder Lust am Leben Platz boten. Clubs, Bars, Galerien wurden eröffnet, waren hip, verschwanden oder wurden langweilig. Ich traf Franzosen, Polen, Amerikaner, die hierher gezogen waren, und hatte mich auch an die Touristen gewöhnt, die nach Einbruch der Dunkelheit und meist in Gruppen ein wenig Großstadtgefühl suchten. Sie hatten keine Ahnung, dass hier das normale Leben weiterlief, als gäbe es sie nicht.

Ich ging den Weg auch im Sommer 1992, ignorierte gewohnheitsmäßig die Zeichen fortschreitender Verwahrlosung in der Edelplatte, schloss die Tür auf und sah Wolfram zusammengekauert im Sessel sitzen, als habe er Angst vor seinen Möbeln, Angst, dass sie auf ihn zukämen. So hatte ich ihn noch nie gesehen. Er wollte nicht angesprochen werden und sagte dann doch: «Setz dich. Ich muss dir was erzählen.»

Rolf, ein Bekannter, hatte ihn angerufen, Wolfram war sofort zu ihm gegangen und schämte sich nun zu sagen, warum Rolf angerufen hatte und er hingegangen war. In seinen Akten hatte Rolf Auskünfte gefunden, die nur von Wolfram stammen konnten. Wolfram hatte Berichte über ihn geschrieben. Er war IM.

Ich wollte ihn zurückstoßen und nie wieder sehen, ich wollte ihn im gleichen Augenblick umarmen, in Schutz nehmen vor der Vergangenheit und der gesamten Außenwelt. Wir hatten uns oft vorgestellt, wie wir eines Tages in zwei großen Zimmern nebeneinander sitzen würden, er im Sessel schreibend, ich in Büchern wühlend, die Terrassentür weit geöffnet in einen Garten im Abendsonnenschein. In der Straße kannte uns jeder, Bäcker, Apotheker, Nachbarn wussten, dass wir zusammen waren, und außer dem Hausmeister hat auch nie jemand etwas dabei gefunden. Die Freunde glaubten, dass es so sein müsse und wir einfach zusammengehörten.

Ich wollte irgendetwas tun, aber es war vergeblich. Was geschehen war, war geschehen, nicht mehr zu ändern. Jetzt war ich am dritten Nullpunkt angelangt. Die zivilen Abende, die mich über die drei Jahre Truppendienst in Stahnsdorf getragen hatten, waren nichts mehr, an das ich unbeschwert würde zurückdenken können. Keine meiner Erinnerungen an die DDR der achtziger Jahre würde zum verklärenden Rückblick taugen.

Was Wolfram getan hatte, war schändlich, Vertrauensmissbrauch, Verrat. Am Ende seiner Studienzeit, erzählte er mir, hatten sie ihn geworben, er schrieb Berichte, vor allem aber trafen sich ab und an zwei Herren mit ihm. Einmal fragten sie ihn, wo Rolf sei. Unterwegs, da und da, gab Wolfram an. Kurz nach dem Gespräch brach die Stasi in Rolfs Wohnung ein. Seit ich diese Geschichte kenne, kann ich den Satz «Ich habe niemandem geschadet» nicht mehr hören. Wer sich mit der Stasi einließ, hatte es nicht länger in der Hand. Er hatte die eine Grenze überschritten, die der Anpassung, dem Mitmachen in der DDR nach dem Konsens ihrer Bürger gesetzt war.

Ich begriff nicht, warum Wolfram sich darauf eingelassen

hatte. Die DDR war sein Lebensumfeld gewesen, aber der Sozialismus hatte ihm ideologisch nie so viel bedeutet wie mir in meinen überspannten Jahren. Er konnte mir nie recht erklären, warum er sich mit den Herren getroffen und für sie Berichte geschrieben hatte. Was er von der Stasi, was die Stasi von ihm gewollt hatte, habe ich nie verstanden.

Wir hatten einander nie etwas vormachen können. Ich fühlte am Druck seiner Hand, wie es ihm ging. Ein stummes Vertrauen hatte zwischen uns geherrscht. Nichts als Nähe, und doch ließ jeder dem anderen seine Welt. Ich ihm das Kino und die Schauspieler, er mir die Bücher, meine Freunde, das Studium. Inmitten dieses wortlosen Vertrauens hatte der Verrat gesessen. Ich wollte es nicht wahrhaben. Er müsse mit seinen Freunden reden, müsse ihnen davon erzählen, sagte ich. Er rief sie an, einige kamen, er sprach lange mit ihnen. Andere hatten von Kollegen oder in der Szene davon gehört, dass er IM war, und wollten nichts mehr von ihm wissen, auch nicht reden. Die, mit denen er sprach, gingen zunächst auf Distanz, manche haben sich später wieder genähert.

In der Öffentlichkeit war das IM-Thema längst mit Fragen des Arbeitsrechts verschmolzen. Täter bestanden auf Einzelfallprüfung, Gerichte untersuchten, wer was getan hatte, ob er deswegen entlassen werden dürfe. Es lief nach den Gesetzen des Rechtsstaats. Mein Vater leitete im Land Brandenburg die teuerste Einzelfallprüfung, den Stolpe-Untersuchungsausschuss.

In Wolframs Fall war juristisch wenig zu klären. Er arbeitete selbständig, war freischaffend. Die Ächtung traf ihn im Freundeskreis. Sollte ich die Tür zuschlagen, als ginge er mich nichts mehr an? Ich wusste, dass Wolfram kein schäbiger Charakter war, aber er hatte sich schäbig verhalten.

Der letzte Film, den Heiner Carow nach einem Buch Wolframs gedreht hatte, war 1991 unter dem Titel «Verfehlung» in die Kinos gekommen. Angelica Domröse, die Paula von einst, spielte darin eine Reinemachefrau, die sich im Herbst 1988 in einen Hamburger Hafenarbeiter verliebt, der für wenige Tage zu Besuch in ihr Dorf am Rand eines Braunkohletagebaus gekommen war. Die durch und durch romantische Liebe der beiden Fünfzigjährigen wird vom Bürgermeister, von Apparat und Karrieristen erbarmungslos verfolgt, bis Domröse alles verloren hat und den Bürgermeister erschießt. Der Film schien vielen damals zu schwarz, die Kritik sprach vom «schonungslosen Bewusstmachen des SED-Totalitarismus». Alles private Glück, jede aufrichtige Regung werden in «Verfehlung» zerstört. Jahre später schien mir, dass Wolfram mit diesem Film, in dem seine Lieblingsschauspieler aus Ost und West auftraten, auch viel über sich erzählte.

Er gab langsam jede Verteidigung dessen, was er getan hatte, auf. Nur manchmal packte ihn eine Art verzweifelter Wut, wenn er sah, wer ringsum Karriere machte, ohne sich Fragen nach seiner Vergangenheit stellen zu müssen oder allem geschickt ausweichend. Er wollte den Beruf wechseln, konnte es jedoch nicht. Zum Muskelschwund war inzwischen Leukämie gekommen, sodass er auf ständige Hilfe angewiesen blieb. Vier seiner Bücher, Teile einer Krankenhausserie, wurden noch gedreht, dann war auch damit Schluss. Es gelang ihm nichts mehr. Er schrieb weiter, Exposé für Exposé, ein Treatment nach dem anderen, hier und da erste, zweite, dritte Fassungen eines Drehbuchs. Keines wurde verfilmt.

Das Verbindende, Innige zwischen Wolfram und mir war geblieben, das Vertrauen stellte sich nicht wieder ein. Gelöst, frei wurde er nicht mehr, es schien, als wäre ein Schatten immer dabei. Er war IM gewesen, aber doch nicht nur IM, vielen auch einfach ein guter Freund, der durch die Stärke bestach, mit der er lange gegen seine Krankheit gewann. Im Leben war so sauber nicht zu trennen, keine Lösung, Lossprechung zu finden. Er verschwand aus der Gegenwart und lebte die längste Zeit des Tages in seiner eigenen Welt, zu der nur wenige Zutritt hatten. Die Zeit heilte nichts, Reden änderte nichts. Im August 2003 ist Wolfram gestorben.

Die Stasi war mir zu DDR-Zeiten als Spottobjekt vertraut gewesen. Leute, die in auffällig um Unauffälligkeit bemühter Zivilkleidung auf Großveranstaltungen herumstanden, gehörten dazu. In der Kaserne hieß es abends oft, jeder Dritte sei dabei. Dann wurde scherzend abgezählt. Ich kannte das Knacken in der Leitung und den Spruch «Nicht am Telefon!». «Stasi raus!» und «Stasi in die Produktion!», hatte auch ich im Herbst 1989 gerufen. In meinen DDR-Tagen schien mir der Spitzel- und Überwachungsapparat fern, in einem anderen Land gelegen. Man konnte die Stasi gut verdrängen im Alltagsleben.

Einmal war ich als Batterieoffizier zum Sicherheitsmajor des Regiments gerufen worden, weil ein Unteroffizier in die Kaserne Post aus Köln bekommen hatte. Ich war dessen Vorgesetzter und wurde gefragt, wie er sei. Zuverlässig, unauffällig, etwas verträumt, sagte ich, soweit ich mich erinnere, und erhielt den Befehl, den Uffz zu belehren, dass so etwas nicht mehr vorkommen dürfe. Der Uffz erklärte, seine Eltern hätten ohne sein Wissen die Adresse an die Kölner Verwandtschaft weitergegeben. Er wolle ihnen schreiben, dass die Vorschrift allen Armeeangehörigen Westkontakte untersagte. Damit war die Geschichte erledigt. Das kurze Gespräch mit dem Sicherheitsmajor war meine einzige wissentliche Begegnung mit einem MfS-Mitarbeiter, ein unvermeidlicher Dienstkontakt.

Im Sommer 1992, im Rückblick, sah alles anders aus: Ein

Lehrer der Kant-Schule, vor dem ich vier Jahre Respekt hatte, weil er sein Fach beherrschte, war IM. Ein Schulfreund hatte sich kurz nach dem Abitur dem MfS verpflichtet. Ein stiller Kollege aus der Jugendradiobaracke war IM, der von mir bewunderte Professor eines marxismusfernen Faches ebenfalls. Ein Dozent, von dem ich im ersten Semester viel gelernt hatte, war IM, eine Freundin war IM, ein Freund aus Tübingen hatte für das MfS gearbeitet, meine Mutter war IM und nun auch Wolfram. Wo und wie hatte ich gelebt und so Wesentliches übersehen?

Ein Bruch war da. Ich begann nach Erklärungen zu suchen, wollte dem Geschehen irgendeinen Sinn verleihen, die Verbrechen einordnen in einen größeren Zusammenhang. Aber es gab Fragen, die mussten persönlich gestellt werden. Mit endgültigen Entzweiungen, unheilbaren Verletzungen zu leben, hatte ich in der DDR nicht gelernt.

Der Ton in den öffentlichen Debatten missfiel mir. War da nicht ein Gran zu viel Selbstgerechtigkeit, auch zu viel an schneller Entsorgung nach dem Motto: Wenn alle IMs enttarnt sind, können die ehemaligen Bürger des Landes Frieden mit ihrer Vergangenheit schließen? Ein scharfer Ton herrschte, der verständlich wurde, wenn man sah, wie manche verlogen, feige oder geschickt versuchten, sich zu rechtfertigen. Geschah in der ungeheuren Aufregung den Opfern der Staatssicherheit Gerechtigkeit? Ich habe kein Recht, für sie zu sprechen, aber es sieht so aus, als hätten sie weder die Aufmerksamkeit noch die Entschädigungen erhalten, die ihnen zustehen.

Inzwischen ist der verbrecherische Apparat, der Spitzelei, Kontrolle, Zersetzung, Wirtschaftskriminalität und Terror verband, gut erforscht. Jeder kann wissen, wie er funktionierte. Viele kennen das Gefühl, biographisch enteignet zu sein. Die Erinnerung an Teile des eigenen Lebens trügt, ist unvollständig. Was man über Freunde, Kollegen damals dachte, stimmte nicht. Verrat erzeugt eine schale Leere.

Im Reden über die Stasi hat sich das vielfach verklebte, unklare Verhältnis zum Staat, ein Verhältnis, zu dem die DDR ihre Bürger zwang und erzog, aufgelöst und aufgeklärt, erhielt jeder die Chance, sich ein politisches Urteil über die DDR zu bilden. Erinnerung und Wissen aber bleiben seltsam getrennt. Ich habe das MfS nicht aufgebaut, doch dass ich in der Partei war, die es tat, hinterlässt ein Stück Selbsthass. Der Überwachungsapparat hat den Menschen, den ich am meisten mochte, zum Täter gemacht, der gegen seine und meine Freunde, gegen Bekannte agierte. Mit dieser Geschichte komme ich nicht ins Reine.

1992 stürzte ich mich ins Studium, später bereitete ich Magisterarbeit und Dissertation vor. Ich wollte mit der DDR und dem Sozialismus nicht mehr viel zu tun haben. Meine Emotionen für das Land starben allmählich ab, der Erlösungstraum von der gerechten Gesellschaft verblasste, und mein revolutionärer Elan verschwand in dem Geisterreich, aus dem er gekommen war. Zurück blieb das Interesse, zu verstehen, was gewesen ist.

Wolfram lag auf einer Intensivstation der Berliner Charité, als die CDU wieder einmal eine Bundestagswahl gewann. Mir schien jetzt endgültig gewiss, dass ich mit Helmut Kohl ebenso lange würde rechnen müssen, wie ich unter Honecker gelebt hatte. Ungewohnt neu war an diesem Tag im September 1994 allein, dass mein Vater, den die Genossen Monate zuvor zum PDS-Vorsitzenden gewählt hatten, mit in der «Bonner Runde» saß. Die Abende mit Prognosen, Hochrechnungen, Spekulationen und dem krönenden Gipfeltreffen redender Köpfe verfolgte ich schon als FDJler in Marzahn gespannt. Mein Vergnügen am sportlichen Augenblick der Demokratie hatte seitdem nicht nachgelassen.

Diesmal schaute ich den Politchefs der Republik in einem Café am Rosa-Luxemburg-Platz zu, zwischen Volksbühne und Karl-Liebknecht-Haus gelegen. Keiner sagte einen ungehörten Satz, bis Theo Waigel, der aus Bayern zugeschaltet wurde, einen kalten Wutanfall gegen die erfolgreiche PDS simulierte: Er hätte nie geglaubt, dass so etwas … dass er noch einmal mit Kommunisten … Mein Vater schien mir von der Suada überrascht. Es sollten einige Stunden vergehen, bis ich ihm sagen konnte, dass der Angriff nicht ihm galt. Im Grunde, ich wusste es aus Dutzenden mehr oder weniger verklemmten Bemerkungen mir gegenüber, mochten ihn die Wessis. Mir gingen Attacken wie Sympathiebekundungen gehörig auf die Nerven. Freunde und Bekannte, die es nicht lassen konnten, mich über den «großen Vorsitzenden» auszuhorchen, speiste ich seit längerem mit Standardantworten ab: «Wir haben ein gutes Verhältnis.» Oder: «Ist doch klar, dass die auch einen westdeutschen Chef wollen.»

Die «Bonner Runde» war zu Ende gegangen, ich würde noch eine ganze Weile warten müssen, bis Vater ins Café kommen würde, wo wir uns verabredet hatten, um nach Monaten mal wieder ein Bier zusammen zu trinken. Ich hatte viel Zeit, die erste Abschlussprüfung soeben bestanden und zögerlich begonnen, meine Magisterarbeit zu gliedern. Ich wusste zwar immer noch nicht, wovon ich danach leben würde, tröstete mich aber gern mit dem Spruch, von dem ein Kinderbuch behauptet hatte, es sei der Lieblingsvers des kleinen Wolodja, des jungen Lenin, gewesen: «Krösus, du Narr, dein Reichtum lässt dich nicht schlafen. / Wer arm wie eine Kirchenmaus, kann spielen und lachen.»

Der Kindervers half beim Versuch, meinem entspannten Dasein in Berlin-Mitte etwas von der realsozialistischen Dramatik zurückzugeben, die es bis vor kurzem für mich besessen hatte. Die Gegenwart schien auf unangestrengte Weise geschäftig und unernst zugleich. Waigels Angriff in der Rüstung des Kalten Kriegers war eine Ausnahme, und ich konnte sicher sein, dass Vater von derlei Schärfe letztlich profitieren würde – er sah richtig gefährlich aus, wenn Waigel ihn ansprach.

Ich musste selbst angreifen, wenn ich Streit suchte, tat es aber immer seltener, lebte längst wieder im Normbereich, nur würde sich kein Gutachter finden, mir das zu bescheinigen. Hatte ich mich angepasst, wie ein Schulfreund mir vorhielt? Es war mir egal. Ich genoss das Gefühl, nicht mit «Du hast untypische Erlebnisse» oder «So kannst du nicht denken» oder «Das musst du im Zusammenhang sehen» zum Schweigen gebracht zu werden. Zwar war ich erstaunt darüber, wie stumpf die Phantasie der meisten Westdeutschen blieb, wenn die Rede auf das Leben unter der «Diktatur des Proletariats» kam; zwar war ich mir sicher, dass der «Aufbau Ost» in ein Desaster münden würde, und wunderte mich über die Stille im Land. Ansonsten aber pflegte ich das gleiche distanzierte Verhältnis zur Republik, das meine Altersgenossen aus dem Westen für das einzig angemessene hielten. Sie war eine Selbstverständlichkeit geworden, ein Gebilde, dem politische Leidenschaften fremd und auch nicht besonders zuträglich schienen. Horror lieferte das «neue System» allein auf dem Verwaltungsweg, aber Finanzamt und Rentenkasse kannte ich damals nur vom Hörensagen.

Die Bundesrepublik war ein laues Land, und ich hätte gewiss einen Ausreiseantrag ins 18. Jahrhundert gestellt, wären da nicht meine Westdeutschen gewesen, mit denen ich mich leicht und sorglos anfreundete. Je westlicher die Region, aus der sie kamen, je fremder ihre Herkunft, desto schneller ging es, denn umso mehr ähnelten sie in meinen Augen den Ostdeutschen. Rasch lernte ich die ersten wirklichen Proletarier kennen, Jan etwa, dessen Großeltern aus Schlesien ins Ruhrgebiet gezogen waren, um unter Tage ihren Lebensunterhalt zu verdienen. Ich habe seine Familie, von der er, wenn keiner ihn bremste, stundenlang und ohne Pause sprach, nie getroffen, aber in meiner Vorstellung ist nach seinen Erzählungen das Bild einer «typisch ostdeutschen» Gemeinschaft entstanden. Der winzige Garten in einer großen Gartenkolonie bildet selbstverständlich den Lebensmittelpunkt, ist der Schauplatz für bedenkenlosen Alkoholgenuss und ein eifersuchtslos-freundliches Vertrauen untereinander – «Der Junge macht das schon richtig». Dazu gehört die Freude an aufregend blinkender, allerneuester Technik ebenso wie die verrückte Tante, die sich an jedem Fünften des Monats zur Postbank fahren ließ, ihr Vermögen abhob, einen Hunderter behielt und den Rest wieder einzahlte. Sie hatte sich nur vergewissern wollen, dass alles da war. Sie mochte nur glauben, was sie mit eigenen Augen sah, in die Hand nehmen konnte.

Mein Bruder Norbert, der glücklich dem Treiben der Kunstpädagogen entkommen und an die Hochschule der Künste gegangen war, renovierte damals fremde Wohnungen, um sich Farben, Pinsel, Leinwände kaufen zu können. Einmal stand ein Charlottenburger Möchtegern vor ihm, sagte, was wo zu tun sei, und schnauzte dann: «Sorgfältig bitte! Sie machen das ja gern. Sie sind doch ein kreativer Mensch!» Norbert hat ihn dafür gehasst. «Abwarten», sagte ich, «der wird sich noch wundern.» Selbst ich Antikrösus schloss Bekanntschaft mit Leuten, die unvorstellbar reich oder wenigstens so vermögend schienen, dass sie sich niemals um den nächsten Monat oder das Jahr 2010 würden Sorgen machen müssen. Norbert und ich lernten schnell, Reichtum gering zu schätzen, wenn er alles war. Die Wohlstandsschlanken, immer Behüteten, Sorgenfreien gingen selten ein Risiko ein. Die Freiheit, die Besitz ihnen gab, ließen sie ungenutzt.

Was mich an den Westdeutschen störte, hatte mit den viel beredeten Gegensätzen von Oberflächlichkeit und Tiefe, Coolness und Leidenschaft, Individualismus und Gruppengeborgenheit nichts zu tun. Ich kann mich nicht an Verständigungsprobleme mit Westdeutschen erinnern, aber an politischen Ingrimm: Statt mit schlagkräftiger Polizei das Gewaltmonopol gegen rechte Schläger zu behaupten, trugen sie in sicherer Entfernung vom Tatort lieber Kerzen durch die Gegend und «setzten ein Zeichen». Statt zu fragen, was mit ihrem Geld geschieht, hofften sie weiter, den deindustrialisierten Osten durch dauernde Zahlungen in eine prosperierende Region zu verwandeln. Dass es 1994 für mich kaum eine Stelle unter einem ostdeutschen Chef gegeben hätte, hielten die meisten Wessis für naturgegeben oder «kein Problem».

Als Vater endlich am Rosa-Luxemburg-Platz eintraf, habe ich ihn mit meinen Meinungen nicht behelligt, nur berichtet, dass eine Freundin aus Magdeburg nach Kalifornien gehen werde. Sie sei das deutsch-deutsche Gezerre leid, hatte sie gesagt, es sei ihr zu dumm, wenn alle so täten, als existiere keine Welt um uns herum und es der behaglichste Zustand sei, im eigenen Saft zu schmoren. Vater sah mich wie aufgeschreckt an – er stand schließlich im Zentrum des Gezänks. Ein wenig hat er mich darum beneidet, dass ich mich darauf nur so weit einlassen musste, wie ich wollte. Er war halb noch in jenem Abwesenheitsrausch, in den öffentliche Auftritte jeden versetzen, halb übermüdet und sagte, wie schon so oft: «Du kannst wenigstens in Ruhe lesen. Das Studium war meine beste Zeit.» – «Ich will versuchen, ob ich an der Uni bleiben kann. Wissenschaft.» Jetzt war er ganz da und hörte geduldig zu, wie ich von zwei neuen Professoren schwärmte und von meiner Absicht sprach, demnächst zu promovieren. Mir schien es, als ob seine Augen neidisch aufleuchteten: «Mach mal», brummte er dann, «du machst schon das Richtige.»

Obwohl ich drei Jahre später noch immer das Richtige tat, war dieser Sonnabend unerfreulich früh zu Ende; bevor das «Wort zum Sonntag» kam, saß ich schon wieder zu Hause. Mir ging es gut, ich war unzufrieden. Ich schrieb jetzt das zweite Jahr an meiner Dissertation und genoss einen Zustand, der dem blumigen Traum vom Kommunismus auffallend ähnelte. Ein Stipendium sicherte den Unterhalt, mein großartiger Doktorvater ließ Kleinmut nicht gelten und las obendrein aufmerksam jede Seite, die ich ihm gab. Ich konnte morgens in alten Büchern wühlen, mittags in der Sonne liegen, nachmittags Schlösser und alte Häuser besichtigen, abends mit Freunden plaudern und mir bei alldem immer einbilden, dass äußerst sinnvoll sei, was ich tat.

Dennoch sah ich an diesem Samstag im März 1997 unwillig auf die Kopien, Bände mit heraushängenden Leihscheinen und auf die neue Tastatur, die ich mir eben hatte kaufen müssen, weil die alte meinem harten Anschlag erlegen war. Mein Alltag schien mir übertrieben risikolos, zu brav. Ich kam von der Vernissage eines Schweizer Freundes, zugegeben kein rauschendes Fest, aber er hatte doch etwas geschafft, etwas vorzuweisen, sich angreifbar gemacht, während ich nun schon seit Jahren fleißig im Mikrokosmos der Universität verharrte, dessen Aufregungen und Werte hundert Meter vom Hauptgebäude Unter den Linden entfernt kaum noch verstanden wurden. Ich brauchte durchschnittlich zehn Minuten, um das Thema meiner Dissertation zu erklären, und hasste die neugierig-mitleidigen Blicke, die mich danach zuverlässig trafen. Seit vielen Jahren dachte ich, dass ich am liebsten in der Wissenschaft bleiben und Philologie treiben würde, aber dann kamen Stunden wie diese, in denen mir eine akademische Karriere zu festgelegt erschien, zu gut geplant.

Das Telefon klingelte. Missmutig nahm ich den Hörer ab: «Kanzlei Dr. B.»

«Guten Abend. Hier K., Professor L. hat mir Ihre Nummer gegeben. Lesen Sie Gegenwartsliteratur?»

«Ja, gewiss, ab und an schon, aber nicht exzessiv.»

«Das sollte man auch nicht, das hält man ja nicht aus …»

K. setzte zu einem längeren Exkurs über das literarische Leben der Gegenwart unter besonderer Berücksichtigung fehlender Talente an. Ich las seine Artikel seit Jahren und bewunderte ihn als innerlich vollkommen unabhängigen Autor. Er hatte das Jahr 1989 nicht verschlafen und begriffen, dass der Kalte Krieg zu Ende war, besaß jedoch auch nichts von der Lauheit des postideologischen Zeitalters. Zu Beginn seiner Texte wusste man nie recht, worauf es am Ende hinauslaufen würde, aber er legte den überraschenden, oft trickreichen Weg mit Leidenschaft zurück, dachte frei und dennoch nicht lahm. Das interessierte mich.

«Damit», unterbrach ich ihn flink, als er in seinen Betrachtungen nach Frankreich zu wechseln drohte, «damit kenne ich mich aber nicht sehr aus.»

«Das macht nichts, für diese Romane stehen genug Rezensenten bereit. Also kommen Sie am Dienstag, 13 Uhr, in die Karl-Liebknecht-Straße. Dann sehen wir weiter.»

Drei Wochen später erschien mein erster Artikel in der «Berliner Zeitung». K. rief immer wieder mal an und ging eines Tages zur vertraulichen Grußformel «Hallo, Sie Ostmaus!» über. Ich vergaß die lange Liebe zur Universität und wurde, was ich nie ernsthaft hatte werden wollen: Journalist.

Wieder einmal änderte ich plötzlich meine Marschrichtung. In diesem Fall schien mir besonders viel Glück, viel nützlicher Zufall dabei. Ich war zur richtigen Zeit am richtigen Ort. Ringsum konnte ich beobachten, wie ausschlaggebend ein paar Jahre waren. Wäre ich fünf Jahre älter gewesen, hätte ich mein Studium noch an einer DDR-Universität abgeschlossen, es wäre mit Sicherheit schwerer geworden, im neuen Land Fuß zu fassen. Wäre ich fünf Jahre jünger gewesen, hätte ich mir gewiss die NVA und anderen Unsinn erspart, wäre aber vielleicht anfällig gewesen für die Verklärung des Ostens zum putzigen Paradies. So jedoch reagierte ich hochgradig berechenbar: Erinnerte ich mich etwas zu deutlich an meine DDR-Jugend und glaubte, etwas wie Dogmatismus, Gemeinschaftsinnigkeit, Resignation, Planwirtschaft, Unfreiheit zu spüren, packten mich verlässlich Fluchtinstinkte. Ich stand an ebendem Punkt, an dem meine Eltern um 1960 angefangen hatten: Ich wollte raus aus aller Enge.

Dreißig, vierzig Anrufe aus der Karl-Liebknecht-Straße und eine neue Tastatur später gab ich meine Dissertation im Prüfungsbüro ab und begann am folgenden Tag, fest in der Redaktion zu arbeiten. Rasch stellte sich das Gefühl ein, dass die Feuilletonexistenz, schnell und ironieversessen, mal wichtigtuerisch, mal bedenkenlos, so argwöhnisch beäugt, dass man sich mit keinem Fehler verstecken konnte, ganz gut zu mir passte. Ich lernte in drei Monaten noch einmal so viel wie zuvor in vier Semestern, und als die Gutachten vorlagen und ich die letzte Prüfung übermüdet bestanden hatte, lud ich zu einer kleinen Feier beim Italiener um die Ecke. Ich hatte mir kaum Gedanken gemacht, Essen gab es reichlich, Wein, Wasser, Bier auch. Was sollte da schief gehen? Da saßen Professoren aus Ost und West, Studienfreunde, meine Familie, Wolfram, der sich vor Schwäche kaum halten konnte, wenige Freunde aus den späten DDR-Jahren, neue Kollegen von der «Berliner Zeitung». Dass viele einander nicht kannten, hatte ich nicht bedacht, war nun enttäuscht, dass die meisten in der ihnen vertrauten Gruppe blieben, und glaubte, ein Fremdeln zwischen den Tischen zu spüren, als hätte ich zusammengesetzt, was nicht zusammengehört.

Ich legte Wert darauf, mich keinem Milieu vorbehaltlos und ganz zuzurechnen, hätte es aber gern kuschelig gehabt. Seit ich mit meinem Sozialismus im Reinen war, hielt ich Distanz, und ebendas hinderte mich jetzt daran, brüderliche Feieratmosphäre herzustellen. Hier saßen und standen wie in einer überfüllten Skulpturengalerie Freunde, Bekannte, Verwandte aus verschiedenen Zeiten, und ich hoffte, dass ein Schleier der Harmonie herabfallen und die offensichtlich unvereinbaren Charaktere zum freundlichen Schlusstableau vereinigen würde. In diesem Augenblick sah ich nur Differenzen. Dabei waren noch nicht einmal alle da, die hier hätten sitzen können. Was, wenn Dogma jetzt durch die Tür schreiten würde? Man hielte ihn gewiss für einen freundlichen alten Herrn, meine West-Kommilitonen würden beginnen, von ihren Sozialkundelehrern zu erzählen, die Ostdeutschen allerdings, ich war mir sicher, würden die Nase rümpfen, seine Anwesenheit unangenehm finden. Einen Offizier aus Stahnsdorf hätte ich niemals eingeladen, aber würde der Oberstleutnant, den alles nur «peripher tangierte», würde das Schwein meinen uninformierten West-Kollegen nicht auf den ersten Blick wie ein starker, interessanter, preußischer Charakter erscheinen? Was, wenn ich David gefragt hätte, ob er kommen wolle, den jungen Unternehmensberater, der mir nach vierteljährigem Schweigen geschrieben hatte: «Nenn mich ruhig einen oberflächlichen Wessi!» Meine Ost-Freunde würden ihn mögen, schon weil er alle DDR-Schauspieler kannte, doch ich hätte darauf wetten können, dass drei der Freunde West in ihm den egomanischen Blender wittern würden.

Ich gab es auf, darüber nachzudenken. Es war lauter geworden, alles plauderte, Clara kam auf mich zu, schaute sich unbeteiligt musternd um und erzählte von ihrem Ärger mit einer Fernsehredakteurin, die sich wichtig machte und ihre kleine Macht auszuspielen versuchte. Ich weiß nicht warum, aber ich platzte, begann zu brüllen, dass man sich das nicht gefallen lassen dürfe, von solchen «SED-Schrullen», «Pionierleiterinnen». Ich wurde antikommunistisch unflätig, erschrak, als Clara mich ungläubig ansah, setzte mich und hoffte, dass keiner die Tirade gegen meine Vergangenheit mitbekommen hatte. «Was ist denn mit dir los?»

Wahrscheinlich hatte lediglich ich das Fremdeln gespürt, weil mir peinlich war, dass in meinem Leben wenig zueinander passte, als fehlten ein paar Gelenkstücke und Bindungen. Nach diesem Abend war ich sicher, dass sich daran nichts ändern würde. Da es nun einmal so war, wie es war, blieb mir nichts als die Neugier, wie viele verschiedene Typen, Figuren, Milieus ich noch kennen lernen könnte.

Die Promotionsfeiernacht endete dann doch überschwänglich und mit wechselseitigen Umarmungen. Gegen zwei Uhr saßen wir Studenten unter uns, hörten Arien in Stones-Lautstärke und tranken Grappa, bis der Wirt verzweifelt auf die Uhr starrte. Dann ging nichts mehr, die frische Luft brachte mir schlagartig meinen Zustand zu Bewusstsein. Ehe ich michs versah, wankte ich, von Studienfreundinnen geführt, in die Morgendämmerung. Wann immer man mich fragt, ob ich in der Bundesrepublik angekommen sei, sehe ich diese Szene vor mir: wie ich im Vollrausch durch Berlin-Mitte stolpere, von zwei westdeutschen Frauen gestützt und sie haltend, da auch sie nicht mehr ganz nüchtern sind. Die eine versucht, eine Händel-Arie nachzukrähen. Die andere steckt sich eine Zigarette an. Mir fehlt nichts zum Glück. Drei Schritte stürzen wir voran, drei Schritte setzen wir behutsam einen Fuß vor den anderen. Von mir aus hätten wir stundenlang so weitergehen können.

Geblieben ist das Gefühl, unendlich viel nachholen zu müssen. Alles andere verblasste zunehmend rascher. Die aufdringlichste Erinnerung an meine ostdeutsche Jugend nach Plan, der Kohleheizungsgeruch, der alljährlich mit dem Beginn des November die Stadt in Besitz genommen hatte, verschwand, ohne dass ich genau hätte sagen können, seit wann es ihn nicht mehr gab. Aus der DDR vermisste ich Intershops und manchmal das Gefühl, unbegrenzt Zeit zu haben. Die Intershops waren ungerecht, hatten die Bevölkerung in zwei Klassen von Menschen geteilt, aber doch angeboten, was man anderswo garantiert nicht bekam. Inzwischen konnte ich fast alles überall und immer kaufen. Die DDR hatte die Möglichkeit geboten, jeden Tag einen kleinen Sieg zu erringen: ein «Ham-wa-nich»-Produkt zu ergattern, eine Frechheit zu sagen, sich zu entziehen. Auch damit war es vorbei.

Als wolle die Geschichte uns ihren Witz überdeutlich zu verstehen geben, hat sie vier der fünf Biskys in den Westen versetzt. Allein der geborene Wessi, mein Vater, muss im Osten bleiben. Im Sommer 2003 hat er sich zum zweiten Mal zum PDS-Vorsitzenden wählen lassen, und die anderen vier haben gelernt, damit zu leben, dass sie oft für die Poststelle des Karl-Liebknecht-Hauses gehalten werden.

Mutter verlor Ende 1990 ihre Stelle und hat mit Umschulung, Haustürgeschäften und wieder Umschulung eine lange Arbeitslosenkarriere hinter sich. Heute steht sie morgens gegen 4 Uhr auf, fährt in den Wedding, einen Westberliner Stadtteil mit mehr Elend, als in Marzahn oder Lichtenberg zu finden ist, und pflegt für einen Stundenlohn, der unter den meisten Studententarifen liegt, Alte, Kranke, Schizos, Demente. Ihre Geschichten handeln vom Ärger mit Banken und Sparkassen, die Sozialhilfeempfängern keine Konten einrichten wollen, von der Abrechnung mit Krankenkassen und Behörden, von Kriegserinnerungen und Trümmerfrauen. Sie wirkt heute gelöster, freier als in den letzten Jahren unter Honecker.

Norbert ist nach seinem Studium Meisterschüler von Georg Baselitz geworden und konnte im März 2001 eine erste Einzelausstellung eröffnen. Seine Galerie liegt im tiefsten Westberlin, in einer jener Straßen, auf denen ich mich noch immer wie im Urlaub und von Kulissen umstellt fühle, als wären seit meinem ersten Ku'dammbesuch nicht fünfzehn Jahre vergangen. Mein Bruder kann sich vor Anfragen und

Kaufwünschen so wenig retten wie ich vor den Grüßen, die ich ihm ausrichten soll. Für mich steht fest, dass er ohne die Jahre auf der «Dagmar» nie diesen Erfolg gehabt hätte. In seinen Riesengemälden mit den blonden Jünglingen und den kessen Titeln «Einer muss das Sagen haben», «Schlachteplatte», «Alle siegen» sehe ich die Träume einer Stötteritzer und Marzahner Kindheit, Träume, die ohne DDR-Dekor gemalt sind, sodass man sie überall versteht und jeder sich davor fürchten muss, dass sie Wirklichkeit werden könnten.

Am besten hat es Stephan getroffen, der fast dreißig Flugstunden von Berlin entfernt in einer WG mit Malaien, Amerikanern, Schotten und Neuseeländern wohnt. In Dunedin/ Neuseeland studiert er Hirnforschung. Wir glaubten ihn glücklich dem innerdeutschen Kulturkrieg entkommen, bis in der Informatik-Vorlesung ein Student im Lok-Pirna-T-Shirt vor ihm saß und die Universität meinen Bruder für eine Werbebroschüre fotografieren ließ. Auf dem Foto hat er die Deutschlandfahne um die Hüften geschlungen und macht auf diese Weise Reklame für die Bundesrepublik und für seine Uni. Der ehemalige Punk schaut, als habe er nichts dagegen.

Ich schreibe noch immer über «alte Bücher und alte Steine», wie Norbert wenig begeistert sagt, und verspüre nur selten die Lust, etwas anderes zu machen. Lieber wundere ich mich, wie viele im Land davon überzeugt sind, dass es eine Zensur gibt, wie viele nach wie vor an geheime Mächte, das Proletariat, die Herrschenden oder die Sterne glauben wollen. Aber wenn mir heute einer vorwirft, ich verklärte die DDR oder ich malte ihr Bild zu schwarz, ich sei zu links oder zu rechts, zu brav oder zu rotzig, zu angepasst oder zu distanziert, mein Bild der Bundesrepublik sei zu rosig oder zu grau, ich trüge die falschen Klamotten oder legte zu viel Wert auf

Konsum, ich sei zu sehr Ossi oder zu sehr Wessi oder über-haupt wurzellos, dann fällt mir immer nur der Satz eines amerikanischen Freundes ein: «It's a free country», es ist ein freies Land – und der Rest ist ungewiss.

Erinnerungen sind trügerisch. Ich habe mich bemüht, nichts zu beschönigen, aus Gründen des Persönlichkeitsschutzes aber Einzelheiten verändert und verdichtet.

Almuth, Lothar, Norbert und Stephan Bisky haben mir ihre Geschichten noch einmal erzählt. Martina Bretz und Ute Jochimsen haben mir grenzenlos geduldig zugehört. Für Kritik und Zuspruch danke ich Karin Graf, Stephan Koal, Tobias Lehmkuhl, Gustav Seibt, Martin Z. Schröder und Jörg Wienforth. Christian Esch hat die verschiedenen Fassungen des Textes mit gewohnt unbestechlichem Blick durchgesehen, wofür ich ihm herzlich danke. Gunnar Schmidt hat sich überraschend schnell in der ihm fremden Welt meines Sozialismus zurechtgefunden und mich auch in Krisenzeiten unbeirrt ermutigt, dieses Buch zu schreiben. Die Zusammenarbeit mit ihm war für mich ein Glücksfall.